Constanze Stuhr

Kreditprüfung bei Bauunternehmen

GABLER EDITION WISSENSCHAFT

Baubetriebswirtschaftslehre und Infrastrukturmanagement

Herausgegeben von Professor Dr.-Ing. Dipl.-Kfm. Dieter Jacob
Technische Universität Bergakademie Freiberg

Für internationales Zusammenwachsen und Wohlstand spielt gutes Infrastrukturmanagement eine zentrale Rolle. Erkenntnisse der baubetriebswirtschaftlichen Forschung können hierzu wichtige Beiträge leisten, die diese Schriftenreihe einem breiteren Publikum zugänglich machen will.

Constanze Stuhr

Kreditprüfung bei Bauunternehmen

Mit einem Geleitwort von Prof. Dr. Dieter Jacob

Deutscher Universitäts-Verlag

Bibliografische Information Der Deutschen Nationalbibliothek
Die Deutsche Nationalbibliothek verzeichnet diese Publikation in der Deutschen Nationalbibliografie; detaillierte bibliografische Daten sind im Internet über <http://dnb.d-nb.de> abrufbar.

Dissertation Technische Universität Bergakademie Freiberg, 2006

1. Auflage Mai 2007

Lektorat: Brigitte Siegel / Stefanie Loyal

Der Deutsche Universitäts-Verlag ist ein Unternehmen von Springer Science+Business Media.
www.duv.de

Umschlaggestaltung: Regine Zimmer, Dipl.-Designerin, Frankfurt/Main
Gedruckt auf säurefreiem und chlorfrei gebleichtem Papier
Printed in Germany

ISBN 978-3-8350-0777-2

Geleitwort

Das Ziel der vorliegenden Forschungsarbeit ist es, die Kreditprüfung bei Bauunternehmen aus Sicht der Kreditgeber zu verbessern, um die Ausfallquoten zu reduzieren und damit das Kreditstanding der Bauwirtschaft insgesamt anzuheben.

Denn die Baubranche ist nach wie vor der Wirtschaftszweig mit der höchsten Insolvenzrate. Dies hängt mit der niedrigen Eigenkapitalquote oder umgekehrt formuliert mit der sehr hohen Fremdkapitalquote zusammen. Die beiden bedeutendsten Kreditgeber der Branche – Baustofflieferanten und Kreditinstitute – sollten daher besonders sorgfältig analysieren, bevor sie Kredit gewähren.

Eigentlich sollte man glauben, dass es deshalb nicht an Literatur mangelt, die sich speziell mit der Kreditprüfung bei Bauunternehmen auseinandersetzt, zumal es sich um eine große Branche handelt. Tatsächlich stammt die letzte deutsche Monographie jedoch aus dem Jahr 1986, also aus einer Zeit vor Basel I, Basel II oder den europäischen Rechnungslegungsvorschriften IFRS. Das ist wohl auf die Schwierigkeit der Materie zurückzuführen.

In ihrer Arbeit zeigt Frau Stuhr auf, wie man als Kreditgeber bei der Analyse von Bauunternehmen vorgehen sollte:

- Prospektiv ist die Wettbewerbssituation des kreditbeantragenden Bauunternehmens zu analysieren. Dabei eröffnen sich die größten Zukunftschancen vor allem für Spezialisten und Systemführer.

- Retrospektiv steht die Analyse des Jahresabschlusses im Mittelpunkt. Die Autorin arbeitet die schwierigen und komplexen alternativen Bilanzierungsverfahren für Baustellen, gerade auch für Gemeinschaftsbaustellen als virtuelle, jeweils neu gegründete und später wieder liquidierte Unternehmen tiefgründig auf. Anschließend leitet sie die Möglichkeiten der Informationsgewinnung aus diesen Bilanzdaten für die Kreditprüfung umfassend ab.

Frau Stuhr ist mit ihrer Forschungsarbeit ein aussagefähiger wissenschaftlicher Leitfaden für die Kreditprüfung bei Bauunternehmen gelungen. Als

Schlussfolgerung für die sich durch Basel II zunehmend spezialisierenden Kreditgeber kristallisiert sich heraus, dass dringend die Zusammenarbeit mit einem unabhängigen, spezialisierten Wirtschaftsingenieur-Sachverständigen wie beispielsweise im angelsächsischen Raum einem Quantity Surveyor empfehlenswert ist. In Deutschland muss sich diese Berufsgruppe erst noch herausbilden. Dieser Fachmann ist mit den alternativen Bilanzierungsgepflogenheiten der Branche vertraut und kann im Zuge einer A-B-C-Analyse den Fertigstellungsgrad und etwaige Mängel bei den wichtigsten Baustellen verlässlich einschätzen. Ergänzend ist auf das unternehmensweite Controlling- und Risikomanagementsystem, gerade für die A-Risiken bei Einzelfertigung zu achten.

Das Buch wendet sich primär an potentielle Kreditgeber, seien es Baustoffunternehmen, spezialisierte Banken, Kreditversicherer oder vorauszahlende Kunden, aber auch an Wettbewerber, die im Falle von gemeinsamen Argen selbst mittelbar zum Kreditgeber werden können. Auch wer sich ganz allgemein für die Feinheiten der internationalen Argebilanzierung interessiert, kommt bei dem Buch nicht zu kurz.

Prof. Dr.-Ing. Dipl.-Kfm. Dieter Jacob

Vorwort

Die vorliegende Arbeit wurde im Dezember 2006 von der Fakultät für Wirtschaftswissenschaften der Technischen Universität Bergakademie Freiberg als Dissertation angenommen. Sie entstand während meiner Tätigkeit als wissenschaftliche Mitarbeiterin am Lehrstuhl für Allgemeine Betriebswirtschaftslehre, speziell Baubetriebslehre an gleichnamiger Universität.

Mein Dank gilt in allererster Linie meinem Doktorvater Prof. Dr. Dieter Jacob für das in mich gesetzte Vertrauen sowie die vielseitige Unterstützung und Förderung während der Erstellung der Arbeit. Meiner Zweitgutachterin, Frau Prof. Dr. Margit Enke von der TU Bergakademie Freiberg, und meinem Drittgutachter, Herrn Prof. Dr. Jan Körnert von der Ernst-Moritz-Arndt-Universität Greifswald, möchte ich an dieser Stelle ganz herzlich für die Übernahme der Gutachten und die damit verbundene Zeit und Mühe sowie für inhaltliche Anregungen danken.

Natürlich möchte ich es nicht versäumen, mich beim gesamten Lehrstuhlteam für die vielfältige Unterstützung zu bedanken. Ebenso geht ein großes Dankeschön an meine Eltern und meine Familie, die meine Arbeit mit regem Interesse verfolgt und stets Verständnis für meinen eng abgesteckten Zeitrahmen aufgebracht haben. Zum Abschluss möchte ich eine Danksagung aussprechen, die mir ganz besonders am Herzen liegt. Sie ist meinem Lebensgefährten Marc Höppner gewidmet. Er hat mich in den vergangenen Jahren durch alle Höhen und Tiefen begleitet und mir insbesondere in der arbeitsintensiven Schlussphase der Dissertation viel Verständnis und Aufmunterung entgegengebracht.

Constanze Stuhr

Inhaltsverzeichnis

Abkürzungsverzeichnis

Abs.	Absatz
AG	Auftraggeber
aktiv.	aktivisch
altern.	alternativ
AN	Auftragnehmer
Anz.	Anzahlung
Arge	Arbeitsgemeinschaft
AV	Anlagevermögen
AZ	Aktenzeichen
BAnz.	Bundesanzeiger
Bauarge	Bauarbeitsgemeinschaft
BFH	Bundesfinanzhof
BGB	Bürgerliches Gesetzbuch
BGBl.	Bundesgesetzblatt
BGH	Bundesgerichtshof
BMF	Bundesministerium der Finanzen
BStBl.	Bundessteuerblatt
bzw.	beziehungsweise
cc-Methode	Completed Contract-Methode
DRS	Deutsche Rechnungslegungs Standards
EAD	Exposure at default
EDV	elektronische Datenverarbeitung
EG	Europäische Gemeinschaft
einschl.	einschließlich
EStG	Einkommensteuergesetz
EU	Europäische Union
EUR	Euro
e. V.	eingetragener Verein
f.	folgende
ff.	fortfolgende
GE	Geldeinheiten
ggf.	gegebenenfalls
GoB	Grundsätze ordnungsmäßiger Buchführung und Bilanzierung
GuV	Gewinn- und Verlustrechnung
HFA	Hauptfachausschuss
HGB	Handelsgesetzbuch
Hrsg.	Herausgeber
hrsg.	herausgegeben
IAS	International Accounting Standards

IASB	International Accounting Standards Board
i. d. R.	in der Regel
IDW	Institut der Wirtschaftsprüfer in Deutschland e. V.
IFRIC	International Financial Reporting Interpretations Committee
IFRS	International Financial Reporting Standards
InsO	Insolvenzordnung
IÖ	Industrieökonomik
IRB	internal ratings based (auf bankinternen Ratings basierend)
IRBA	internal ratings based approach
i. S. v.	im Sinne von
Jg.	Jahrgang
Kfz	Kraftfahrzeug
KI	Kreditinstitut
KMU	kleine und mittlere Unternehmen
kurzfrist.	kurzfristig
KWG	Gesetz über das Kreditwesen (Kreditwesengesetz)
langfrist.	langfristig
Leistg.	Leistung
LGD	Loss given default
Lief.	Lieferung
L+L	Lieferung und Leistung
max.	maximal
Mio.	Million
m. w. N.	mit weiteren Nachweisen
Nr.	Nummer
OFD	Oberfinanzdirektion
o. Jg.	ohne Jahrgang
o. O.	ohne Ort
P	Pflicht
passiv.	passivisch
PD	Probability of default
poc-Methode	Percentage of Completion-Methode
PPP	Public Private Partnership
RAP	Rechnungsabgrenzungsposten
RK	Rahmenkonzept der IAS/IFRS
Rn.	Randnummer
S.	Seite
SIC	Standing Interpretations Committee
sog.	sogenannt
SR	Schlussrechnung
TEUR	tausend Euro
u.	und
u. a.	und andere
übr.	übrig
US-GAAP	United States Generally Accepted Accounting Principles
usw.	und so weiter
UV	Umlaufvermögen

V	Verbot
verarb.	verarbeitend
Verbindl.	Verbindlichkeiten
vgl.	vergleiche
VOB	Vergabe- und Vertragsordnung für Bauleistungen
W	Wahlrecht
wirtschaftl.	wirtschaftlich
z. B.	zum Beispiel

Abbildungsverzeichnis

Tabellenverzeichnis

1 Einleitung

1.1 Problemstellung und Ziel der Arbeit

„Auf dem Bau herrschen andere Gesetze ...“ – solche oder ähnliche Meinungen tauchen in Literatur und Praxis immer wieder auf.[1] Die besonderen Gesetzmäßigkeiten der Baubranche resultieren in der Regel aus der Komplexität des Baugeschehens, der Prototypfertigung in Eigenregie oder Kooperation, den langen Laufzeiten der Bauprojekte sowie den exogenen Bedingungen wie Standort und Witterung. Da diese im externen Rechnungswesen in unterschiedlicher Form ihren Ausdruck finden, gilt die Jahresabschlussanalyse im Baubereich per se als schwierig.[2] Möglicherweise ist das ein Grund dafür, dass der Bereich der baubezogenen Kreditprüfung ein bislang noch wenig erforschtes Themengebiet ist. Zwar existieren zahlreiche Publikationen zur Kreditprüfung im allgemeinen, die letzten branchenspezifischen wissenschaftlichen Betrachtungen gehen in Deutschland jedoch auf das Jahr 1986 zurück,[3] obwohl sich die Bedingungen der Bau- und Kreditwirtschaft zwischenzeitlich stark gewandelt haben und der Kreditfinanzierung aufgrund der mittelständischen Struktur der Bauwirtschaft und der damit begrenzten Möglichkeit der Nutzung der Kapitalmärkte nach wie vor eine herausragende Bedeutung zukommt.

Im Zusammenhang mit der Themenstellung wurden zwei Haupteinflussströme identifiziert:

---

1 Vgl. dazu Hauschildt/Leker/Clausen (1995), S. 287 oder Hauschildt/Leker/Clausen (2000), S. 270.

2 Häring (1987), S. 6 und Hauschildt/Leker/Clausen (1995), S. 287.

3 Vgl. Gisteren (1986) zur branchenorientierten Bonitätsanalyse von Hochbauunternehmen mit Früherkennungseigenschaften.

- Zum einen wird die Kreditprüfung durch die sich in Veränderung befindlichen Vorgaben respektive Empfehlungen der Bankenaufsicht beeinflusst. Die Rahmenvereinbarung zur „Internationalen Konvergenz der Kapitalmessung und Eigenkapitalanforderungen“ (Basel II) wird auch auf das Kreditgeschäft in Deutschland einwirken beziehungsweise hat dies bereits getan.
- Zum anderen hat die Europäische Union eine Verordnung zur Anwendung der International Accounting Standards (IAS) respektive International Financial Reporting Standards (IFRS) erlassen, woraus sich möglicherweise eine veränderte Informationsgrundlage bei der Analyse der Jahresabschlüsse der Kreditnehmer ergibt.

Werden beide Aspekte miteinander kombiniert, ergibt sich die Zielstellung der vorliegenden Arbeit. Zum einen soll die Zukunftsfähigkeit der Unternehmen der Branche beurteilt werden. Zum anderen sollen die Informationsgewinnung aus einem HGB-Abschluss und einem IFRS-Abschluss aus externer Betrachtungsperspektive unter Berücksichtigung der Randbedingung Basel II und der Randbedingung im Hinblick auf die Besonderheiten der Baubranche analysiert und beurteilt werden.

1.2 Abgrenzung der Themenstellung

Die vorliegende Arbeit befasst sich mit der Prüfung von Krediten an Unternehmen.[4] Gegenstand sollen daher ausschließlich unternehmensbezogene und keine projektbezogenen Bonitätsbetrachtungen sein.

Die Besicherung von Unternehmenskrediten, die durchaus eine gewichtige Rolle spielen kann, findet bei den Betrachtungen aus mehreren Gründen keine Berücksichtigung.[5] Erstens wird die Quelle für die Rückführung des Kredites in der zukünftigen Ertragskraft und nicht in der Verwertung von

---

4 Kredite an Unternehmen gehören in der Bankenfachsprache zu den Firmenkrediten oder auch gewerblichen Krediten, Braunschweig/Zdrowomyslaw/Saß/Kasch (1998 a), S. 166.

5 Vgl. zu einem Überblick zur Kreditsicherung Rösler/Mackenthun/Pohl (2002), S. 789-990. Zur Besicherung von Krediten vgl. auch Jährig/Schuck (1990), S. 100-102 und S. 587-619 sowie ausführlich zu Personalsicherheiten S. 621-651 und zu Sachsicherheiten S. 653-758. Eine ausführliche Darstellung der Arten von Sicherheiten findet sich beispielsweise auch bei Falter (2004), S. 244-418.

Sicherheiten gesehen.[6] Zweitens teilt die Sicherheit in einer Krisensituation häufig das Schicksal des Unternehmens,[7] denn gerade in einer solchen Unternehmenslage nimmt die Werthaltigkeit von Sicherheiten ab oder muss zumindest in Frage gestellt werden.[8] Hinzu kommen weitere Risiken wie beispielsweise das Risiko der Zugriffsmöglichkeiten im Verwertungsfall und das Verwertungskostenrisiko.[9] Drittens ist aus der grundlegenden Vermögensstruktur einer Baubilanz zu entnehmen, dass Kreditsicherheiten nur in eingeschränktem Maße zur Kreditabsicherung zur Verfügung stehen. Das besicherungsfähige Anlagevermögen nimmt häufig nur einen vergleichsweise geringen Anteil ein. Das stark überwiegende Umlaufvermögen[10] eignet sich nicht zur Besicherung. Der Großteil entfällt auf unfertige Bauten, an denen das Unternehmen mit dem Einbau der Baustoffe und -teile auf dem Grundstück des Bauherrn das zivilrechtliche Eigentum verliert.

Aus zeitlicher Perspektive wird in der vorliegenden Arbeit auf die Prüfung von Krediten in der Phase vor der Vergabe eines Kredites und nicht auf Aspekte der Kreditüberwachung abgestellt.[11] Für die weitere Abgrenzung ist es erforderlich, dass der Begriff Kreditprüfung in seinen elementaren Zügen umrissen

---

[6] Diese Ansicht teilen zum Beispiel auch Reuter/Schleppegrell (1989), S. 317; Enke/Reich (1992), S. 69 und Ladiges (1992), S. 6 f. m. w. N. Ähnlich auch Hertenstein (1988 a), S. 63 und Hertenstein (1988 b), S. 58, der in diesem Zusammenhang von einer alten Bankerweisheit spricht. Weber (1979), S. 53 führt an, dass die Gläubiger des Unternehmens nicht an der Rückführung ihres zur Verfügung gestellten Kapitals durch Zerschlagung der Unternehmenssubstanz interessiert sind.

[7] Zwischen dem Bestand des Unternehmens und den Möglichkeiten der Be- und Verwertung der Sicherheiten besteht ein enger Zusammenhang, Kleine/Totzek/Kremer/Ten Hoevel (2003), S. 13.

[8] Diese Ansicht teilen zum Beispiel auch Kleine/Totzek/Kremer/Ten Hoevel (2003), S. 13-15. Ähnlich auch Jährig/Schuck (1990), S. 101. Dem Risiko aus der Besicherung wird in der Bankpraxis in der Regel durch Beleihungsgrenzen Rechnung getragen, die aber zumeist keinen ausreichenden Schutz vor Wertveränderungen darstellen, vgl. Raab (1987), S. 54 und Grunwald/Grunwald (2001), S. 134-138. Erfahrungswerte zur Werthaltigkeit von Sicherheiten im Verwertungsfall, allerdings schon älteren Datums: Anlagevermögen 15 Prozent des Buchwertes, Warenlager 30 Prozent des Buchwertes, Forderungen 45 Prozent des Buchwertes, Ahlbach (1987), S. 37.

[9] Vgl. dazu ausführlicher Dicken (1999), S. 17 und Grunwald/Grunwald (2001), S. 134-136.

[10] Es macht hauptsächlich wegen der unfertigen Bauten rund 70 bis 80 Prozent des Gesamtvermögens aus, Leimböck (1997), S. 23. Vgl. auch Abbildung 18 in Kapitel 3.4.1 der Arbeit.

[11] Vgl. zur Kreditüberwachung zum Beispiel Schmoll (1991) und Falter (2004), S. 607-618. Grundsätzlich sind Ziele, Informationsquellen und Beurteilungskriterien der zeitpunktbezogenen Prüfung vor der Kreditvergabe und der zeitraumbezogenen Kreditüberwachung nahezu identisch, Böcker (2000), S. 8.

wird.[12] Kreditprüfung wird im deutschen Sprachraum nach einhelliger Auffassung zum einen in Kreditfähigkeitsprüfung und zum anderen in Kreditwürdigkeitsprüfung unterteilt. Die Kreditfähigkeitsprüfung dient dazu, die Geschäftsfähigkeit des potentiellen Kreditnehmers im juristischen Sinn festzustellen, was im allgemeinen als unproblematisch angesehen wird. Die Kreditwürdigkeitsprüfung beschäftigt sich mit den persönlichen und wirtschaftlichen Verhältnissen des Kreditsuchenden.

Im Mittelpunkt der Arbeit steht die Prüfung der wirtschaftlichen Verhältnisse des potentiellen Kreditnehmers, das heißt die Prüfung der sachlichen beziehungsweise materiellen Kreditwürdigkeit. Sie nimmt innerhalb der klassischen Kreditprüfung im Firmenkundengeschäft der Banken traditionell den Schwerpunkt ein.[13] Subjekte der Kreditwürdigkeitsprüfung sollen in erster Linie Kreditinstitute sein, an geeigneter Stelle wird aufgrund deren Bedeutung für die Bauwirtschaft auch auf Lieferantenkredite einzugehen sein.[14]

Eine häufig anzutreffende Unterteilung der materiellen Kreditwürdigkeitsprüfung ist die in einen prospektiven und einen retrospektiven Analysebereich. Die prospektive Analyse beinhaltet in erster Linie die Erfassung und Auswertung qualitativer, auf die Zukunft gerichteter Informationen und Daten des Unternehmens wie beispielsweise die Marktpositionierung und eine Einschätzung darüber, inwiefern in der Zukunft die Ertragskraft gesichert beziehungsweise überdurchschnittliche Gewinne generiert werden können.

Das zentrale Informations- und Analyseinstrument der retrospektiven materiellen Kreditwürdigkeitsprüfung ist der Jahresabschluss. Dessen Analyse nimmt nach wie vor einen dominanten Stellenwert innerhalb des Kreditratings ein. Dies bestätigten beispielsweise eine im Jahr 2002 durchgeführte Befragung bei Kreditentscheidern deutscher Banken und Sparkassen[15] und eine empirische Studie aus dem Jahr 2005.[16] Obwohl die Jahresabschlussanalyse in der Kreditpraxis häufig mit Hilfe von mathematisch-statistischen Verfahren oder Verfahren der künstlichen Intelligenz durchgeführt wird, soll in dieser Arbeit

---

[12] Eine ausführliche Definition des Begriffs erfolgt in Kapitel 2.1 der Arbeit.

[13] Jährig/Schuck (1990), S. 336 und Bagus (1992), S. 64.

[14] Zu weiteren möglichen Kreditgebern vgl. Jährig/Schuck (1990), S. 91 f.

[15] Freidank/Paetzmann (2002), S. 1786.

[16] Oehler (2005), S. 171 f.

auf diese Informationsverarbeitungssysteme aus mehreren Gründen nicht eingegangen werden.

Erstens wurden sie in der Vergangenheit im Rahmen von wissenschaftlichen Forschungsarbeiten auf ihre Eignung für die Kreditprüfung hin bereits analysiert und auch weiterentwickelt, so dass hierzu bereits wissenschaftliche Erkenntnisse vorliegen.[17] Zweitens sind diese Verfahren nicht unumstritten.[18] Drittens hängt deren Erkenntniswert und Prognosegüte nicht nur vom Analyseverfahren an sich, sondern in hohem Maße von der Datenausgangsbasis und somit von den ursprünglichen Daten des Jahresabschlusses ab.[19] Die Hauptproblematik besteht demnach darin, inwiefern das dem Jahresabschluss zugrunde liegende Rechnungslegungssystem in der Lage ist, qualitativ hochwertige Daten zeitnah aus der unternehmerischen Realität zu generieren und zu transformieren.

In der vorliegenden Arbeit wird auf die Bilanzierung nach HGB und IFRS abgestellt. Im Vordergrund der Ausführungen stehen die Jahresabschlussbestandteile Bilanz und Gewinn- und Verlustrechnung. Der Anhang und weitere Informationsinstrumente wie beispielsweise die Kapitalflussrechnung[20] werden nicht betrachtet. Ausführungen zur Steuerbilanz und zum deutschen Maßgeb-

---

[17] Zur Anwendung dieser Verfahren im Rahmen der unternehmensbezogenen Prüfung der Kreditwürdigkeit: Zur Diskriminanzanalyse zum Beispiel Gebhardt (1980); Niehaus (1987); Feidicker (1992) und Hüls (1995). Weitere empirische Studien zu Diskriminanzanalysen überblicksartig bei Schiller/Tytko (2001), S. 97. Zu neuronalen Netzen zum Beispiel Krause (1993); Jerschensky (1998); Schaller (1999); Schützdeller (2004) und Kerling/Poddig (1994), S. 427-490 mit weiteren Untersuchungen. Weitere Studien zu neuronalen Netzen auch überblicksartig bei Dittmar/Hilbert (1998), S. 346-349. Zu wissensbasierten Systemen und Expertensystemen zum Beispiel Bagus (1992) und Leins (1993).

[18] Vgl. dazu Schneider (1985), S. 1489-1494 und Hauschildt/Leker (1995), S. 257-265. Speziell zur Kritik an der Diskriminanzanalyse vgl. bereits Bühler (1987), S. 76 mit einem weiteren Nachweis; Schmoll (1990), S. 44-46; Leker (1994), S. 602-604 und Hauschildt (1996), S. 128-130. Speziell zur Kritik an Expertensystemen und neuronalen Netzen vgl. Leker (1994), S. 602 und S. 605.

[19] Vgl. dazu auch Schmoll (1991), S. 55 und Fell (1994), S. 197. Ähnlich Hauschildt/Leker (1995), S. 265, die feststellen: „Bilanzanalysen und -prognosen sind so gut oder so schlecht wie die Urdaten, die ihnen zugrundeliegen." Schneider (1989), S. 633 führt aus: „Statistische Techniken, wie Diskriminanzanalysen, übertünchen dabei Einwände gegen die Bilanzanalyse, bauen sie aber nicht ab; denn auch solche Klassifikationsverfahren setzen die Kenntnis (vieler heute noch unbekannter) empirischer Abhängigkeiten voraus, damit Klassifikationen Sinn ergeben." Zu einem Vergleich der Güte der Klassifikationsergebnisse von zwei Bilanzbonitäts-Ratingsystemen vgl. Baetge/Sieringhaus (1996), S. 243-247.

[20] Zur Nutzung der Informationsmöglichkeiten der Kapitalflussrechnung als Ergänzung zu Bilanz und Gewinn- und Verlustrechnung vgl. zum Beispiel Scheffler (2002), S. 295-300.

lichkeitsprinzip bleiben weitgehend außen vor.[21] Die Steuerbilanz wird zwar bei der praktischen Kreditprüfung häufig als Kreditunterlage verwendet. Für die Jahresabschlussanalyse von Baufirmen sollte jedoch auf die Handelsbilanz zurückgegriffen werden, weil das steuerbilanzielle Ergebnis im Vergleich zum handelsbilanziellen beispielsweise durch das Passivierungsverbot der Rückstellung für drohende Verluste aus schwebenden Geschäften verzerrt sein kann.[22]

1.3 Vorgehen

Die Arbeit ist in sechs Kapitel gegliedert. An das einleitende Kapitel schließt sich **Kapitel zwei** mit den bankwirtschaftlichen Grundlagen der Kreditprüfung an. Es werden die für die Arbeit zentralen Begriffe Kredit, Kreditprüfung, Rating und Kreditrisiko definiert. Außerdem erfolgt eine Betrachtung des Risikos von Unternehmenskrediten aus informationsökonomischer Perspektive, da aus der asymmetrischen Verteilung der Informationen zwischen Kreditgeber und Kreditnehmer Qualitätsunsicherheiten resultieren, die auch mit der Informationsgewinnung aus Jahresabschlüssen zusammenhängen. Den rechtlichen Bezugsrahmen für den Kreditprüfungsprozess bilden die Vorgaben respektive Empfehlungen der Bankenaufsicht, insbesondere das Rahmenwerk zur „Internationalen Konvergenz der Kapitalmessung und Eigenkapitalanforderungen“, die auch die Kreditvergabe in Deutschland beeinflussen.

Kapitel drei befasst sich mit den Unternehmen der Bauwirtschaft im Kontext der Kreditprüfung. Nach der Definition des Begriffes Bauwirtschaft wird ein Überblick über die Branche und deren Struktur anhand ausgewählter Kenndaten gegeben. Anschließend wird der Frage nachgegangen, inwiefern die Unternehmen der Branche trotz konjunktureller und struktureller Probleme überlebensfähig und zukunftsträchtig sein können und damit ein wichtiges Kriterium im Rahmen der prospektiven Kreditprüfung erfüllen. Dazu werden

---

[21] Vgl. dazu ausführlich die im Auftrag des Bundesministeriums für Finanzen (BMF) erstellte Studie „Die deutsche handels- und steuerrechtliche Rechnungslegung im Vergleich zu internationalen Rechnungslegungsprinzipien und zur handels- und steuerrechtlichen Rechnungslegung in wichtigen Industriestaaten“, publiziert unter Oestreicher/Spengel (1999) sowie Herzig (2004); Herzig/Gellrich/Jensen-Nissen (2004), S. 550-577 und Herzig (2005), S. 211-235.

[22] Vgl. dazu auch Riebell (2006), S. 89.

die auf die Unternehmen einwirkenden Wettbewerbskräfte betrachtet und beurteilt sowie die Anforderungen an die Ressourcenausstattung der Unternehmen aufgezeigt. Den Abschluss des Kapitels bildet die Darstellung der aus Kreditgebersicht bedeutenden finanzwirtschaftlichen Risiken.

Gegenstand von **Kapitel vier** ist der Jahresabschluss als Informationsinstrument der vergangenheitsorientierten materiellen Kreditwürdigkeitsprüfung. Aufgrund der vergleichsweise hohen Bedeutung werden die in Eigenregie und in Kooperation erbrachte Wertschöpfungsleistung für fremde Dritte betrachtet und deren Bilanzierung nach deutschen HGB-Vorschriften und den auf Initiative der Europäischen Union an Bedeutung gewonnenen IFRS-Vorschriften dargestellt.

Zunächst werden die Merkmale der Bauleistung aufgezeigt, die auf deren Bilanzierung einwirken und eng mit der Problematik einer realitätsgerechten Darstellung in der Bilanz verbunden sind. Im deutschen Bilanzrecht dominiert bei der Bilanzierung von Bauten, die das Unternehmen im Auftrag eines Kunden an dessen Standort erstellt, die Completed Contract-Methode. Die IFRS-Vorschriften sehen eine Bilanzierung nach der Percentage of Completion-Methode vor. Beide Methoden werden im Hinblick auf den Bilanzansatz und -ausweis (Bilanzierung dem Grunde nach) und die Bewertung (Bilanzierung der Höhe nach) dargestellt.

Anschließend erfolgt das Aufzeigen der bilanziellen Behandlung von Bauaufträgen, die gemeinsam mit anderen Unternehmen in der Kooperationsform einer Bauarbeitsgemeinschaft abgewickelt werden. Dazu muss der Begriff des Jahresabschlusses in der Terminologie des Einzelabschlusses gedanklich erweitert werden. Bei Arbeitsgemeinschaften der Bauwirtschaft ist zwischen Einzel- und Konzernbilanz zu differenzieren, weil in Abhängigkeit von der Ausgestaltung der Kooperation eine Einbeziehung nicht nur in den Einzel-, sondern auch in den Konzernabschluss des Kooperationspartners erforderlich sein kann. Analog zur Bilanzierung von in Eigenregie erstellten Bauten wird die Bilanzierung nach deutschem Handelsrecht und nach International Financial Reporting Standards dargestellt.

In **Kapitel fünf** werden die unterschiedlichen Bilanzierungsweisen für unfertige Bauten und Arbeitsgemeinschaften einer Beurteilung unter dem Gesichtspunkt der Informationsgewinnung für den externen Kreditanalysten unterzogen.

Kapitel sechs enthält eine kapitelweise Zusammenfassung der Ergebnisse der Arbeit und einen Ausblick. In Abbildung 1 sind wichtige Bausteine des weiteren Vorgehens im Überblick dargestellt.

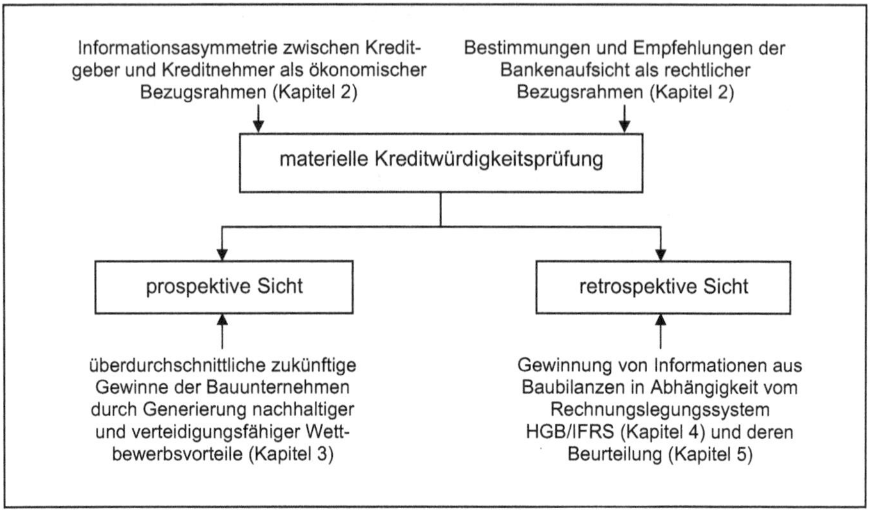

Abbildung 1: Weiteres Vorgehen

Quelle: Eigene Darstellung

2 Bankwirtschaftliche Grundlagen der Kreditprüfung

2.1 Begriffe Kredit, Kreditprüfung und Rating

Die Ausreichung von Krediten zählt zu den traditionellen Geschäftsfeldern von öffentlichen, genossenschaftlichen und privaten Kreditinstituten. Das Wort Kredit geht etymologisch auf das lateinische Wort „credere“ zurück, das übersetzt glauben oder vertrauen bedeutet. Es beinhaltet in seinem Kern das Grundvertrauen des Kreditgebers in den Kreditnehmer,[23] insbesondere das Vertrauen des Kreditgebers, dass der Kreditnehmer zukünftig leistungsfähig sein wird, wobei der Begriff Leistungsfähigkeit sowohl die Fähigkeit als auch den Willen des Kreditnehmers zur jederzeit ordnungsgemäßen und rechtzeitigen Erfüllung seiner Zahlungsverpflichtungen bezeichnet.[24] Dieses Vertrauen wird unter anderem durch die Reputation des Unternehmens respektive dessen finanzielles Standing gestützt.

Im bankenaufsichtsrechtlichen Sinn sind Kredite Risikoaktiva, die in einer bestimmten Höhe mit Eigenmitteln der Institute abzusichern sind. Kredite sind nach § 19 Absatz 1 KWG definiert als „Bilanzaktiva, Derivate mit Ausnahme der Stillhalterverpflichtungen aus Kaufoptionen sowie die dafür übernommenen Gewährleistungen und andere außerbilanzielle Geschäfte“. Der klassische Kredit zählt zu den Bilanzaktiva, da er aus Sicht der Bank eine Forderung gegenüber einem Kunden darstellt.

Kredite können auf der einen Seite durch die zeitlich befristete Überlassung von Zahlungsmitteln gewährt werden. Neben dem klassischen Bankkredit zur

---

[23] Ein zwischen Bank und Kunde bestehendes Vertrauensverhältnis ist unabdingbare Prämisse für die Kreditgewährung, Jährig/Schuck (1990), S. 91 und S. 336 sowie Zellweger (1994), S. 26 f. Ähnlich Rösler/Mackenthun/Pohl (2002), S. 147. Dies zeigt sich auch darin, dass fehlendes Vertrauen, insbesondere in das Management beziehungsweise die Zuverlässigkeit des Unternehmens, ein bedeutender Grund für die Kreditablehnung durch Banken ist, vgl. Braunschweig/Zdrowomyslaw/Saß/Kasch (1998 a), S. 167 und die dort angegebene Quelle. Zum Vertrauen des Kreditgebers in das Verhalten des Kreditnehmers vgl. ausführlich Holst (1998).

[24] Deppe (1973), S. 41.

Finanzierung des Anlage- oder Umlaufvermögens zählen zu diesen Geldleihgeschäften auch Lieferantenkredite, bei denen eine an sich fällige Zahlung gestundet wird.

Auf der anderen Seite kann die Gewährung eines Kredites durch die zeitlich befristete Hergabe der eigenen Kreditwürdigkeit erfolgen. Kreditleihgeschäfte sind in der Bauwirtschaft zur Absicherung des komplexen und hochgradig risikobehafteten Bauprozesses insbesondere in Form des Avalkredites von Bedeutung.[25] Avalkredite sind als Bankgeschäfte gemäß § 1 Absatz 1 Satz 2 Nummer 8 KWG nicht unter das Kreditgeschäft im engeren Sinn, sondern unter das Garantiegeschäft einzuordnen. Da sie ein latentes Kreditrisiko beinhalten, zählen sie jedoch zu den Krediten im Sinne des Kreditwesengesetzes.[26]

Das grundlegende Funktionsprinzip eines Avalkredites in Form einer Bürgschaft ist in Abbildung 2 dargestellt. Der Kreditgeber erteilt gegenüber einer dritten Partei eine Haftungszusage, für die aus dem Grundverhältnis zwischen Hauptschuldner und Gläubiger resultierende vertragliche Leistungsverpflichtung des Kreditnehmers einzustehen. Dabei wird der Kreditgeber monetär erst zu dem Zeitpunkt in Anspruch genommen, zu dem der Kreditnehmer seinen Verpflichtungen gegenüber der dritten Partei nicht nachkommt. Im Verhältnis zum Kreditnehmer steht dem Bürgen gleichzeitig ein Ausgleichsanspruch zu.

Kredite müssen nicht zwangsläufig als Einmalbetrag ausgereicht werden, sondern können auch in der Einräumung eines variabel ausschöpfbaren Kreditrahmens respektive einer Kreditlinie bestehen. Abbildung 3 fasst die unterschiedlichen Interpretationen des Kreditbegriffes zusammen.

---

25 Vgl. zur Kreditleihe und zum Avalkredit zum Beispiel Jährig/Schuck (1990), S. 91 und S. 156-169; Obst/Hintner (2000), S. 779-783 und Rösler/Mackenthun/Pohl (2002), S. 216-233.

26 Obst/Hintner (2000), S. 780.

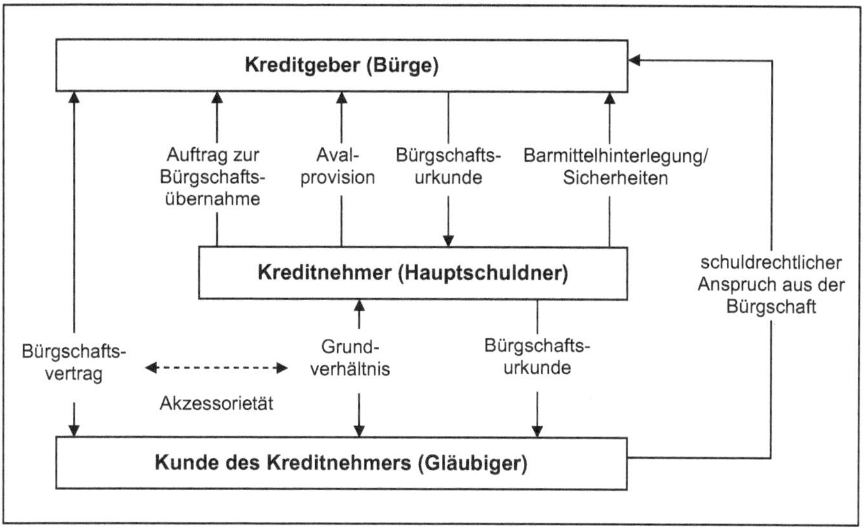

Abbildung 2: Grundprinzip Avalkredit (Bürgschaft)

Quelle: Eigene Darstellung

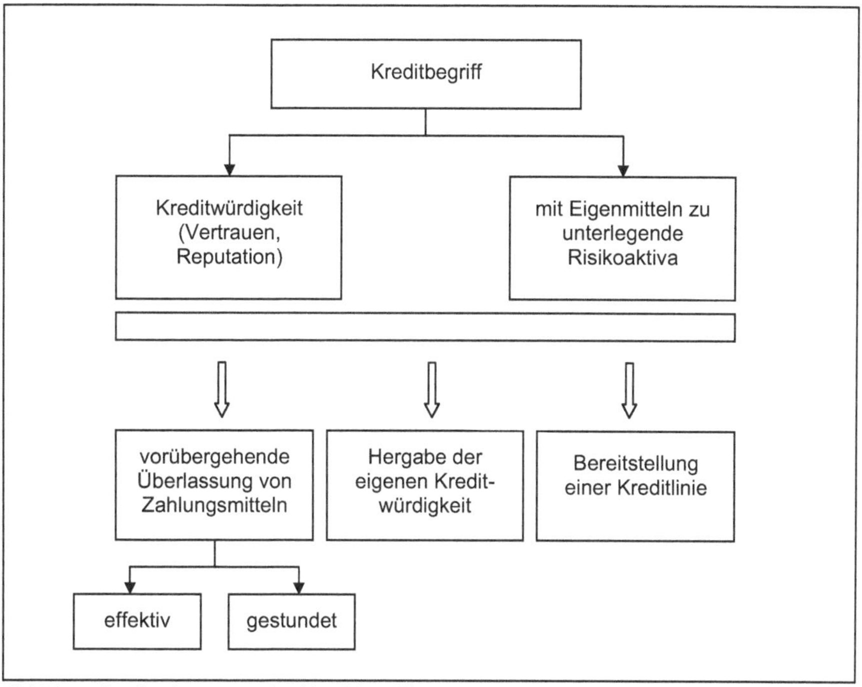

Abbildung 3: Auslegungen des Kreditbegriffes

Quelle: In Anlehnung an und Erweiterung zu Deppe (1973), S. 41-45

Der Begriff Kreditprüfung umfasst im deutschsprachigen Raum in der Regel die Prüfung von Kreditfähigkeit und Kreditwürdigkeit.[27] Beide Begriffe werden in der Literatur jedoch nicht einheitlich definiert. Die herrschende Meinung versteht unter Kreditfähigkeit die Fähigkeit zum Abschluss rechtsgültiger Kreditgeschäfte[28] und unter Kreditwürdigkeit die Gesamtheit der persönlichen und wirtschaftlichen Verhältnisse zur Beurteilung der Zahlungswilligkeit und Zahlungsfähigkeit eines Schuldners.[29] Diese Begriffsbestimmung hat sich ebenfalls in der Kreditpraxis durchgesetzt.[30] Eine Mindermeinung bezeichnet als Kreditfähigkeit dahingegen die wirtschaftliche Lage des potentiellen Kreditnehmers und als Kreditwürdigkeit die persönlichen Verhältnisse und Eigenschaften, wie zum Beispiel die Zahlungswilligkeit.[31] Beiden Definitionsansätzen ist gemeinsam, dass die Kreditprüfung auf die Feststellung respektive Prognose des Kreditausfallrisikos abzielt. Zudem beinhalten beide eine Analyse der rechtlichen Ausgangsbedingungen, der persönlichen Voraussetzungen und wirtschaftlichen Verhältnisse.[32] In der vorliegenden Arbeit wird der Begriff

---

[27] In einer weiten Auslegung des Begriffes wird Kreditprüfung inhaltlich in drei Teilbereiche untergliedert: Feststellung der Kreditfähigkeit, Prüfung der Kreditwürdigkeit und Bewertung der Kreditsicherheiten, vgl. Bagus (1992), S. 64. Im angelsächsischen Raum wird der Begriff Kreditprüfung über die sogenannten C´s of Credit definiert (Character – Unternehmerpersönlichkeit und -integrität; Capacity – sachliches und personelles Leistungsvermögen des Unternehmens; Capital – Vermögenslage des Kreditnehmers; Collateral – Sicherheitensituation; Conditions – technologische und konjunkturelle Bedingungen; Coverage – Wirkungskreis und Aktionsradius des Unternehmens), vgl. Deckers (1990), S. 86 m. w. N.; Schmoll (1990), S. 7 m. w. N.; Zellweger (1994), S. 16; Obst/Hintner (2000), S. 676 m. w. N. und Schiller/Tytko (2001), S. 69.

[28] Vgl. dazu näher Jährig/Schuck (1990), S. 335; Obst/Hintner (2000), S. 671-674; Schiller/ Tytko (2001), S. 66-68; Rösler/Mackenthun/Pohl (2002), S. 427 und Falter (2004), S. 172.

[29] Gisteren (1986), S. 106 m. w. N.; Bagus (1992), S. 64 und S. 67; Krause (1993), S. 4; Bruckner (1997), S. 26; Braunschweig/Zdrowomyslaw/Saß/Kasch (1998 a), S. 167 f. und Schiller/Tytko (2001), S. 68 f. Ähnlich Jährig/Schuck (1990), S. 335; Falter (2004), S. 172-174 und Perridon/Steiner (2007), S. 374 f.

[30] Deckers (1990), S. 19.

[31] Vgl. zum Beispiel Denk (1979), S. 8; Ott (1986), S. 13; Dorka (1990), S. 44 f.; Schmoll (1990), S. 7 f. und Schmoll (1991), S. 34 f. Ähnlich Zellweger (1994), S. 15, der zwischen Kreditwürdigkeit im weiteren Sinne, Kreditwürdigkeit im engeren Sinne und Kreditfähigkeit unterscheidet. Die Kreditwürdigkeit im weiteren Sinne bildet bei ihm den Oberbegriff für die Kreditwürdigkeit im engeren Sinne und die Kreditfähigkeit. Unter Kreditfähigkeit versteht er die finanziellen Verhältnisse des Kreditnehmers, vor allem dessen Zahlungsfähigkeit. Die Kreditwürdigkeit im engeren Sinne beinhaltet für ihn die Überprüfung der persönlichen Eigenschaften des Kreditnachfragers, insbesondere der Zahlungswilligkeit.

[32] Vgl. dazu Enke/Reich (1992), S. 68.

Kreditprüfung im Sinne der herrschenden Meinung verwendet. Der Begriff der Bonität wird als Synonym zum Begriff der Kreditwürdigkeit betrachtet.[33]

In engem Zusammenhang zum Begriff der Kreditprüfung steht der Begriff des Rating. Grundsätzlich ist mit Rating sowohl das Verfahren als auch das Ergebnis des Verfahrens in Form der Ratingnote verknüpft.[34] Im Banken- und Finanzsektor wird dieser Begriff häufig in Form des aus den Vereinigten Staaten von Amerika stammenden Credit Rating verwendet.[35] Das Credit Rating beinhaltet eine Bonitätseinschätzung, die „durch Zuteilung definierter Zeichen“[36] die Fähigkeit eines Schuldners zur zukünftigen Begleichung seiner finanziellen Verbindlichkeiten ausdrückt. Es bezieht sich in der Regel auf die Analyse von Emissionen und deren zugehörigen Emittenten.[37]

Ein Unternehmensrating basiert auf einem systematischen Bewertungsverfahren zur Gewährleistung einer hinreichend objektiven und zukunftsgerichteten Bonitätsbeurteilung eines Unternehmens. Dabei wird die Ausprägung bestimmter Merkmale anhand von vorgegebenen Kategorien eingeschätzt und damit in eine Rangordnung gebracht. Im Idealfall handelt es sich um eine Analyse des gesamten Unternehmens und die Prognose der Unternehmensentwicklung im Sinne einer Aussage zu den grundlegenden Bedingungen von alternativen Unternehmensentwicklungen und ein Abwägen über deren mögliches Eintreten sowie der damit verbundenen Chancen und Risiken.[38]

Im Rahmenwerk „Internationale Konvergenz der Kapitalmessung und Eigenkapitalanforderungen“ des Baseler Ausschusses für Bankenaufsicht wird der Begriff Kreditnehmerrating verwendet. Er bezeichnet „das Urteil einer Bank über die Fähigkeit und die Bereitschaft eines Kreditnehmers [...], seinen ver-

---

[33] Vgl. zum Begriff der Unternehmensbonität zum Beispiel Ladiges (1992), S. 8-10 und S. 13-29. Eine einheitliche Definition des Bonitätsbegriffes hat sich nicht durchgesetzt, in der Regel werden die Begriffe Bonität und Kreditwürdigkeit synonym verwendet, vgl. Leins (1993), S. 2 m. w. N. Zur Einteilung in kurz- und längerfristige Bonität vgl. Jacob (1987), S. 142-149.

[34] Vgl. zum Beispiel Everling (1991), S. 23 f. und Stuhr (2003), S. 6.

[35] Hoffmann (1991), S. 17 und Hückmann (2003), S. 1. Zur historischen Entwicklung des Rating vgl. Hoffmann (1991), S. 24-27 und S. 141-144.

[36] Everling (1991), S. 24.

[37] Vgl. dazu Hoffmann (1991), S. 17 f.; Kniese (1996), S. 13-16 und Hückmann (2003), S. 2 f. Zum Rating von Emissionen und Emittenten vgl. ausführlich Everling (1991), S. 29-35.

[38] Vgl. dazu bereits Moxter (1978), S. 323, der sich allerdings nicht auf den Begriff Rating, sondern den Begriff Kreditwürdigkeitsanalyse bezogen hat.

traglichen Verpflichtungen auch unter widrigen wirtschaftlichen Bedingungen oder im Falle unerwartet eintretender Ereignisse nachzukommen."[39]

Die zur Durchführung von Ratings eingesetzten Systeme analysieren sowohl quantitative als auch qualitative Faktoren und vereinigen somit unterschiedliche Merkmale und Aspekte traditioneller und neuerer Instrumente der Kreditwürdigkeitsprüfung im Firmenkundengeschäft.[40] Ratingsysteme basieren zumeist auf mathematisch-statistischen Verfahren (in der Regel Diskriminanzanalysen) oder Verfahren der künstlichen Intelligenz wie Expertensystemen oder neuronalen Netzen und unterscheiden sich diesbezüglich nicht wesentlich von den Systemen zur Kreditwürdigkeitsprüfung.

Der entscheidende Unterschied eines Rating besteht in der Verdichtung von Informationen über komplexe unternehmerische Zusammenhänge und damit der Transformation des Kreditурteiles in eine Ratingkennzahl, hinter der sich die Wahrscheinlichkeit für Leistungs- und Zahlungsstörungen verbirgt. Ratingsysteme dienen damit prinzipiell dazu, die Ausfallwahrscheinlichkeit als metrische Größe auf ein ordinales Abbild zu reduzieren.[41]

Ein weiteres Differenzierungsmerkmal stellt die Funktionsbestimmung des eingesetzten Instrumentariums dar. Während die Kreditprüfung vorrangig internen Informationscharakter besitzt, können von Ratingagenturen erstellte Ratings von der Unternehmung zusätzlich als Informations- und Kommunikationsinstrument gegenüber internen und externen Anspruchsgruppen eingesetzt werden.

Die Gefahr von Ratingsystemen und standardisierten Kreditprüfungsprozessen besteht darin, dass sich die Kreditnehmer strategisch darauf einstellen, das heißt, bestimmte ratingrelevante Daten beeinflussen.[42] Beispielsweise

---

[39] Baseler Ausschuss für Bankenaufsicht (2004), Absatz 415.

[40] Vgl. zu den Verfahren der Kreditwürdigkeitsprüfung zum Beispiel Augath (1996), S. 2-35 und Dicken (1999), S. 21-120. Zu den Ansätzen der Kreditwürdigkeitsprüfung und deren kritischer Betrachtung vgl. zum Beispiel Deckers (1990), S. 35-60 und Leins (1993), S. 9-40. Die Analyse des Jahresabschlusses stellt dabei eine Mindestanforderung im Hinblick auf die Prüfung der Kreditwürdigkeit dar, ihr kommt in der praktischen Kreditwürdigkeitsbeurteilung eine herausragende Bedeutung zu, vgl. Betsch/Brümmer/Hartmann/Wittberg (1997), S. 151 und Bruckner (1997), S. 38. Qualitative Faktoren stammen häufig aus den beiden Beurteilungsbereichen „Unternehmensführung" sowie „Markt und Wettbewerb", Schiller/Tytko (2001), S. 127.

[41] Elsas/Krahnen (2001), S. 300.

[42] Vgl. zum strategischen Kreditnehmerverhalten Thießen (2004), S. 572-575.

werden Kreditnehmer versuchen, über die Gestaltung ihres Jahresabschlusses von den Kreditgebern als wichtig erachtete Kennzahlenwerte einzuhalten, um positiv beurteilt zu werden.[43] Diese Gefahr ist um so höher, je ausführlicher die Offenlegung des Kreditinstitutes im Hinblick auf Ratingverfahren und -prozesse ist.

2.2 Risiko von Unternehmenskrediten aus informationsökonomischer Betrachtungsperspektive

Für den Begriff des Risikos existiert keine einheitliche und allgemeingültige Definition.[44] In der betriebswirtschaftlichen Literatur tauchen im Zusammenhang mit der Einordnung des Risikobegriffes die Begriffe Ungewissheit und Unsicherheit auf, wobei keine klare begriffliche Trennung zwischen Risiko, Ungewissheit und Unsicherheit vorgenommen wird.

In der vorliegenden Arbeit soll dem Ansatz gefolgt werden, der Unsicherheit als übergeordneten Begriff von Risiko und Ungewissheit betrachtet.[45] Risiko gilt in diesem Sinn als quantifizierbare Unsicherheit und tritt ein, nachdem sich der Entscheidungsträger auf eine Alternative festgelegt hat. Ungewissheit wird als nicht messbare Unsicherheit verstanden, sie besteht vor der Auswahl einer Handlungsalternative. Risiko kann demnach als Folge der Ungewissheit interpretiert werden.[46] Unsicherheit und Risiko stehen in engem Zusammenhang zur Existenz unvollkommener Information.[47]

Informationen dienen dazu, zweckorientiertes Wissen als Grundlage für Entscheidungsprozesse respektive eine konkrete Entscheidungssituation bereitzustellen.[48] Die Entscheidung über die Vergabe eines Kredites muss auf der Grundlage unvollkommener Informationen getroffen werden, weil der Kredit-

---

43 Vgl. dazu auch Hauschildt (1988), S. 660.

44 Vgl. zu unterschiedlichen Definitionsansätzen zum Beispiel Mikus (2001), S. 5-7.

45 Vgl. dazu zum Beispiel Mag (1988), S. 479.

46 Ebenda, S. 479 m. w. N. und Körnert (1998), S. 40.

47 Mag (1988), S. 479.

48 Diese Definition von Information betrifft die pragmatische Ebene. Dieser Ebene übergeordnet sind semantische Ebene (Nachrichtenebene) und syntaktische Ebene (Ebene der Signale und Zeichen), vgl. dazu zum Beispiel Wittmann (1959), S. 14 und Dorka (1990), S. 16 f.

analyst nur einen beschränkten Umfang an Informationen in einer bestimmten Qualität in den Kreditprüfungsprozess einfließen lassen kann.

Unvollkommene Informationen stellen eine besondere Problematik im Zusammenhang mit Kreditgeschäften dar. Sie gelten als Ursprung für die Entstehung von Kreditrisiken,[49] weil sie eng mit der Unsicherheit über zukünftige bonitätsrelevante Ereignisse verknüpft sind. Unvollkommene Informationen sind vordergründig auf die asymmetrische Verteilung von Informationen zwischen in Austauschbeziehungen tretende Wirtschaftssubjekte zurückzuführen. Ansätze zur Erklärung der damit verbundenen Implikationen für die Vertragsparteien bieten institutionenökonomische Theorien wie die Principal-Agent-Theorie.[50]

Vor dem Abschluss des Kreditvertrages zwischen Kreditgeber (Principal) und Kreditnehmer (Agent) ist der Kreditgeber in der Regel im Informationsnachteil, da er nicht Zugang zu sämtlichen, den Kreditnehmer respektive das Unternehmen betreffende Informationen hat und nicht sämtliche Eigenschaften angemessen berücksichtigen und beurteilen kann. Das Management des Unternehmens ist dahingegen über die eigene Situation und die wirtschaftliche Unternehmensentwicklung in der Regel bedeutend besser informiert als der Kreditgeber und kann demzufolge seine zukünftige Ertragslage und das Bonitätsrisiko besser einschätzen.[51] Die Informationen sind mithin zwischen beiden Akteuren asymmetrisch verteilt.

Kreditnehmer mit überwiegend negativen Eigenschaften haben unter diesen Bedingungen einen Anreiz, diese bewusst zu verbergen oder zu manipulieren. Sie nutzen ihren Vorsprung an Wissen gegenüber dem Kreditgeber und geben nur solche Informationen weiter, die für sie vorteilhaft und nutzensteigernd sind.[52]

---

[49] Vgl. dazu Schiller/Tytko (2001), S. 33.

[50] Vgl. zu den theoretischen Grundlagen Jensen/Meckling (1976), S. 305-360; Spremann (1988), S. 613-629; Spremann (1990), S. 561-586 und Picot/Dietl/Franck (2005), S. 72-80. Zu Gegenstand und Anwendungsmöglichkeiten vgl. zum Beispiel Elschen (1991), S. 1002-1012.

[51] Vgl. Steiner/Heinke (1996), S. 608. Ähnlich Pellens (1999), S. 10.

[52] Vgl. Holst (1998), S. 28 und die dort angegebene Quelle.

Umgekehrt besteht aber auch die Gefahr, dass Kreditnehmer mit guten Eigenschaften ihre Vorzüge nicht zeigen können und in eine Risikoklasse mit einer höheren Ausfallwahrscheinlichkeit eingestuft werden und ein vergleichsweise schlechtes Vertragsangebot erhalten.[53] Somit besteht für den Kreditgeber die Gefahr, dass er unerwünschte Vertragspartner in Form von schlechten Risiken auswählt oder Kredite an erwünschte Kreditnehmer nicht oder zu nicht risikoadäquaten Konditionen ausreicht (adverse Selektion).

Der Kreditgeber kann auch nur schwer einschätzen, wie sich der Kreditnehmer nach Kreditausreichung verhalten wird, das heißt, inwiefern er das Ausfallrisiko durch eine Verschlechterung der Risikoposition des Kreditgebers gefährden wird.[54] Wird sein Verhalten der Bank ex post bekannt, handelt es sich um einen Fall von Hold up, der beispielsweise durch überdurchschnittlich hohe Entnahmen für Konsumzwecke des Unternehmers eintreten könnte. Es wäre auch denkbar, dass der Kreditnehmer weitere Fremdfinanzierungen eingeht, um über eine Erhöhung des Verschuldungsgrades Leverage-Effekte zu nutzen.[55] Bleibt das Verhalten des Kreditnehmers nach Kreditausreichung dahingegen gegenüber der Bank im Verborgenen, liegt Moral hazard vor. Ein Beispiel dafür ist die Investition des Kreditbetrages in einen risikoreicheren Kreditverwendungszweck als geplant unter der Maßgabe, dass der Kreditgeber bei Zahlungsschwierigkeiten oder in einer anderen unternehmerischen Krisensituation keine Rückschlüsse von der risikoreicheren Investition auf die Krisensituation ziehen kann.

Obwohl die Verhaltensspielräume des Kreditnehmers nach Ausreichung des Kredites Gegenstand der Kreditüberwachung sind, spielen nicht nur Qualitäts-, sondern auch Verhaltensunsicherheiten bereits zum Zeitpunkt der Kreditentscheidung eine Rolle und beeinflussen in Form von Risikozuschlägen die Kreditkonditionen. Darüber hinaus beeinflusst der Kreditnehmer mit seiner Informationspolitik und seinem Informationsverhalten nicht nur seine eigene Situa-

---

[53] Wenn der Kreditgeber den Wahrheitsgehalt von Informationen des Kreditnehmers nicht beurteilen kann oder unsicher über die Qualität des Kreditnehmers ist, wird er auf durchschnittliche Merkmalsausprägungen zurückgreifen beziehungsweise die Unsicherheit über Risikozuschläge in die Kreditkonditionen einpreisen, vgl. Steiner/Heinke (1996), S. 609 und Holst (1998), S. 28 f.

[54] Vgl. dazu und zum Folgenden Spremann (1990), S. 566 f.

[55] Steiner/Heinke (1996), S. 608.

tion, sondern auch die des Kreditgebers in Form einer ineffizienten Eigenmittelbindung respektive höherer Refinanzierungskosten.

Trotz Unsicherheiten auf Seiten des Kreditgebers ist eine Entscheidung über die Kreditvergabe zu treffen. In diesem Zusammenhang besteht ein Risiko dahingehend, dass sich der Kreditgeber auf eine Alternative festgelegt hat, aus der ein Schaden folgt und somit eine Fehlentscheidung getroffen hat.[56] Bei dieser Form des reinen Risikos besteht lediglich die Möglichkeit des Abweichens der Ergebnisse von den Erwartungswerten in die negative Richtung. Im Gegensatz zu dieser engen Auslegung beinhaltet die spekulative Ausprägung des Risikos zusätzlich die Möglichkeit des Abweichens in die positive Richtung im Sinne von Chancen.[57]

Die Chancen einer Kreditentscheidung bestehen für den Kreditgeber in[58]

- Gewinnen aus der fristgerechten Rückzahlung des Kredites[59] und
- Opportunitätsgewinnen aus der vermiedenen Kreditvergabe im Falle eines Kreditausfalles respektive anderweitiger Störungen.[60]

Risiken können beispielsweise resultieren aus

- einer nicht termingerechten oder ausbleibenden Rückführung des Kredites einschließlich der Kreditkosten und
- entgangenen Zinsen für nicht ausgereichte Kredite, die rückzahlbar gewesen wären.

Kreditentscheidungen werden vordergründig auf der Grundlage des ermittelten Ausfallrisikos des Kreditnehmers respektive des Kreditrisikos getroffen. Daneben spielen die Risikoneigung des Kreditinstitutes und die Einordnung des Kreditengagements in das Gesamtrisikoportfolio der Bank eine wesentliche Rolle. Auf diese beiden Aspekte soll jedoch nicht näher eingegangen werden, vielmehr befassen sich die anschließenden Ausführungen mit dem Kreditrisiko.

---

56 Ähnlich Mag (1988), S. 479 f.

57 Farny (1979), S. 20 f. und Mag (1988), S. 491.

58 Vgl. zu den mit einer Kreditentscheidung verbundenen Chancen und Risiken Bruckner (1997), S. 31-36.

59 Gewinne ergeben sich, wenn die Zinserträge größer als die mit dem Kreditengagement verbundenen Kosten sind.

60 Wenn die Kosten der Bonitätsanalyse kleiner als die Opportunitätsgewinne sind.

2.3 Begriff Kreditrisiko

Das Kreditrisiko bezeichnet die Gefahr, dass der ausgereichte Kreditbetrag nebst vereinbarter Zinsen und Gebühren teilweise oder vollständig verlustig wird.[61] In einem weiter gefassten Verständnis umfasst es darüber hinaus das Risiko der Entstehung von Transaktionskosten im Zusammenhang mit Zahlungsausfällen, Zahlungsverzögerungen oder Problemen bei der Verwertung der Sicherheiten. Zur Einordnung des Kreditrisikos in den bankbetrieblichen Kontext bietet sich eine gedankliche Dreiteilung des Bankbetriebes in einen geschäftspolitischen, einen technisch-organisatorischen und einen liquiditätsmäßig-finanziellen Bereich an (vgl. Abbildung 4).[62]

Der geschäftspolitische Bereich beschäftigt sich auf einer übergeordneten Ebene mit dem Zielsystem und den strategischen Grundfragen des Bankbetriebes, aber auch mit der Vorgabe konkreter Handlungsanweisungen und der Überwachung der Zielerreichungs- und Strategieimplementierungsgrade. Der technisch-organisatorische Bereich umfasst die nicht-monetären Produktionsfaktoren des Bankbetriebes wie beispielsweise die menschliche Arbeit und Informationen. Der liquiditätsmäßig-finanzielle Bereich befasst sich mit den monetären Produktionsfaktoren des Bankbetriebes in Zahlungs- und Haftungsqualität. Dieser Bereich ist mit den beiden anderen eng verknüpft. Beispielsweise bestehen über die Vorgabe der Kreditvergabestrategie oder die Risikoneigung des Kreditinstitutes Verbindungen zum geschäftspolitischen Bereich und über die Mitarbeiter in Form der Kreditanalysten, die Informations- und Kommunikationssysteme oder die technischen Betriebsmittel zum technisch-organisatorischen Bereich.

Adressenausfallrisiken zählen zu den Gläubigerrisiken, die ein Teilrisiko der liquiditätsmäßig-finanziellen Erfolgsrisiken darstellen. Ausbleibende, verminderte oder verspätet eingehende Kapitaldienste tangieren aber auch das Rückflussrisiko des Bankbetriebes und können sich negativ auf dessen Liquidität

---

[61] Dorka (1990), S. 18; Stockinger (1991), S. 18 und Perridon/Steiner (2007), S. 480. Das Kreditrisiko bildet einen Kernbestandteil des bankbetrieblichen Risikomanagements, Deutsche Bundesbank (2002), S. 49. Ähnlich Heinke (2001), S. 175.

[62] Vgl. dazu und zum Folgenden Körnert (1998), S. 33-72 und die dort angegebene Literatur.

auswirken. Erfolgs- und Liquiditätsrisiken können sich gegenseitig beeinflussen.[63]

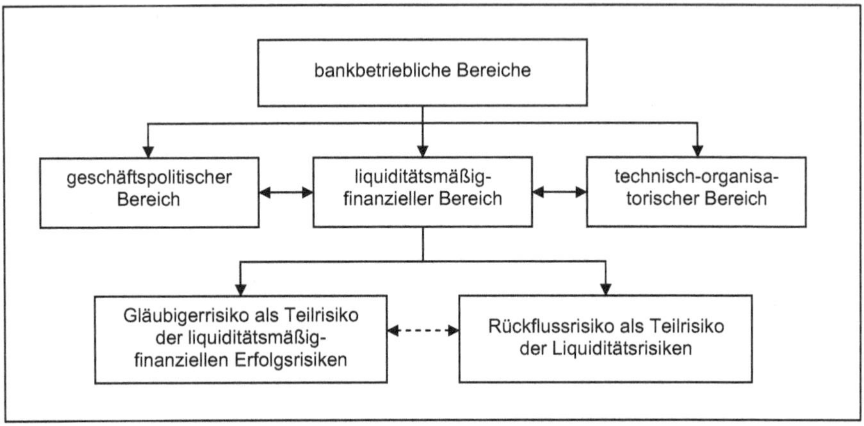

Abbildung 4: Einordnung des Ausfallrisikos in den bankbetrieblichen Kontext

Quelle: Eigene Darstellung in Anlehnung an Körnert (1998), S. 33-72

Die Differenzierung des Kreditrisikos in eine aktive und eine passive Risikokomponente verdeutlicht Abbildung 5. Beim aktiven respektive originären Kreditrisiko, dem im Rahmen der Themenstellung das Hauptgewicht beigemessen wird, geht es um das Risiko der fehlenden oder nicht fristgerechten Rückzahlung des Kredites. Es unterteilt sich in Verlust-, Liquiditäts- und Besicherungsrisiko.[64] Bei grenzüberschreitenden Kreditgeschäften spielt zudem das Länderrisiko eine Rolle.[65] Verlust- und Liquiditätsrisiko bilden zusammen das Bonitätsrisiko, es soll als Kreditrisiko im engeren Sinn bezeichnet werden. Das passive respektive derivative Kreditrisiko beinhaltet die Gefahr des Auftretens von unerwarteten Refinanzierungsproblemen seitens der Bank. Zu den derivativen Kreditrisiken zählen Zinsänderungsrisiko, Währungsrisiko, Inflationsrisiko und Konsortialrisiko.[66]

---

[63] Vgl. dazu näher Körnert (1998), S. 67 f. und die dort angegebene Literatur.

[64] Das Verlustrisiko beinhaltet die Gefahr, dass die Rückzahlung des Kreditbetrages und/oder der Zinsen gar nicht oder nur zum Teil erfolgt. Beim Liquiditätsrisiko geht es um die Gefahr der nicht fristgerechten Rückzahlung des Kreditbetrages und/oder der Zinsen. Das Besicherungsrisiko bezeichnet das Risiko, dass die Sicherheiten untergehen oder an Wert verlieren beziehungsweise nicht im erforderlichen Maß verwertet werden können.

[65] Das Länderrisiko beinhaltet die Gefahr, dass aus wirtschaftlichen oder politischen Gründen die Zahlungen des Kreditnehmers durch das Domizilland verhindert werden, Schiller/ Tytko (2001), S. 6.

[66] Vgl. dazu zum Beispiel Schiller/Tytko (2001), S. 6.

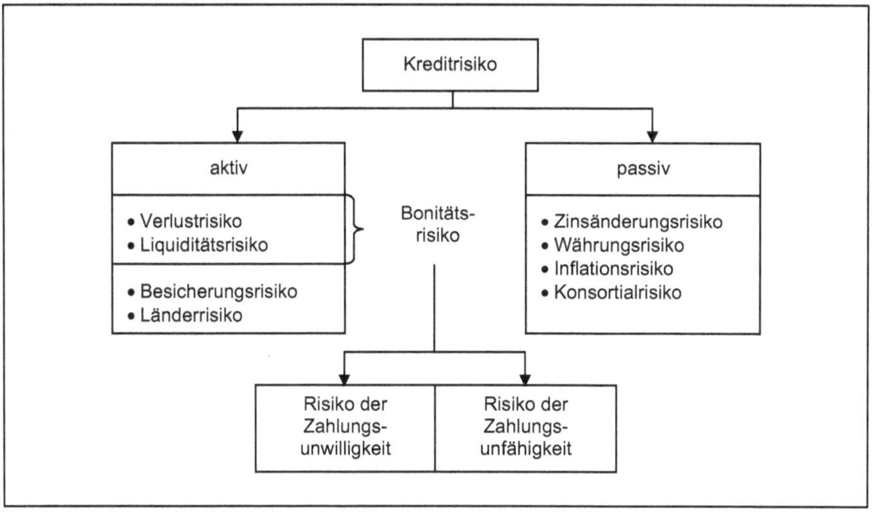

Abbildung 5: Unterteilung des Kreditrisikos

Quelle: Eigene Darstellung

Wird der für die Themenstellung in besonderem Maße relevante Begriff des Kreditrisikos im engeren Sinn auf der Ebene der Kreditwürdigkeit gedanklich weitergeführt, dann beinhaltet er einerseits das Risiko der Zahlungsunwilligkeit und andererseits das Risiko der Zahlungsunfähigkeit. Beide Risiken erwachsen häufig aus dem Verhalten des Kreditnehmers. Sie entstehen immer dann, wenn der Kreditnehmer seine Verhaltensspielräume opportunistisch ausnutzt.

Das Risiko der Zahlungsunwilligkeit besteht aus informationsökonomischer Sicht in der Gefahr, dass der Kreditnehmer die Zahlung bewusst hinauszögert (Moral hazard-Risiko) oder ein Abhängigkeitsverhältnis beispielsweise von einem kreditgewährenden Lieferanten ausnutzt (Hold up-Risiko).[67]

Das Risiko der Zahlungsunfähigkeit ist aus informationsökonomischer Perspektive differenzierter zu betrachten.[68] Es entsteht erstens, wenn Kredite an insolvenzgefährdete Unternehmen ausgereicht wurden. Diese Problematik tritt insbesondere bei sich ständig wiederholenden Krediten wie Lieferantenkrediten auf. Die Tatsache, dass der Kreditnehmer eine Überschuldung, Zahlungsunfähigkeit oder drohende Zahlungsunfähigkeit erheblich zeitnäher feststellt als der Kreditgeber und die Situation, dass der Kreditgeber nicht vor jeder Kre-

[67] Vgl. dazu insbesondere für den Bereich des Lieferantenkredites Zellner (2001), S. 68-70.

[68] Vgl. dazu ausführlich ebenda, S. 71-83.

ditausreichung eine erneute Bonitätsprüfung durchführt, sondern sich allenfalls an bestimmten Indikatoren wie beispielsweise der Überschreitung von Zahlungszielen orientieren kann, kann der Kreditnehmer zu seinem Vorteil ausnutzen (Risiko der adversen Selektion). Eine weitere Verhaltensoption des Kreditnehmers besteht darin, dass er grob fahrlässig oder vorsätzlich die Insolvenz herbeiführt und daraus persönliche Vorteile zieht (Moral hazard-Risiko). Ausgereichte Kredite oder eingeräumte Kreditlinien kann der Kreditnehmer jedoch auch dazu nutzen, um von den Kreditgebern Zugeständnisse zu bekommen, indem er mit der Zerstörung oder Vernichtung von unternehmerischen Vermögensgegenständen oder der Einleitung des Insolvenzverfahrens und der damit verbundenen Senkung respektive Vernichtung des Ertragswertes des Unternehmens droht (Hold up-Risiko).

Zweitens kann das Risiko der Zahlungsunfähigkeit auf exogene Umstände zurückzuführen sein, auf die der Kreditnehmer keinen Einfluss hat und die er auch nicht versichern kann.

Drittens kann das Risiko der Zahlungsunfähigkeit aus der Tatsache resultieren, dass es durch das opportunistische Ausnutzen von Verhaltensspielräumen seitens des Kreditnehmers falsch eingeschätzt wurde und Kredite demzufolge nicht bonitätsadäquat ausgereicht wurden. Beispielsweise könnte der potentielle Kreditnehmer über die Risiken seiner Schlüsselprojekte oder die Bonität seiner Hauptauftraggeber und den Umgang mit diesen Risiken zu positiv informieren. Der Kreditgeber würde dann einen höheren Anteil externer Risiken des Kreditnehmers als erwünscht übernehmen.

2.4 Risiko von Unternehmenskrediten aus Sicht der internationalen Bankenaufsicht

1988 wurde vom Baseler Ausschuss für Bankenaufsicht[69] eine Eigenmittelempfehlung – der sogenannte Baseler Akkord oder Basel I – verabschiedet. Sie richtete sich zwar nur an international tätige Banken, hat sich aber im Laufe der Jahre als weltweit anerkannter Kapitalstandard etabliert und gilt aus heutiger Sicht als ein „Meilenstein in der internationalen Harmonisierung der bankenaufsichtlichen Eigenkapitalanforderungen“[70]. Die Kreditnehmer werden in Abhängigkeit von deren Status einer von vier Klassen zugeordnet, für die jeweils ein einheitlicher Prozentsatz in Bezug auf die vom Kreditinstitut zu unterlegenden Eigenmittel gilt. Es wird zwischen folgenden Klassen und zugehörigen Prozentsätzen unterschieden:[71]

- öffentliche Kreditnehmer: 0 Prozent,
- Banken: 1,6 Prozent,
- Realkredite: 4,0 Prozent,
- Unternehmen, Private: 8,0 Prozent.

Die Empfehlungen des Baseler Akkords sind in die europäischen Mindesteigenkapitalstandards und mittels §§ 10 und 10 a KWG und des Grundsatzes I (Solvabilitätsgrundsatz) zu großen Teilen in deutsches Recht eingeflossen. Unternehmenskredite sind demnach unabhängig von der individuellen Bonität des Unternehmens und des damit verbundenen Adressenausfallrisikos mit mindestens acht Prozent an Eigenmitteln der Kreditinstitute zu unterlegen.

---

69 Der Baseler Ausschuss für Bankenaufsicht (Basle Committee on Banking Supervision – BCBS) wurde 1974/1975 von den Präsidenten der Zentralbanken der G10-Staaten als Teil der Bank für Internationalen Zahlungsausgleich (BIZ) gegründet. Anlass gaben größere Bankenzusammenbrüche mit internationalen Auswirkungen. Der Ausschuss setzt sich heute aus Vertretern der Notenbanken und Bankenaufsichtsbehörden von Belgien, Deutschland, Frankreich, Großbritannien, Italien, Japan, Kanada, Luxemburg, Niederlande, Schweden, Schweiz, Spanien und USA zusammen. Das Ziel dieser Institution besteht vornehmlich in der Gewährleistung der internationalen Bankenaufsicht nach einheitlichen Kriterien. Vgl. dazu auch Deutsche Bundesbank (2000), S. 42 und Deutsche Bundesbank (2001), S. 16.

70 Deutsche Bundesbank (2001), S. 16.

71 Annahmen: Geldleihgeschäft, Kreditnehmer ist in Deutschland angesiedelt.

Aufgrund der Entwicklungen im Bank- und Finanzsektor wurde deutlich, dass Basel I einer Überarbeitung bedurfte. Zum Beispiel konnten neue respektive verbesserte Methoden und Instrumente zur Steuerung des Kreditrisikos wie Kreditderivate, Nettingvereinbarungen für Bilanzpositionen oder die Verbriefung von Aktiva kaum Berücksichtigung finden. Zudem erfolgte die Berechnung der Kapitalanforderungen im Hinblick auf die Kreditrisiken nicht ausreichend differenzierend, so dass das tatsächliche Risiko meist nur unzureichend abgebildet wurde.[72]

Seit 1999 beschäftigte sich die internationale Bankenaufsicht im Rahmen der Neuen Baseler Eigenkapitalvereinbarung (Basel II) unter anderem intensiv mit der Verbesserung der risikoadäquaten Unterlegung von Krediten. Nach einem mehrjährigen Beratungs- und Konsultationsprozess wurde im Juni 2004 das Rahmenwerk zur „Internationalen Konvergenz der Kapitalmessung und Eigenkapitalanforderungen" veröffentlicht.[73] Die auf den sich ergänzenden und zum Teil gegenseitig beeinflussenden drei Säulen „Mindestkapitalanforderungen" (Säule eins), „Aufsichtliches Überprüfungsverfahren" (Säule zwei) und „Marktdisziplin" (Säule drei) basierende Konzeption dient dem Ziel der Verbesserung der Sicherheit, Solidität und Stabilität des Finanzsystems[74] und der Förderung der internationalen Wettbewerbsfähigkeit und -gleichheit des Bankensektors.

Diese Drei-Säulen-Konzeption ist mit dem Kreditzyklus eng verzahnt. Der typische Kreditzyklus beginnt mit der Phase der Akquisition. Die sich daran anschließende Phase der Kreditprüfung erfordert eine Analyse des vergangenen Unternehmensgeschehens und die Identifizierung zukünftiger Ertragsaussichten und Entwicklungspotentiale. In diesem Zusammenhang spielt die Erfassung, Analyse und Bewertung der strategischen und operativen Risiken des Unternehmens eine bedeutende Rolle. Im Kreditzyklus hängt davon in nicht unwesentlichem Maße die Entscheidung über die Kreditvergabe ab.

---

[72] Vgl. Deutsche Bundesbank (2001), S. 16 und Deutsche Bundesbank (2004), S. 76.

[73] Der Originaltitel lautet: International Convergence of Capital Measurement and Capital Standards: A Revised Framework. In den USA wird sich das Inkraftsetzen der Regeln verschieben. Mitunter wird in der aktuellen Diskussion auch angedeutet, dass ein Scheitern von Basel II nicht ausgeschlossen ist. Einen Überblick über die Entstehungsgeschichte des Rahmenwerkes geben Loch/Thelen-Pischke (2004), S. 732 f.; Paul (2004), S. 7-9; Cluse/Dernbach/Engels/Lellmann (2005), S. 19-21 und Wolf (2005), S. 6-9.

[74] Ein weltweit stabiles Finanzsystem soll Bankenzusammenbrüche in großem Ausmaß verhindern. Vgl. zu Dominoeffekten im Bankensystem Körnert (1998) und Körnert (2000), S. 365-399.

Über die Phase der Kreditüberwachung und -rückzahlung schließt sich der Kreis zur Akquisitionsphase beziehungsweise wird durch Wertberichtigungen oder den Ausfall des Kredites unterbrochen.

Kernstück des Baseler Rahmenwerkes bilden die Mindesteigenkapitalanforderungen aus Säule eins, die an eine bonitätsabhängige Bewertung und Klassifizierung der Kreditnehmer mit dem Ziel einer risikoadäquaten Unterlegung von ausgereichten Krediten mit regulatorischem Eigenkapital beziehungsweise Eigenmitteln[75] gekoppelt sind. Ergänzt werden sie durch ein intensiviertes qualitatives Überprüfungsverfahren der Bankenaufsicht, das gewährleisten soll, dass die Banken die ihren Kreditgeschäften innewohnenden Risiken in ausreichendem Maße mit Eigenkapital absichern und ihre Risikomanagementverfahren weiterentwickeln.[76] Eine weitere Ergänzung erfahren die Kapitalanforderungen aus Säule eins durch die erweiterten Offenlegungspflichten der Kreditinstitute zur Nutzung der disziplinierenden Marktkräfte „komplementär zu den regulatorischen Anforderungen“[77]. Die Kreditinstitute sind mithin nicht nur zur Offenlegung und Transparenz gegenüber der Bankenaufsicht, sondern auch gegenüber den Marktteilnehmern verpflichtet. Die Säulen zwei und drei stellen somit wichtige Ergänzungen dar, die insbesondere der Sicherstellung der Solvenz eines Kreditinstitutes dienlich sind.[78] Von diesen beiden Säulen gehen Rückkoppelungseffekte auf die Anforderungen zur Unterlegung mit Eigenmitteln aus. Kommt die Bankenaufsicht beispielsweise zu dem Schluss, dass die Verfahren zur Risikoermittlung und -überwachung des betreffenden Kreditinstitutes die tatsächliche Risikolage nicht in ausreichendem Maße widerspiegeln, kann sie eine höhere Unterlegung als nach Säule eins verlangen.[79]

---

[75] Aufgrund der stärkeren Risikosensitivität von Basel II gegenüber Basel I wird es zu einer Konvergenz des durch die Bankenaufsicht festgelegten regulatorischen Eigenkapitals an das ökonomische Eigenkapital, das das vom Kreditinstitut als erforderlich angesehene oder unter Risikogesichtspunkten erforderliche Eigenkapital repräsentiert, kommen, Hammes/Shapiro (2001), S. 97-114; Deutsche Bundesbank (2002), S. 53; Hofmann (2003), S. 3 und Wilkens/Baule/Entrop (2004), S. 80. In der Literatur wird im Zusammenhang mit der Unterlegung von Krediten sowohl vom Begriff der Eigenmittel als auch vom Begriff des Eigenkapitals gesprochen.

[76] Vgl. Baseler Ausschuss für Bankenaufsicht (2004), Absatz 720.

[77] Deutsche Bundesbank (2004), S. 76.

[78] Vgl. ebenda, S. 76.

[79] Wolf (2005), S. 11.

Die Verknüpfung von Kreditzyklus und Basel II, die Abbildung 6 zusammenfassend veranschaulicht, vollzieht sich am deutlichsten zwischen der Phase der Erfassung, Analyse und Bewertung der Risikosituation des Unternehmens und den Mindestkapitalanforderungen aus Säule eins. Der Risikogehalt des auszureichenden Kredites beeinflusst unmittelbar die Höhe des mit Eigenmitteln zu unterlegenden Betrages.

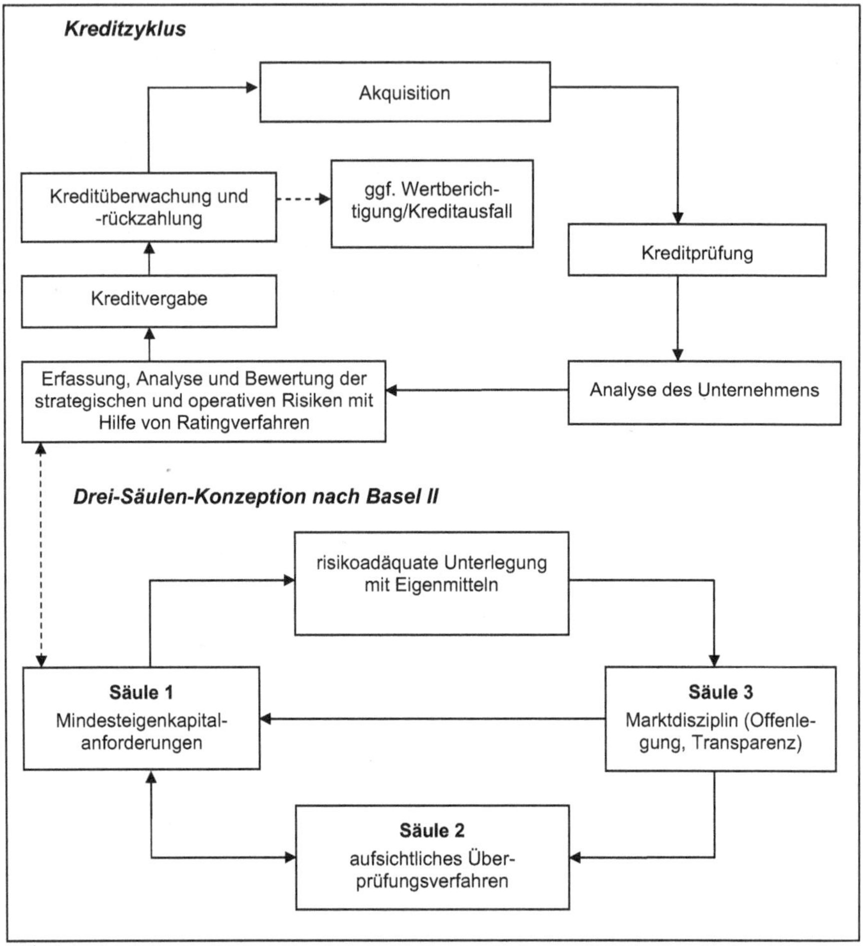

Abbildung 6: Verknüpfung von Kreditzyklus und Basel II

Quelle: Eigene Darstellung

Für den Untersuchungsgegenstand der vorliegenden Arbeit sind insbesondere die Mindestkapitalanforderungen für Unternehmenskredite aus Säule eins von Interesse.[80] Der quantitative und qualitative Inhalt des von der internationalen Bankenaufsicht als Eigenkapital anerkannten Begriffes hat sich bis auf einige wenige Anpassungen gegenüber dem Baseler Akkord von 1988 nicht verändert.[81] Die allgemeine Anforderung an Kreditinstitute, Eigenkapital in Höhe von durchschnittlich acht Prozent ihrer gewichteten Risikoaktiva zu halten, ist als ein weiteres Schlüsselelement gegenüber Basel I ebenfalls unverändert geblieben.[82] Dieser Wert stellt lediglich eine Mindestanforderung dar. Die Banken müssen stets ihre Ausstattung mit Eigenkapital im Verhältnis zu ihrem Gesamtrisiko überprüfen, beurteilen und gegebenenfalls mehr Eigenmittel vorhalten.

Bei der Ermittlung der anrechenbaren Eigenmittel sind zusätzlich zum Kreditrisiko seit 1996 das Marktpreisrisiko[83] und im Zuge von Basel II das operationelle Risiko[84] als Risikokomponenten mit zu berücksichtigen:[85]

---

80 Für ausführliche Informationen zu den Säulen zwei und drei vgl. Deutsche Bundesbank (2001), S. 30 f.; Baseler Ausschuss für Bankenaufsicht (2004), Absatz 719-807; Deutsche Bundesbank (2004), S. 88-90; Loeper (2004), S. 265-283; Paul (2004), S. 15-19; Schulte-Mattler/von Kenne (2004), S. 39; Sandroß/Heim (2005), S. 339-361 und Schauff/Stellmacher (2005), S. 567-587 zu Säule zwei; Deutsche Bundesbank (2001), S. 31-33; Baseler Ausschuss für Bankenaufsicht (2004), Absatz 808-826; Deutsche Bundesbank (2004), S. 90 f.; Hillen (2004), S. 337-363; Naumann (2004), S. 365-377; Paul (2004), S. 19 f.; Schulte-Mattler/von Kenne (2004), S. 39 f.; Buchholz (2005), S. 589-611 und Schwarzhaupt (2005), S. 411-427 zu Säule drei.

81 Vgl. zu den vorgenommenen Anpassungen Baseler Ausschuss für Bankenaufsicht (2004), Absatz 41 mit Verweis auf die Absätze 37-39 und 43.

82 Vgl. ebenda, Absatz 5. Die durchschnittlichen Kapitalanforderungen im Gesamtsystem sollten zwar risikosensitiver ausgestaltet, aber im Vergleich zu Basel I weitgehend konstant gehalten werden, Hofmann/Pluto (2005), S. 244 f.

83 1996 wurde Basel I im Hinblick auf die Einbeziehung von Marktpreisrisiken geändert, vgl. Baseler Ausschuss für Bankenaufsicht (1996). Die Übernahme erfolgte auf europäischer Ebene über die EU-Kapitaladäquanzrichtlinie und national über die sechste KWG-Novelle mit der Erweiterung des Grundsatzes I, vgl. Wolf (2005), S. 6. Zur Unterlegung von Marktpreisrisiken vgl. zum Beispiel Appel (2005), S. 415-430.

84 Das operationelle Risiko ist „die Gefahr von Verlusten, die infolge der Unangemessenheit oder des Versagens von internen Verfahren, Menschen und Systemen oder in Folge externer Ereignisse eintreten“, Baseler Ausschuss für Bankenaufsicht (2004), Absatz 644. Zur näheren Betrachtung von operationellen Risiken vgl. Basel Committee on Banking Supervision (2003); Deutsche Bundesbank (2004), S. 86-88; Kaiser (2004), S. 227-239; Minz (2004), insbesondere S. 9-30; Engels/Schauff (2005), S. 353-384 und Rünger/Walther (2005), S. 503-512.

85 In Anlehnung an Deutsche Bundesbank (2001), S. 17.

anrechenbare Eigenmittel / Summe gewichtete Risikoakiva Kreditrisiko + 12,5 x (Anrechnungsbeträge Marktrisiko + operationelles Risiko)	>= 8 %

Für die Ermittlung der Eigenkapitalanforderungen in Bezug auf das Kreditrisiko von Unternehmenskrediten[86] schlägt der Baseler Ausschuss zwei Alternativen vor. Zum einen handelt es sich um die standardisierte Messung des Kreditrisikos auf der Grundlage von Ratings externer Bonitätsbeurteilungsinstitute (Standardansatz respektive *standardised approach*) und zum anderen um die internen Ratingsysteme der Banken (IRB-Ansätze, *internal ratings based approach*, das heißt auf bankinternen Ratings basierend[87]).

Standardansatz

Beim einfachen und umfassenden Standardansatz[88] bestimmt sich das Risikogewicht, das die Anrechnung der Forderung auf das zu unterlegende Eigenkapital widerspiegelt, in Abhängigkeit von der von der Ratingagentur vergebenen Ratingnote.[89] In Tabelle 1 sind diese Risikogewichte am Beispiel der Notation von Standards & Poor`s und die daraus resultierende Eigenmittelbindung aufgeführt.

---

[86] Unter einem Unternehmenskredit versteht der Baseler Ausschuss für Bankenaufsicht grundsätzlich die Schuld eines Unternehmens wie beispielsweise einer Personen- oder Kapitalgesellschaft, die vorrangig aus den laufenden Unternehmensgeschäften rückzahlbar ist, Baseler Ausschuss für Bankenaufsicht (2001), Absatz 153.

[87] Zu den Anforderungen an Ratings beziehungsweise Ratingsysteme vgl. Elsas/Krahnen (2001), S. 298-304 und Krahnen/Weber (2001), S. 3-23.

[88] Beide Ansätze unterscheiden sich bezüglich der Behandlung und den Kreis der zulässigen Sicherheiten, Baseler Ausschuss für Bankenaufsicht (2004), Absatz 145 f. und Cluse/ Dernbach/Engels/Lellmann (2005), S. 28. Zu einer ausführlichen Darstellung der Unterlegung von Kreditrisiken im Standardansatz vgl. Cluse (2005), S. 143-166.

[89] Zum Ratingverfahren von Ratingagenturen vgl. zum Beispiel Hückmann (2003), S. 106-125; Dimitrakopoulos/Spahr (2004), S. 211-222 und Everling (2005), S. 67-87.

Rating	Risikogewicht	regulatorische Eigenmittelbindung
AAA bis AA-	20 %	1,6 %
A+ bis A-	50 %	4,0 %
BBB+ bis BB- nicht geratet	100 %	8,0 %
unter BB-	150 %	12,0 %

Tabelle 1: Risikogewichte und regulatorische Eigenmittelbindung für extern geratete Unternehmensforderungen

Am Beispiel der Notation von Standards & Poor`s, ohne wohnwirtschaftliche Realkredite

Quelle: In Anlehnung an Baseler Ausschuss für Bankenaufsicht (2004), Absatz 66

Das Risikogewicht in Höhe von 100 Prozent für nicht geratete Forderungen ist als Untergrenze anzusehen, höhere Werte liegen im Verantwortungsbereich der zuständigen Aufsichtsinstanz.[90]

Die angemessene Zuordnung der von der Agentur vergebenen Risikobeurteilungen zu den für den Standardansatz vorgegebenen festen Risikogewichten erfolgt durch die Bankenaufsicht.[91] Die Wahl der Ratingagentur respektive -agenturen ist den Kreditinstituten freigestellt – mit der Einschränkung, dass das Bonitätsbeurteilungsinstitut die Eignungskriterien der nationalen Bankenaufsicht erfüllen[92] und den diesbezüglichen Überprüfungen der Bankenaufsicht standhalten muss.

Kredite, die die nachfolgenden Kriterien erfüllen, können von den Kreditinstituten als Retailforderungen klassifiziert werden:[93]

- Kreditnehmerkriterium: Bei dem Kreditnehmer handelt es sich um eine natürliche Person oder ein kleines Unternehmen.
- Produktkriterium: Der Kredit muss einer der in der Rahmenvereinbarung aufgezählten Gruppen zuordenbar sein, zum Beispiel der Gruppe der Kredite an sowie Kreditlinien für kleine Unternehmen.
- Granularitätskriterium: Das Retailportfolio muss angemessen diversifiziert sein.

---

90 Vgl. Baseler Ausschuss für Bankenaufsicht (2004), Absatz 67.

91 Vgl. ebenda, Absatz 92. Zum Vorschlag einer Implementierung des Zuordnungsprozesses vgl. ebenda, Anhang 2.

92 Zu den Eignungskriterien vgl. ebenda, Absatz 91.

93 Ebenda, Absatz 70.

- Volumenkriterium: Der Wert der zusammengefassten Retailkredite darf bezogen auf einen Kreditnehmer nicht höher als eine Million Euro sein.

Im Standardansatz gilt für dieses Mengengeschäft ein einheitliches und festes Risikogewicht von 75 Prozent, sofern sich die Kredite nicht in Verzug befinden. Retailkredite erfahren mithin eine bonitätsunabhängige Risikogewichtung, die niedriger ist als die von nicht gerateten Unternehmen.

Da die Kreditinstitute zur Verbesserung und Verfeinerung ihres risikopolitischen Instrumentariums angeregt werden sollen, ist „das dauerhafte Verbleiben im Standardansatz prinzipiell nur für Portfolios mit nicht materiellem (sinngemäß bedeutendem) Volumen und Risikogehalt gestattet.“[94]

IRB-Ansätze

Bei den beiden IRB-Ansätzen, die sich in den IRB-Basisansatz (*foundation approach*) und den fortgeschrittenen IRB-Ansatz (*advanced approach*) unterteilen lassen, geht es um die Anwendung von internen, auf der Grundlage von statistischen Methoden entwickelten Risikomesssystemen zur Ermittlung des unterlegungspflichtigen Betrages.[95] Die Ratingansätze müssen bestimmte Mindestanforderungen erfüllen und bedürfen der ausdrücklichen Genehmigung durch die zuständige Bankenaufsicht.[96]

Ein wichtiges Differenzierungskriterium der beiden internen Ratingansätze ist deren Komplexität, die sich beispielsweise bei der Anzahl der institutsintern zu schätzenden Risikokomponenten widerspiegelt. Beim Basisansatz schätzt das Kreditinstitut lediglich die Ein-Jahres-Ausfallwahrscheinlichkeit der Ratingklassen (*probability of default*, PD) selbst.[97]

---

[94] Deutsche Bundesbank (2004), S. 82.

[95] Zu internen Ratingverfahren vgl. zum Beispiel Döhring/Hromadka (2005), S. 89-105, die insbesondere auf das von der DZ Bank und dem Bundesverband der Deutschen Volksbanken und Raiffeisenbanken erarbeitete Ratingsystem eingehen.

[96] Vgl. zu den Mindestanforderungen Baseler Ausschuss für Bankenaufsicht (2004), Absatz 387-537.

[97] Die Ausfallwahrscheinlichkeiten der internen Ratingklassen müssen mindestens 0,03 Prozent betragen, ebenda, Absatz 285.

Ein Kredit gilt dann als ausgefallen, wenn das Kreditinstitut davon ausgeht, dass der Kreditnehmer seinen Verpflichtungen mit hoher Wahrscheinlichkeit nicht in voller Höhe nachkommen wird, ohne dass auf Maßnahmen wie zum Beispiel die Verwertung von Sicherheiten zurückgegriffen wird, oder wenn eine wesentliche Verbindlichkeit des Kreditnehmers gegenüber der Bankengruppe mehr als 90 Tage überfällig ist.[98]

Für Retailkredite besteht die Möglichkeit, die Ausfalldefinition nicht auf Kreditnehmerebene, sondern auf der Ebene einer bestimmten Forderung anzuwenden, so dass die ausgefallene Forderung eines Kreditnehmers nicht die Behandlung sämtlicher anderer Forderungen der Bankengruppe an diesen Kreditnehmer nach der Ausfalldefinition nach sich zieht.[99]

Die Werte der übrigen, für die Berechnung der Risikogewichte relevanten Risikokomponenten werden im IRB-Basisansatz von der Bankenaufsicht vorgegeben. Dazu gehören zum Beispiel die Verlustquote bei Ausfall (*loss given default*, LGD), das heißt die Höhe des Verlustes in Prozent der Höhe der ausstehenden Forderung zum Zeitpunkt des Kreditausfalls und die effektive Restlaufzeit (*maturity*, M). Vorrangige Unternehmensforderungen ohne Besicherung durch anerkannte Sicherheiten erhalten eine Verlustquote bei Ausfall in Höhe von 45 Prozent, nachrangigen Forderungen an Unternehmen wird eine LGD in Höhe von 75 Prozent zugewiesen.[100] Die effektive Restlaufzeit ist mit 2,5 Jahren vorgegeben.[101] Es obliegt jedoch der nationalen Bankenaufsicht, ob sie eine explizite Laufzeitanpassung von ihren Banken fordert.

Beim fortgeschrittenen IRB-Ansatz erfolgt die Schätzung der erforderlichen Risikoparameter auf der Grundlage von Datenhistorien des Kreditinstitutes. Neben der Ausfallwahrscheinlichkeit und der Verlustquote bei Ausfall gehören zu diesen Parametern die Höhe der ausstehenden Forderung bei Ausfall in Währungseinheiten (*exposure at default*, EAD) und gegebenenfalls die effek-

---

[98] Baseler Ausschuss für Bankenaufsicht (2004), Absatz 452 und Cluse/Stellmacher (2005), S. 172-174 für eine Betrachtung zur Auslegung der unbestimmten Begriffe in der Ausfalldefinition.

[99] Baseler Ausschuss für Bankenaufsicht (2004), Absatz 455.

[100] Ebenda, Absatz 287 f.

[101] Eine Ausnahme gilt für Wertpapierpensions- und ähnliche Geschäfte, denen eine effektive Restlaufzeit von sechs Monaten zugeordnet wird, ebenda, Absatz 318 und Absatz 324.

tive Restlaufzeit.[102] Letztere ist im fortgeschrittenen IRB-Ansatz grundsätzlich für jede Fazilität zu messen. Kredite an bestimmte inländische Unternehmen können jedoch unter bestimmten Bedingungen nach nationalem Ermessen unabhängig von der tatsächlichen Laufzeit eine Restlaufzeit von 2,5 Jahren erhalten.[103]

Mit Hilfe der im Rahmenwerk vorgegebenen Risikogewichtsfunktionen können die einzelnen Risikokomponenten in gewichtete Risikoaktiva und damit in eine Kapitalanforderung transformiert werden.[104]

Die internen Ratingansätze beruhen grundsätzlich auf den Größen erwarteter Verlust (*expected loss*, EL) und unerwarteter Verlust (*unexpected loss*, UL).[105] Die von der Bankenaufsicht vorgegebenen Risikogewichtsfunktionen dienen der Ermittlung der Kapitalanforderungen für unerwartete Verluste. Der ermittelte Gesamtbetrag der erwarteten Verluste ist dem Gesamtbetrag der anrechenbaren Wertberichtigungen gegenüberzustellen. Sind die erwarteten Verluste höher als die Wertberichtigungen, ist der Differenzbetrag je zur Hälfte vom Kernkapital und vom Ergänzungskapital in Abzug zu bringen. Im umgekehrten Fall kann nach nationalem Ermessen eine Zurechnung zum Ergänzungskapital bis maximal 0,6 Prozent der gewichteten Risikoaktiva erfolgen.[106]

Im internen Ratingansatz obliegt es den Banken, die Aktiva ihres Anlagebuches in fünf Forderungsklassen zu kategorisieren: Unternehmen, Staaten, Banken, Retail und Beteiligungen.[107] Innerhalb dieser Risikoaktivaklassen können unter bestimmten Bedingungen verschiedene Ratingsysteme von den Banken eingesetzt werden, so dass die Möglichkeit des Einsatzes branchen-

---

[102] Vgl. Deutsche Bundesbank (2001), S. 24 f. und Baseler Ausschuss für Bankenaufsicht (2004), Absatz 211 und Absatz 271. Zur Berücksichtigung von Laufzeitzuschlägen vgl. zum Beispiel Hofmann (2003), S. 7 f.

[103] Baseler Ausschuss für Bankenaufsicht (2004), Absatz 319. Die Bedingungen für die Nutzung des Wahlrechtes sind: Der konsolidierte Jahresumsatz der Unternehmensgruppe, der das Unternehmen angehört, und die konsolidierte Bilanzsumme sind kleiner als 500 Millionen Euro. Die Unternehmensgruppe hat ihren Sitz im Inland. Die deutsche Bankenaufsicht will von diesem Wahlrecht Gebrauch machen. Vgl. dazu auch Paul/Stein (2003), S. 58 und Wolf (2005), S. 15.

[104] Baseler Ausschuss für Bankenaufsicht (2004), Absatz 244. Zu den den einzelnen Forderungsklassen zugehörigen Risikogewichtsfunktionen im fortgeschrittenen IRB-Ansatz und den Risikogewichtskurven vgl. Deutsche Bundesbank (2004), S. 96 f.

[105] Baseler Ausschuss für Bankenaufsicht (2004), Absatz 212.

[106] Vgl. ebenda und ausführlicher Absatz 374-386 sowie Paul (2004), S. 27 f.

[107] Vgl. Baseler Ausschuss für Bankenaufsicht (2004), Absatz 215.

spezifischer oder auch mittelstandsspezifischer Ratingsysteme grundsätzlich gegeben ist.[108]

Für die nachfolgenden Ausführungen soll sich auf die Forderungen an Unternehmen und die unter das Retailgeschäft zu subsumierenden Unternehmenskredite beschränkt werden.

Forderungen an Unternehmen sind im Begriffsverständnis des Baseler Ausschusses für Bankenaufsicht Schuldverpflichtungen, die von einer Kapital-, einer Personengesellschaft oder einem Einzelunternehmen gegenüber einem Kreditinstitut eingegangen werden.[109] Für die Einordnung der Schuldner sind mindestens sieben Ratingklassen für nicht ausgefallene und eine Ratingklasse für ausgefallene Kreditnehmer zu bilden.[110]

Innerhalb der Klasse der Unternehmensforderungen können die Banken unter anderem zwischen Forderungen an kleine und mittlere Unternehmen (KMU) und an große Unternehmen unterscheiden. KMU´s sind dabei als Unternehmen definiert, „die einer Gruppe mit einem konsolidierten Jahresumsatz von weniger als 50 Millionen Euro angehören“[111]. Für diese erfolgt in der Risikogewichtsfunktion eine Größenanpassung in Abhängigkeit vom Jahresumsatz (sogenannter *size factor*, S).

Es gelten größenabhängige Erleichterungen für Jahresumsätze im Bereich größer oder gleich fünf Millionen Euro und kleiner oder gleich 50 Millionen Euro.[112] Als Wahlrecht kann die nationale Bankenaufsicht bei der KMU-Definition und der Größenanpassung anstelle des Jahresumsatzes die Bilanzsumme (der konsolidierten Gruppe) zugrunde legen; dies bietet sich dann an, wenn letztere einen sinnvolleren Indikator für die Unternehmensgröße als der Jahresumsatz darstellt.[113]

Eine Einstufung von Krediten an Unternehmen als Retailforderung erfolgt im IRB-Ansatz, wenn[114]

---

[108] Vgl. dazu Baseler Ausschuss für Bankenaufsicht (2004), Absatz 395.

[109] Vgl. ebenda, Absatz 218.

[110] Ebenda, Absatz 404.

[111] Ebenda, Absatz 273.

[112] Ebenda, Absatz 273. Vgl. dazu auch Paul/Stein (2003), S. 41 f.

[113] Baseler Ausschuss für Bankenaufsicht (2004), Absatz 274.

[114] Vgl. ebenda, Absatz 231 f.

- es sich um einen Kredit an ein kleines Unternehmen[115] handelt und das gesamte Engagement der Bankengruppe gegenüber dem Unternehmen gegebenenfalls auf konsolidierter Basis kleiner als eine Million Euro ist und
- die Forderung im bankinternen Risikomanagementsystem Teil einer großen Menge von Forderungen ist, die gleichartig gesteuert werden.

In der eigenständigen Risikoaktivaklasse des Retailgeschäfts sind drei Unterklassen zu unterscheiden:[116]

- durch Wohnimmobilien besicherte Kredite,
- qualifizierte revolvierende Retailkredite und
- alle anderen Retailkredite.

Forderungen gegenüber kleinen und mittleren Unternehmen, die die Voraussetzungen für die Zuordnung zur Retailklasse erfüllen, werden unter die dritte Unterklasse subsumiert. Die Höhe der Eigenkapitalunterlegung wird für das Portfolio in seiner Gesamtheit und nicht für die sich in ihm befindlichen Einzelengagements mit Hilfe eines eigenständigen Retail-IRB-Ansatzes ermittelt, der auf dem fortgeschrittenen IRB-Ansatz basiert.[117] Das bedeutet, dass bei Retailforderungen die Schätzung der Risikokomponenten PD, LGD und EAD für jeden festgelegten Forderungspool durch das Kreditinstitut selbst erfolgt.[118]

---

[115] Es wird zumeist von einer Obergrenze von 50 Millionen Euro jährlichem Umsatz (konsolidiert) ausgegangen, vgl. Cluse/de Harde (2005), S. 217 und Cluse/Stellmacher (2005), S. 193. Wolf (2005), S. 17 legt einen Jahresumsatz von nicht mehr als fünf Millionen Euro zugrunde.

[116] Baseler Ausschuss für Bankenaufsicht (2004), Absatz 233. Vgl. auch Deutsche Bundesbank (2004), S. 79; Cluse/Dernbach/Engels/Lellmann (2005), S. 30 und Cluse/Stellmacher (2005), S. 171 f. und S. 194 f.

[117] Vgl. Paul (2004), S. 30; Paul/Stein/Kaltofen (2004 b), S. 112; Paul/Stein/Kaltofen (2004 c), S. 342; Cluse/Dernbach/Engels/Lellmann (2005), S. 31 und Wolf (2005), S. 16. Ähnlich Hofmann (2003), S. 10. Anderer Auffassung Cluse/Stellmacher (2005), S. 170, die den Retailansatz als Mischform zwischen IRB-Basisansatz und fortgeschrittenem IRB-Ansatz charakterisieren. In der Rahmenvereinbarung wird ausgeführt, dass bei Retailforderungen nicht zwischen einem Basis- und einem fortgeschrittenen Ansatz differenziert wird, Baseler Ausschuss für Bankenaufsicht (2004), Absatz 252. Dadurch, dass die Verlustparameter auf Poolebene zu schätzen sind, ergibt sich eine zusätzliche Anforderung im Vergleich zur Klasse der Unternehmensforderungen im fortgeschrittenen IRB-Ansatz, Paul/Stein/Kaltofen (2004 c), S. 344.

[118] Vgl. Baseler Ausschuss für Bankenaufsicht (2004), Absatz 252 und Absatz 401 f. sowie Cluse/Stellmacher (2005), S. 195. Zu einem möglichen Verfahren der Bildung von der Bankenaufsicht geforderter homogener Risikopools beim Retail-IRB-Ansatz vgl. Paul/Stein/Kaltofen (2004 a), S. 571-589 oder Paul/Stein/Kaltofen (2004 b), S. 111-144 und Paul/Stein/Kaltofen (2004 c), S. 342-349.

Die PD ist definiert als die „Ein-Jahres-PD der internen Ratingklasse, der der Forderungspool zugeordnet ist, mindestens aber 0,03 %“[119]. Die Höhe der Risikogewichte hängt in entscheidendem Maße von den geschätzten *loss given defaults* ab.[120] Die Risikogewichtsfunktionen des Retail-Ansatzes enthalten keine explizite Restlaufzeitenanpassung.[121]

Abbildung 7 zeigt die IRB-Risikogewichte bei unterschiedlichen Konstellationen in Abhängigkeit von der Ausfallwahrscheinlichkeit und auf Basis einer Verlustrate bei Ausfall von 45 Prozent. Daraus geht hervor, dass das sonstige Retailgeschäft mit vergleichsweise niedrigen Risikogewichten verbunden ist. Zudem ist der Abbildung die Wirkung des *size factors* bei Krediten zu entnehmen, die der Klasse der Unternehmensforderungen zugeordnet wurden. Für Unternehmen mit vergleichsweise niedrigen Umsätzen gelten unter den aufgeführten Bedingungen niedrigere Risikogewichte und damit auch eine niedrigere Eigenmittelbindung.

---

[119] Baseler Ausschuss für Bankenaufsicht (2004), Absatz 331.
[120] Hofmann (2003), S. 10.
[121] Baseler Ausschuss für Bankenaufsicht (2004), Absatz 327.

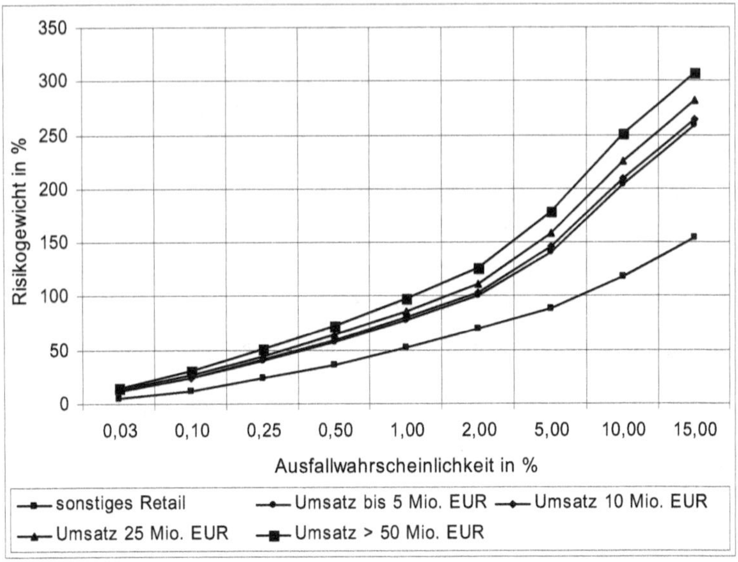

Abbildung 7: Risikogewichte in Prozent für sonstiges Retail-Portfolio und Unternehmen

In Abhängigkeit von Ausfallwahrscheinlichkeit und Umsatz bei einer LGD von 45 Prozent, vor Anrechnung von Sicherheiten

Quelle:Eigene Darstellung auf der Datengrundlage von Hofmann (2003), S. 9 und S. 11

In der Europäischen Union ist das Baseler Rahmenwerk für Banken und Wertpapierfirmen ab Januar 2007 umgesetzt.[122] Dazu wurden parallel zur Arbeit des Baseler Ausschusses die EU-Eigenmittelanforderungen neu gefasst.[123] Betroffen von diesem Prozess waren die Bankenrichtlinie und die Kapitaladäquanzrichtlinie.[124]

Der deutsche Gesetzgeber hat zur diesbezüglichen Umsetzung unter anderem Änderungen im Kreditwesengesetz vorgenommen, die Solvabilitätsver-

[122] Deutsche Bundesbank (2006), S. 71. Bei den fortgeschrittensten Messansätzen wie dem fortgeschrittenen IRB-Ansatz gibt es die Einschränkung dahingehend, dass diese erst ab Ende 2007 für die Ermittlung der zu unterlegenden Eigenmittel angewendet werden dürfen, vgl. Deutsche Bundesbank (2004), S. 92.

[123] Vgl. zur Umsetzung in europäisches und deutsches Recht zum Beispiel Deutsche Bundesbank (2004), S. 94; Disselbeck (2004), S. 1245; Lellmann (2005), S. 45-52; Cluse/Cremer (2006), S. 329-334 und Deutsche Bundesbank (2006), S. 69-91.

[124] Richtlinie 2006/48/EG des Europäischen Parlaments und des Rates vom 14. Juni 2006 über die Aufnahme und Ausübung der Tätigkeit der Kreditinstitute (Neufassung) und Richtlinie 2006/49/EG des Europäischen Parlaments und des Rates vom 14. Juni 2006 über die angemessene Eigenkapitalausstattung von Wertpapierfirmen und Kreditinstituten (Neufassung).

ordnung erlassen sowie die Großkredit- und Millionenkreditverordnung angepasst.[125]

Exemplarisch soll an dieser Stelle kurz die Zusammensetzung des sogenannten modifizierten verfügbaren Eigenkapitals angerissen werden. Diese, in Abbildung 8 dargestellte Größe ist nach der Solvabilitätsverordnung bei der Ermittlung der Angemessenheit der Ausstattung mit Eigenmitteln zugrunde zu legen.

	haftendes Eigenkapital nach § 10 Absatz 2 Satz 2 KWG
-	Positionen gemäß § 10 Absatz 6 a KWG unter Berücksichtigung des mindestens hälftigen Abzugs vom Kernkapital
-	bedeutende Beteiligungen nach § 12 Absatz 1 Satz 4 KWG unter Berücksichtigung des mindestens hälftigen Abzugs vom Kernkapital
-	Großkreditüberschreitungen des Anlagebuches nach §§ 13 und 13 a KWG sowie Unterlegungsbeträge für Organkredite nach § 15 KWG unter Berücksichtigung des mindestens hälftigen Abzugs vom Kernkapital
-	Großkreditüberschreitungen aus kreditnehmerbezogenen Handelsbuch- und Gesamtbuchpositionen gemäß § 13 Absatz 4 und Absatz 5 KWG, die mit haftendem Eigenkapital unterlegt werden
+	der im Ergänzungskapital berücksichtigungsfähige Wertberichtigungsüberschuss für IRBA-Positionen gemäß § 10 Absatz 2 b Satz 1 Nummer 9 KWG
=	modifiziertes verfügbares Eigenkapital nach § 10 Absatz 1 d Satz 2 KWG

Abbildung 8: Berechnung des modifizierten verfügbaren Eigenkapitals

Quelle: Gekürzt entnommen aus Deutsche Bundesbank (2006), S. 73

Zusammenfassend ist festzustellen, dass sich die Empfehlungen des Baseler Ausschusses grundsätzlich in den Vorschriften zur Kreditvergabe in Deutschland niederschlagen.

[125] Vgl. dazu ausführlich Deutsche Bundesbank (2006), S. 69-91.

3 Unternehmen der Bauwirtschaft im Kontext der Kreditprüfung

3.1 Begriff Bauwirtschaft

Für die Definition und Abgrenzung des Begriffes Bauwirtschaft finden sich in der Literatur unterschiedliche Ansätze. Im engeren baubetriebswirtschaftlichen Sinn fallen unter den Begriff nur die direkt am Bau beteiligten Unternehmen, das heißt die Unternehmen des Bauhaupt- und Baunebengewerbes. Abbildung 9 veranschaulicht die weitere Unterteilung beider Bereiche.

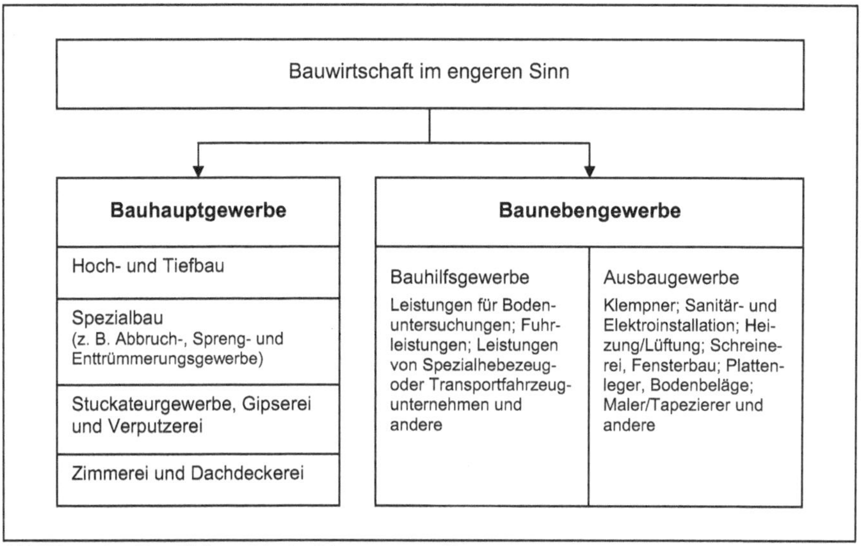

Abbildung 9: Begriff Bauwirtschaft im engeren Sinn

Quelle: Eigene Darstellung nach Brüssel (2002), S. 49 und S. 71 f.

Im weiteren baubetriebswirtschaftlichen Sinn gehören neben der Bauproduktion respektive Bauausführung auch Montagebau (Stahl- und Fertigbau), Baustoffproduktion und -handel sowie Architekten- und Ingenieurleistungen (Planung und Konstruktion) zur Bauwirtschaft.[126]

Das Statistische Bundesamt unterteilt das Baugewerbe in seiner amtlichen Statistik in die Bereiche[127]

- Bauhauptgewerbe (vorbereitende Baustellenarbeiten, Hoch- und Tiefbau) und
- Ausbaugewerbe (Bauinstallation, sonstiges Baugewerbe).

Die Problematik einer branchenbezogenen Bonitätsanalyse, die sich an der Unterteilung der amtlichen Statistik orientiert, besteht darin, dass das angebotene Leistungsspektrum mehrere Bereiche beziehungsweise Sparten in vergleichbarer Größenordnung betreffen kann und dass sich aufgrund der nicht ausreichenden Differenziertheit der Sparte die zugeordneten Unternehmen in ihrer Risikostruktur und bei wichtigen Kennzahlenausprägungen unterscheiden können.[128]

Im umfassenden Begriffsverständnis ist Bauwirtschaft der

„Teilbereich einer Volkswirtschaft, der sich mit der Entwicklung, Finanzierung, Planung, physischen Errichtung, Erhaltung und Nutzung von Bauwerken sowie mit der Anpassung und Veränderung von Bauwerksbeständen durch Bautätigkeit befasst und dabei den überwiegenden Teil seiner Wertschöpfung erzielt.“[129]

Dieser Definitionsansatz berücksichtigt, dass Bauwerke einem Lebenszyklus unterliegen und innerhalb dieses Zyklus unterschiedliche Phasen durchlau-

---

[126] Brüssel (2002), S. 89 und Mantscheff/Helbig (2004), S. 13. Schmidt (1980), S. 2 zählt darüber hinaus die Hersteller und Händler von Baumaschinen und -geräten sowie gewerbsmäßig mit der Erstellung und Nutzung von Bauten befasste Gesellschaften wie Wohnungsbaugesellschaften zur Bauwirtschaft und bezeichnet dies als Bauwirtschaft im weitesten Sinne. Er weist gleichzeitig auf die Abgrenzungsprobleme eines derart weit gefassten Begriffes hin.

[127] Statistisches Bundesamt (Hrsg.) (2005 a), S. 365. Zum ersten Bereich gehören „Abbruch-, Spreng- und Enttrümmerungsgewerbe, Erdbewegungsarbeiten; Test- und Suchbohrungen; Hochbau, Brücken- und Tunnelbau u. Ä.; Dachdeckerei; Abdichtung und Zimmerei; Straßenbau und Eisenbahnoberbau; Wasserbau; Spezialbau und sonstiger Tiefbau“, der zweite Bereich umfasst „Elektroinstallation; Dämmung gegen Kälte, Wärme, Schall und Erschütterung; Klempnerei, Gas-, Wasser-, Heizungs- und Lüftungsinstallation; sonstige Bauinstallation und das sonstige Baugewerbe, wie z. B. Stuckateurgewerbe, Gipserei und Verputzerei; Bautischlerei; Fußboden-, Fliesen- und Plattenlegerei, Raumausstattung; Maler- und Glasergewerbe“, ebenda, S. 365.

[128] Vgl. dazu auch Wagner/Mielicki (2003), S. 3 und Oepen/Mielicki (2004), S. 22.

[129] Klemmer (1998), S. 10. Vgl. auch Rußig/Deutsch/Spillner (1996), S. 11.

fen.[130] Die Entwicklungs- beziehungsweise Planungsphase ist durch Projektentwicklung, Konstruktion und Planung gekennzeichnet. Sie wird von der Erbringung von Dienstleistungen in Form von Architekten- und Ingenieurleistungen dominiert. In die Erstellungsphase eines Bauwerkes fließen die Leistungen der Baustoffhersteller und -händler sowie der direkt am Bau beteiligten Unternehmen des Bauhaupt- und Baunebengewerbes ein. Diese Phase des Lebenszyklus ist daher stark produktionsorientiert. In der sich an die Erstellungsphase anschließenden Nutzungsphase des Bauwerkes fallen Leistungen für Betrieb und Unterhaltung im Sinne von Wartung und Instandhaltung an. An dieser Stelle ändert sich wieder der Charakter der zu erbringenden Leistungen von überwiegender Produktions- zur Dienstleistungsorientierung. Die Verwertungsphase ist in Abhängigkeit von der weiteren Konzeption des Bauwerkes sowohl durch produzierende Unternehmen als auch Dienstleister gekennzeichnet.

3.2 Ausgewählte Kenngrößen und Struktur der Baubranche

Nachdem der Begriff Bauwirtschaft definitorisch umrissen wurde, folgen ausgewählte Kenngrößen und Strukturdaten zur Baubranche.

Das Baugewerbe hatte im Jahr 2005 einen Anteil von rund vier Prozent an der Bruttowertschöpfung in Deutschland (vgl. Abbildung 10). Bei Betrachtung der Entwicklung dieses Anteils fällt auf, dass er in den letzten zehn Jahren stetig zurückgegangen ist und sich dabei fast halbiert hat.[131]

---

[130] Zur Definition der einzelnen bauwirtschaftlichen Wertschöpfungsstufen vgl. Klemmer (1998), S. 71-80.

[131] Statistisches Bundesamt (2006 b).

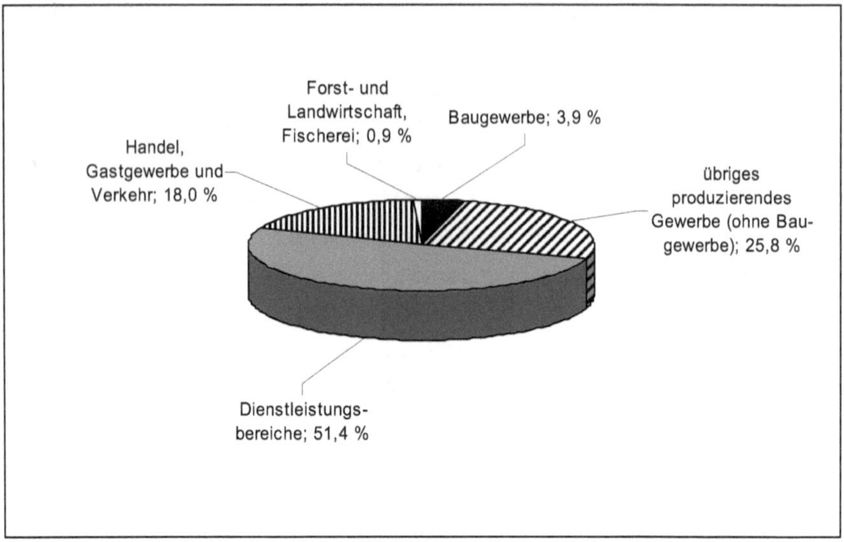

Abbildung 10: Bruttowertschöpfung 2005 Deutschland

Beiträge der Wirtschaftsbereiche zur Bruttowertschöpfung unbereinigt

Quelle: Eigene Darstellung auf der Datengrundlage des Statistischen Bundesamtes (2006 b)

Aus der in Abbildung 11 dargestellten Entwicklung der Beschäftigten des Baugewerbes geht deutlich hervor, dass über die letzten zehn Jahre ein kontinuierlicher Beschäftigungsabbau stattgefunden hat, der sich im Bauhauptgewerbe etwas stärker als im Ausbaugewerbe vollzogen hat. Von 1995 bis 2005 wurden im Bauhauptgewerbe in Betrieben mit mindestens 20 Beschäftigten 62,6 Prozent der Beschäftigten abgebaut,[132] im Ausbaugewerbe 42,4 Prozent. Bei einer Gesamtbetrachtung des Baugewerbes ging der Beschäftigungsstand seit 1995 um mehr als die Hälfte zurück.[133]

[132] Bei Zugrundelegung der Daten für sämtliche Betriebe des Bauhauptgewerbes betrug der Beschäftigungsrückgang 49,2 Prozent. Für das Ausbaugewerbe liegen keine vergleichbaren Angaben vor. Daher wurde einheitlich auf Betriebe mit 20 Beschäftigten und mehr abgestellt.

[133] Eigene Berechnung auf der Datengrundlage des Statistischen Bundesamtes (2006 a). Angabe bezieht sich auf Betriebe ab 20 Beschäftigte.

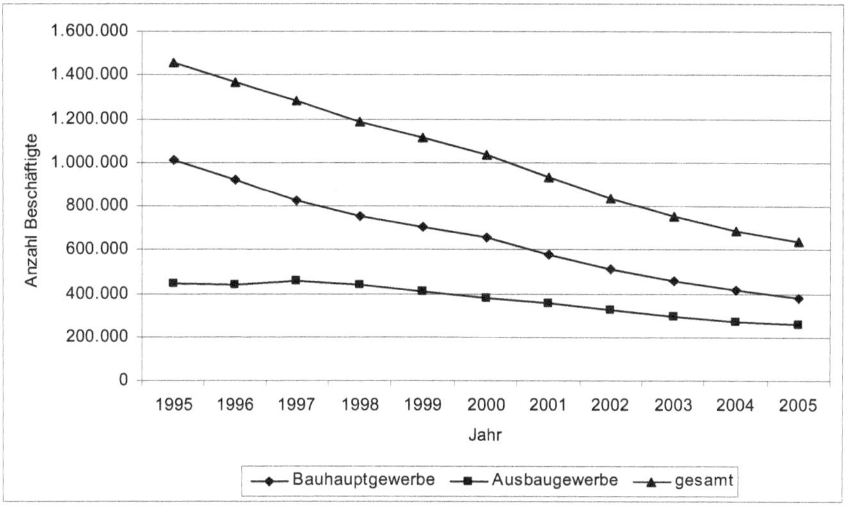

Abbildung 11: Entwicklung der Beschäftigten des Baugewerbes 1995 bis 2005

Betriebe mit 20 Beschäftigten und mehr

Quelle:Eigene Darstellung auf der Datengrundlage des Statistischen Bundesamtes (2006 a)

Abbildung 12 zeigt die Entwicklung des baugewerblichen Umsatzes von 1991 bis 2005 im Bauhauptgewerbe nach der Art der Bauten. Der gewerbliche Bau, auf den von Anfang bis Mitte der neunziger Jahre des vorigen Jahrhunderts der größte Anteil entfiel, wurde in der zweiten Hälfte der neunziger Jahre vom Wohnungsbau überholt. Seit dem Jahr 2000 ist der gewerbliche Bau wieder Vorreiter, allerdings mit leicht rückläufiger Tendenz. Nach anfänglich deutlichen Zuwächsen im betrachteten Zeitraum stagnierte der Wohnungsbau Mitte der neunziger Jahre. Im Jahr 2005 war er wieder auf das Niveau von 1991 zurückgefallen. Der öffentliche Bau und Straßenbau befindet sich seit 1993 an dritter Stelle. Auch er hat mittlerweile eine rückläufige Tendenz zu verzeichnen und befindet sich seit einigen Jahren sogar unter dem Niveau von 1991.

Der Beschäftigungsabbau in der Branche ist damit vermutlich zu einem Großteil auf den Rückgang des baugewerblichen Umsatzes zurückzuführen. In geringerem Maße dürften dabei auch die voranschreitende Technisierung und die Öffnung der Märkte mit der Folge des Einsatzes kostengünstigerer ausländischer Nachunternehmerfirmen eine Rolle gespielt haben. Auf lange

Sicht ist damit zu rechnen, dass die beschäftigungspolitische Bedeutung der deutschen Bauwirtschaft weiter abnimmt.[134]

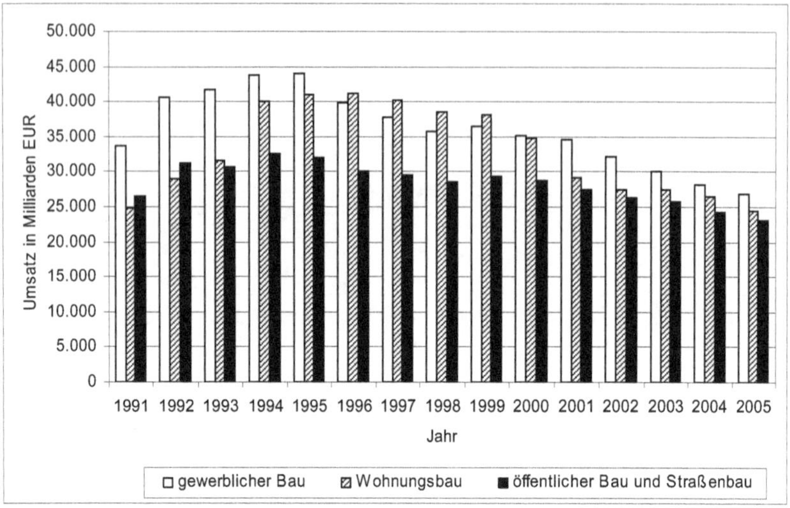

Abbildung 12: Entwicklung des baugewerblichen Umsatzes im Bauhauptgewerbe nach der Art der Bauten 1991 bis 2005

Alle Betriebe des Bauhauptgewerbes

Quelle:Eigene Darstellung auf der Datengrundlage des Statistischen Bundesamtes (2006 a)

Ein weiteres Merkmal der Branche, das zudem für die Bonitätsanalyse von herausragender Bedeutung ist, ist die vergleichsweise hohe Insolvenzquote. Um die Daten zur baugewerblichen Insolvenzentwicklung und Insolvenzquote relativieren zu können, werden die entsprechenden Daten für das verarbeitende Gewerbe mit herangezogen. Wie Abbildung 13 verdeutlicht, ist die Zahl der absoluten Insolvenzen im Baugewerbe seit 2003 leicht rückläufig. Im verarbeitenden Gewerbe und der Gesamtbetrachtung war die Anzahl der Insolvenzen im betrachteten Zeitraum im Jahr 2003 auf ihrem Höhepunkt und stagnierte erst ab 2004. Außerdem ist zu konstatieren, dass der Anstieg der Insolvenzen im Baugewerbe in den Jahren 2000 bis 2003 wesentlich flacher verlief als in der Gesamtbetrachtung der Unternehmensinsolvenzen.

134 Ottnad/Hefele (2002), S. 177. Vgl. dazu auch Arvanakos et alli (2005), S. 68.

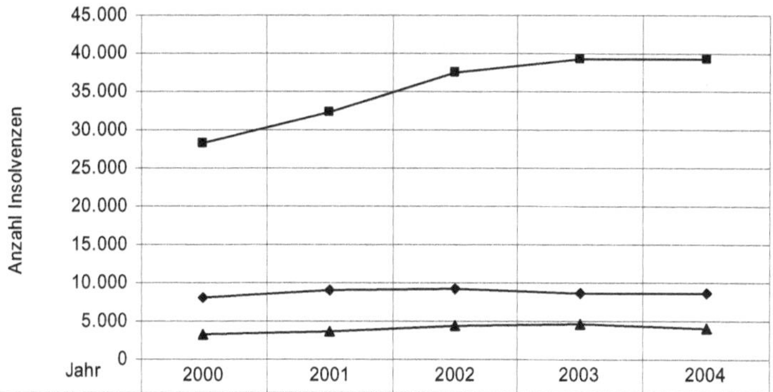

Jahr	2000	2001	2002	2003	2004
Baugewerbe	8.103	9.026	9.160	8.699	8.595
verarb. Gewerbe	3.305	3.655	4.344	4.555	3.996
gesamt	28.235	32.278	37.579	39.320	39.213

Abbildung 13: Entwicklung der Insolvenzen 2000 bis 2004

Quelle: Eigene Darstellung auf der Datengrundlage des Statistischen Bundesamtes (Hrsg.) (2005 a), S. 484

Aus Abbildung 14 geht hervor, dass die Insolvenzquote im Baugewerbe rückläufig ist, sie befindet sich jedoch weiterhin auf einem vergleichsweise hohen Niveau. Im Jahr 2004 entfielen reichlich ein Fünftel der Insolvenzen nach Wirtschaftszweigen auf das Baugewerbe und damit ungefähr doppelt so viele Insolvenzen wie auf das verarbeitende Gewerbe.

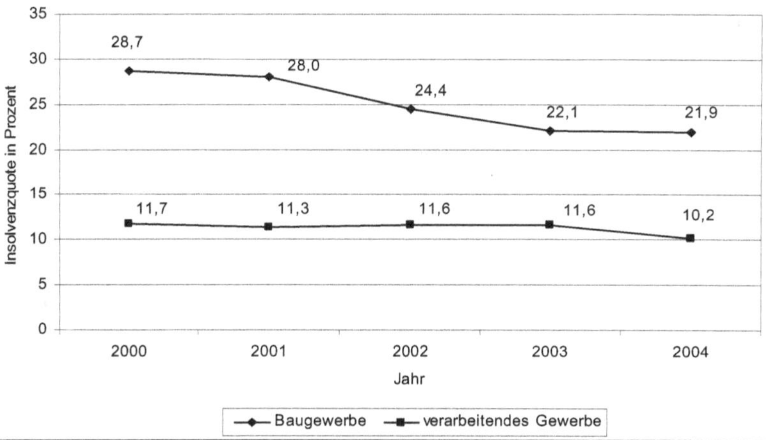

Abbildung 14: Insolvenzquoten 2000 bis 2004

Quelle: Eigene Darstellung und eigene Berechnung auf der Datengrundlage des Statistischen Bundesamtes (Hrsg.) (2005 a), S. 484

Die Struktur des Baugewerbes verdeutlicht Abbildung 15. Es sind drei gleich starke Umsatzgrößenklassen mit einem Anteil von circa 30 Prozent pro Klasse identifizierbar:

- Umsätze bis eine Million Euro (33,2 Prozent),
- Umsätze zwischen einer und fünf Millionen Euro (27,7 Prozent) und
- Umsätze ab zehn Millionen Euro (29,8 Prozent).

Diese Umsätze werden jedoch von einer unterschiedlichen Anzahl an Unternehmen erbracht:

- Die Umsätze bis eine Million Euro erbringen 90,3 Prozent der Unternehmen.
- Die Umsätze zwischen einer und fünf Millionen Euro erbringen 8,4 Prozent der Unternehmen.
- Die Umsätze ab zehn Millionen Euro erbringen 0,5 Prozent der Unternehmen.

Diese Angaben verdeutlichen die überaus heterogene Branchenstruktur, die auch mit dem Begriff der Branchenfragmentierung gekennzeichnet wird.

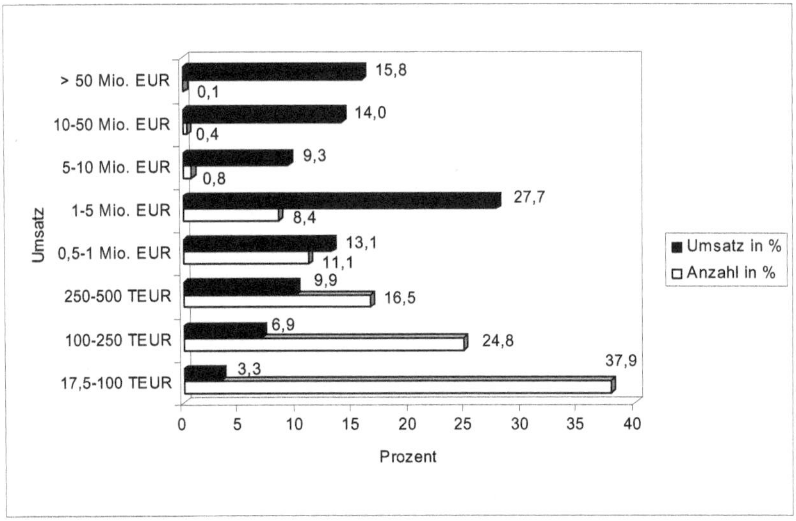

Abbildung 15: Struktur des Baugewerbes nach Größenklassen

Quelle:Eigene Darstellung auf der Datenbasis des Statistischen Bundesamtes (2005 c)

3.3 Wettbewerbsvorteile aus markt- und ressourcenorientierter Sicht

3.3.1 Theoretischer Hintergrund

Marktorientierter Ansatz

Aus der Sichtweise des marktorientierten Ansatzes (*market-based view*) sind die Struktur der Branche (*structure*) und das Verhalten der konkurrierenden Unternehmen (*conduct*) konstitutiv für den Aufbau und die Sicherung von Wettbewerbsvorteilen sowie langfristigen Erfolgen. Das traditionelle, von BAIN und MASON entwickelte Industrial Organization Paradigm[135] besagt, dass die Struktur der Branche über das Entscheidungsverhalten der Unternehmen (zum Beispiel im Hinblick auf Preise und Qualitäten) beziehungsweise über die Strategie den Unternehmenserfolg (*performance*) determiniert. Dieses sogenannte Structure-Conduct-Performance-Paradigma wurde im Rahmen der neuen Industrieökonomik weiterentwickelt und berücksichtigt durch das Verhalten der Unternehmen verursachte Rückkoppelungseffekte auf die Branchenstruktur. Beispielsweise können Innovationen der in der Branche ansässigen Unternehmen zur Erhöhung oder Verminderung von Markteintrittsbarrieren für potentielle Newcomer führen.[136] Informationsrückflüsse können ebenfalls vom Unternehmenserfolg auf die strategische Ausrichtung der Unternehmen erfolgen, wenn der Erfolg als Maßstab der Effizienz der verfolgten Strategie angesehen und daraus die Beibehaltung oder Änderung der Strategie abgeleitet wird.[137] In Abbildung 16 sind traditionelles und neues Paradigma zusammengeführt.[138]

---

[135] Vgl. Porter (1981), S. 611.

[136] Vgl. ebenda, S. 616.

[137] Wilsdorf-Köhler (2003), S. 47. Vgl. zu den umgekehrten Einflusswirkungen von der Performance zum Verhalten und vom Verhalten zur Struktur auch Knyphausen (1993), S. 782 m. w. N.

[138] Vgl. dazu auch Wilsdorf-Köhler (2003), S. 46 f.

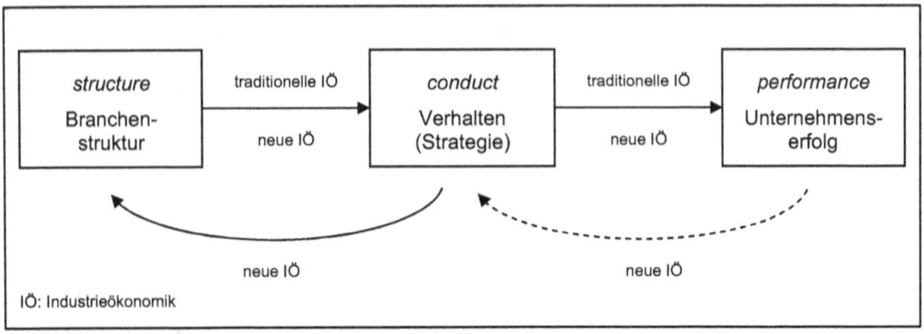

Abbildung 16: Structure-Conduct-Performance-Paradigma der traditionellen und neuen Industrieökonomik

Quelle: In Anlehnung an Porter (1981), S. 611 und S. 616

Hauptvertreter des *market-based view* ist PORTER. Die Grundlage seines Konzeptes bildet das Five-Forces-Modell zur Strukturanalyse von Branchen. Die von ihm als essentiell erachteten Faktoren sind[139]

- Verhandlungsstärke der Lieferanten,
- Verhandlungsmacht der Abnehmer,
- Bedrohung durch Ersatzprodukte und -dienste,
- Bedrohung durch neue Konkurrenten und
- Rivalität unter den bestehenden Unternehmen.

Ressourcenorientierter Ansatz

Der ressourcenorientierte Ansatz (*resource-based view*) erklärt die Entstehung von Unternehmenserfolg über die Existenz einzigartiger, unternehmensspezifischer Ressourcen.[140] Der Begriff der Ressource wird gemeinhin in einem weiteren Begriffsverständnis verwendet:

„*By a resource is meant everything which could be thought of as a strength or weakness of a given firm [...] (and which is) tied semipermanently to the firm.*"[141]

In einem engeren Sinn sind Ressourcen nur Vermögenswerte materieller und immaterieller Art, die eine unternehmensspezifische Komponente aufweisen und dem Unternehmen auch zur Verfügung stehen.[142] Unternehmen werden

[139] Vgl. Porter (1999), S. 34.

[140] Vgl. Rasche (1994), S. 37 f. m. w. N. und Rasche/Wolfrum (1994), S. 502.

[141] Wernerfelt (1984), S. 172.

[142] Vgl. zum Beispiel Rasche/Wolfrum (1994), S. 502.

aus diesem Blickwinkel als Bündel oder Portfolios von materiellen und immateriellen Ressourcen betrachtet.[143] Als Voraussetzungen für den Aufbau einer wettbewerbsvorteilstiftenden Ressourcenbasis gelten die Heterogenität der Unternehmen und die Immobilität der unternehmerischen Ressourcen.[144]

Die Heterogenität in der Ressourcenausstattung der Unternehmen ist auf die Beschaffenheit der Faktormärkte zurückzuführen. Zum einen sind Faktormärkte unvollkommen. Unternehmen haben zumeist asymmetrische Informationen und Erwartungen im Hinblick auf die aus der Ressourcenverwertung zu erzielenden zukünftigen Erfolgsbeiträge und akquirieren daraufhin unterschiedliche Ressourcen auf den Faktormärkten.[145] Zum anderen sind Faktormärkte nicht existent, weil bestimmte Ressourcen nicht handelbar sind. Dies kann beispielsweise daher rühren, dass Eigentumsrechte nicht ausreichend definiert sind oder der Handelbarkeit die idiosynkratische Natur firmenspezifischer Ressourcen entgegensteht, so dass diese Ressourcen außerhalb des Unternehmens keiner anderen Verwendung zugeführt werden können.[146] Beispiele hierfür sind historisch gewachsene Beziehungen des Unternehmens zu seiner Umwelt, die sich in Vertrauen, Loyalität und ähnlichen Werten gegenüber dem Unternehmen manifestieren. Aufgrund der Nichthandelbarkeit können diese – zumeist intangiblen – Ressourcen nur firmenintern aufgebaut werden.[147] Sie entziehen sich zwar der Akquisition durch Wettbewerber.[148] Die Konkurrenz könnte jedoch versuchen, die Ressourcenausstattung zu imitieren oder substituieren; daher bestimmt sich deren Nachhaltigkeit danach, wie leicht sie von Wettbewerbern repliziert werden kann.[149]

---

[143] Bamberger/Wrona (1996), S. 131.

[144] Vgl. zum Beispiel Barney (1991), S. 103-105; Knyphausen-Aufseß (1995), S. 84 und auch Peteraf (1993), S. 180-185.

[145] Vgl. dazu ausführlich Barney (1986), S. 1231-1241; Knyphausen (1993), S. 775 und Knyphausen-Aufseß (1995), S. 83. Liegen gleiche Gewinnerwartungen bei den Marktteilnehmern vor, sind übernormale Gewinne und damit letztendlich auch Wettbewerbsvorteile nur durch Glück realisierbar, vgl. Knyphausen (1993), S. 775 und Knyphausen-Aufseß (1995), S. 83.

[146] Vgl. Dierickx/Cool (1989), S. 1505 und Peteraf (1993), S. 183 m. w. N.

[147] Dierickx/Cool (1989), S. 1505.

[148] Bamberger/Wrona (1996), S. 137.

[149] Vgl. dazu ausführlicher Dierickx/Cool (1989), S. 1506-1509 und Peteraf (1993), S. 182 f., bei der Nicht-Imitierbarkeit und Nicht-Substituierbarkeit als zwei essentielle Faktoren zur Begrenzung des Wettbewerbs ex post (*ex post limits to competition*) bezeichnet werden. Zur Nicht-Imitierbarkeit und Nicht-Substituierbarkeit von Ressourcen vgl. auch Rasche/ Wolfrum (1994), S. 503-506.

Bei der zweiten Prämisse des ressourcenorientierten Ansatzes ist zwischen vollkommen immobilen und unvollkommen mobilen Ressourcen zu differenzieren. Erstere sind die eben angesprochenen nicht handelbaren Ressourcen. Unvollkommen mobile Ressourcen sind im Gegensatz dazu zwar durchaus handelbar, sie generieren jedoch in ihrer aktuellen firmenspezifischen Verwendung einen höheren Wert als bei irgendeinem anderen Einsatz; denkbar wäre auch, dass eine Ressource ökonomisch sinnvoll nur in Verbindung mit anderen Faktoren eingesetzt werden kann oder überdurchschnittlich hohe Transaktionskosten beim Handel verursacht.[150]

Abbildung 17 fasst die Argumentationskette des ressourcenorientierten Ansatzes grafisch zusammen. Unvollkommene oder nicht existente Faktormärkte begründen Ressourcenheterogenität, die zusammen mit Ressourcenimmobilität die Grundlage für die unternehmensspezifische Akkumulation von wettbewerbsvorteilstiftenden Ressourcen und den Aufbau einer distinkten Ressourcenbasis bildet. Diese Ressourcenbasis wird nur dann zu langfristig überdurchschnittlichen Gewinnen führen, wenn sie nachhaltige Wettbewerbsvorteile begründen kann.[151] Neben der Fähigkeit der Generierung von dauerhaften verteidigungsfähigen Wettbewerbsvorteilen muss das Unternehmen zudem in der Lage sein, sich die daraus resultierenden Renten verfügungsrechtlich anzueignen und beispielsweise nicht an Mitarbeiter zu verlieren.[152]

---

150 Peteraf (1993), S. 183 f. m. w. N.

151 Im Wesentlichen müssen Ressourcen werthaltig und knapp sein, um einen Wettbewerbsvorteil begründen zu können. Um den Wettbewerbsvorteil dauerhaft abzusichern, ist es erforderlich, dass die Ressourcen von den Konkurrenten nicht imitiert und nicht substituiert werden können, vgl. dazu Barney (1991), S. 105-112. Zu den verschiedenen Merkmalen erfolgspotentialgenerierender Ressourcen zur Erzielung nachhaltiger Wettbewerbsvorteile vgl. zum Beispiel auch Grant (1991), S. 124-128; Rasche (1994), S. 69-90 und die dort angegebene Literatur; Rasche/Wolfrum (1994), S. 503-507 und Bamberger/ Wrona (1996), S. 135-139. Zum Schutz wettbewerbsrelevanter Ressourcen vgl. Bamberger/Wrona (1996), S. 142 f.

152 Vgl. dazu zum Beispiel Grant (1991), S. 128 f. Zu den unterschiedlichen Arten von Renten vgl. zum Beispiel Mahoney/Pandian (1992), S. 364 und die dort angegebene Literatur; Knyphausen (1993), S. 779 sowie Bamberger/Wrona (1996), S. 134 und die dort angegebene Literatur.

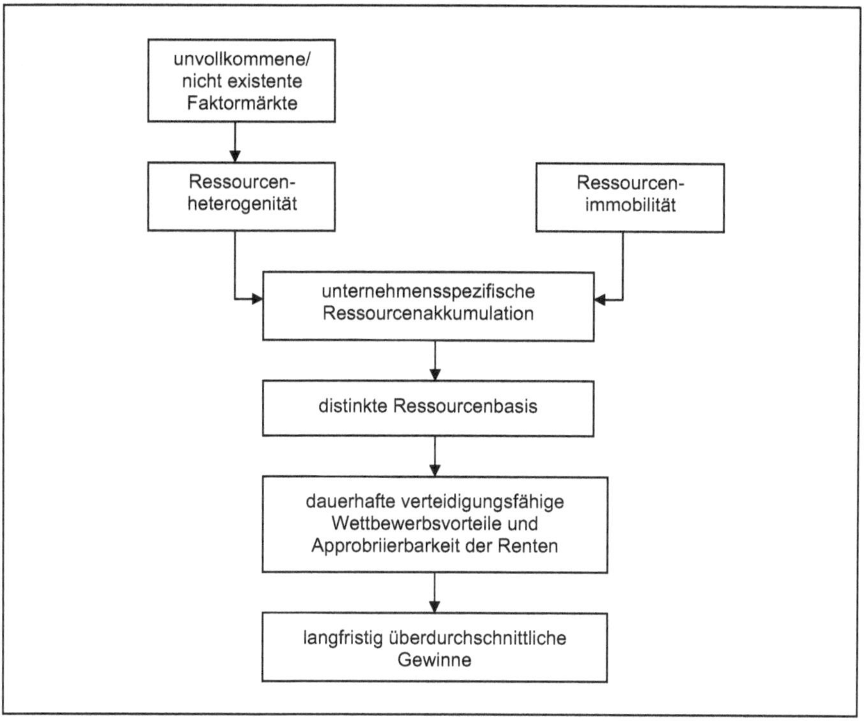

Abbildung 17: Ressourcenorientierter Ansatz

Quelle: Eigene Darstellung

Weiterentwicklungen erfuhr der ressourcenorientierte Ansatz primär durch kompetenzbasierte Ansätze (*competence-based view*) und den wissensbasierten Ansatz (*knowledge-based view*). Erstere betrachten die Kompetenzen einer Unternehmung im Sinne von unternehmensspezifischen Fähigkeiten, die zur Nutzung der Ressourcen erforderlich sind. Sie erweitern die vornehmlich statische Sicht des ressourcenorientierten Ansatzes um eine dynamische Betrachtungsweise und verknüpfen ihn mit dem marktorientierten Ansatz.[153] Der *knowledge-based view* konzentriert sich auf eine bestimmte Ressource – das

[153] Vgl. zu kompetenzbasierten Ansätzen zum Beispiel Lado/Wilson (1994), S. 699-727 und Freiling (2004), S. 6-12. Damit tragen diese Ansätze auch der Forderung Rechnung, dass markt- und ressourcenorientierte Ansätze als grundlegende Einflussströme zur Erklärung von Erfolgspotentialen nicht isoliert voneinander, sondern zusammen berücksichtigt werden sollten, Rasche/Wolfrum (1994), S. 513 f. und Bamberger/Wrona (1996), S. 148-150. Mahoney/Pandian (1992), S. 365 betrachten beide Ansätze komplementär. Zu einem Ansatz zur Verknüpfung von strategischen Faktoren auf Markt- und Unternehmensebene vgl. Amit/Schoemaker (1993), S. 33-46.

unternehmensspezifische Wissen und dessen Rolle bei der Entstehung von Wettbewerbsvorteilen.[154]

3.3.2 Bauspezifische Betrachtung

Gemäß dem Five-Forces-Modell von PORTER determinieren fünf Wettbewerbskräfte die Struktur der Baubranche.

Die Verhandlungsstärke der Lieferanten ist in Abhängigkeit von den Konzentrationsprozessen auf Lieferantenseite als mittel bis hoch einzuschätzen. Sie wurde in den vergangenen Jahren unter anderem dadurch beeinflusst, dass der Einkauf in einer Reihe von Baufirmen eine strategische Dimension angenommen hat.[155] Diese Entwicklung geht vornehmlich auf die gesunkene bauwirtschaftliche Leistungstiefe zurück. Als Lieferanten kommen zunächst die Zulieferer von Material, Baumaschinen und -geräten in Betracht. Deren Verhandlungsstärke ist durch die hohe Transportkostenintensität der materiellen Inputfaktoren und der damit verbundenen regionalen Struktur der Baustofflieferanten und Baugerätebereitsteller geprägt und hängt insbesondere davon ab, inwieweit das Bauunternehmen glaubhaft mit Rückwärtsintegration drohen kann.[156] Die Planungsleistungen der Architektur- und Ingenieurbüros sowie die Nachunternehmerleistungen weisen aufgrund deren geringer Spezifität nur begrenzte Differenzierungsmöglichkeiten auf.[157] Die Marktmacht dieser Zulieferer ist dann hoch, wenn Planer beziehungsweise Architekten als Bauherrenvertreter auftreten und bei Auftragsvergaben federführend beteiligt sind oder wenn Nachunternehmer spezifische Leistungen anbieten und daher nur mit hohen Transaktionskosten substituierbar sind.

Die Verhandlungsstärke der Abnehmer ist aufgrund der unterschiedlich starken Konzentration der Abnehmergruppen von Bauleistungen heterogen. Während die Konzentration im privaten Wohnungs- und Wirtschaftsbau ver-

---

[154] Zu einem Überblick über den wissensbasierten Ansatz vgl. Al-Laham (2004), S. 405-433. Zum Prozess der unternehmensspezifischen Wissensgenerierung vgl. Schreyögg/Geiger (2005), S. 433-454.

[155] Vgl. dazu ausführlich Leinz (2004), der sich in seiner Forschungsarbeit mit dem strategischen Beschaffungsmanagement im schlüsselfertigen Hochbau beschäftigt hat.

[156] Vgl. Klemmer (1998), S. 58 f.

[157] Vgl. ebenda, S. 59.

gleichsweise gering ist, ist sie im öffentlichen Bau wesentlich höher.[158] Aufgrund der Standortgebundenheit der Bauproduktion sind insbesondere kleine und mittlere Bauunternehmen von der Nachfrageintensität auf regionaler und lokaler Ebene abhängig.

In Bezug auf die Bedrohung durch Ersatzprodukte beziehungsweise -verfahren ist zu konstatieren, dass zum Bauwerk an sich kein Ersatzprodukt existiert. Daher ist eine Bedrohung durch Ersatzprodukte lediglich bei einzelnen Komponenten respektive Teilen eines Bauobjektes beispielsweise durch den alternativen Einsatz von Baustoffen denkbar. Im Hinblick auf alternative Verfahren bestehen gewisse Austauschmöglichkeiten zum Beispiel im Bereich der Vorfertigung von Modulen beziehungsweise modularen Bauweisen.

Die Gefahr der Bedrohung durch neue Konkurrenten hängt von den Markteintrittsbarrieren und den absehbaren Vergeltungsmaßnahmen der sich bereits im Markt befindlichen Wettbewerber ab.[159] Als wirksame Markteintrittsbarrieren gelten Kapitalintensität und Produktdifferenzierung.[160] Die vergleichsweise niedrige Kapitalintensität der Baubranche begünstigt einen Markteintritt.[161] Dies gilt nicht nur für deutsche Newcomer auf dem deutschen Markt, sondern insbesondere auch für Bauunternehmen aus den mittel- und osteuropäischen Staaten, die zudem noch den Vorteil einer geringeren Lohnkostenstruktur aufweisen. Die vergleichsweise geringen Markteintrittsbarrieren bewegen auch baunahe Dienstleister zu einem Markteintritt, so dass an dieser Stelle neue Konkurrenz für Anbieter von Komplettlösungen entsteht. Aufgrund des prototypartigen, nachfrageseitig vorgegebenen Charakters von Bauwerken sind Produktdifferenzierungen sehr begrenzt und stellen damit keinen wirksamen Schutz vor potentieller Konkurrenz dar. Die Vergeltungsmaßnahmen der sich bereits im Markt befindlichen Anbieter sind aufgrund der heterogenen Struktur in der Branche als relativ niedrig einzustufen. Die Gefahr des

---

[158] Vgl. Klemmer (1998), S. 60 f.

[159] Vgl. Minderlein (1990), S. 155-178 und Porter (1999), S. 37-49.

[160] Vgl. Knyphausen-Aufseß (1995), S. 55-57 m. w. N. Neben diesen beiden, von der Mehrzahl der Untersuchungen konstatierten Markteintrittsbarrieren werden absolute Kostenvorteile und Economies of Scale als weitere Barrieren kontrovers diskutiert, vgl. ebenda, S. 55-57.

[161] Vgl. zum Beispiel Knechtel (1992), S. 51; Forschungsinstitut der Friedrich-Ebert-Stiftung (Hrsg.) (1998), S. 7 und auch Schäfer (1993), S. 87 f.

Markteintritts neuer Konkurrenten ist damit insgesamt als vergleichsweise hoch anzusehen.

Die verhältnismäßig hohe Rivalität zwischen den bestehenden Unternehmen ist durch eine hohe Branchenfragmentierung, geringes Branchenwachstum und eine geringe Leistungsdifferenzierung gekennzeichnet.[162] Obwohl Bauwerke regelmäßig Einzelanfertigungen darstellen, sind doch die einzelnen Leistungskomponenten nur gering spezifiziert, so dass sie von einer großen Zahl von Wettbewerbern auch aus wirtschaftlich weniger entwickelten Ländern ausgeführt beziehungsweise erstellt werden können.[163]

Die Beschreibung der Ausprägung der fünf Wettbewerbskräfte in der Baubranche macht deutlich, dass die größte Bedrohung von der Rivalität zwischen bereits im Markt etablierten Wettbewerbern und vom Markteintritt neuer Konkurrenten ausgeht. Ressourcenseitig gilt es daher, firmenintern spezifisches Know-how im Hinblick auf *organisational* und *technological capabilities* zu akkumulieren, um Wettbewerbsvorteile beim Prozess der Erstellung der Produkte generieren zu können. Die Vorsprünge deutscher Anbieter werden sich auf Bauvorhaben konzentrieren, die technisch sehr anspruchsvoll und daher wissens- und kapitalintensiv sind beziehungsweise die über die reine Bauleistung hinausgehende Dienstleistungen im Sinne von Komplettlösungen umfassen[164] – wie beispielsweise die Planung, Finanzierung, Erstellung und Unterhaltung von öffentlicher Infrastruktur, die in verstärktem Maße über Public Private Partnership-Modelle realisiert wird.[165]

Aufbauend auf seinem Five-Forces-Modell hat PORTER drei grundlegende Typen von Wettbewerbsstrategien entwickelt, die zu einer erfolgreichen Auseinandersetzung mit den fünf Wettbewerbskräften beitragen und somit zur Schaffung einer gefestigten Branchenposition dienen sollen:[166]

- umfassende Kostenführerschaft,

[162] Vgl. Klemmer (1998), S. 63 f.

[163] Vgl. ebenda, S. 61 und Ottnad/Hefele (2002), S. 178.

[164] Vgl. dazu auch Ottnad/Hefele (2002), S. 177 f.

[165] Vgl. zu PPP als neues Geschäftsfeld in Deutschland und Europa zum Beispiel Jacob/Stuhr (2004 a), S. 50 f.; Jacob/Stuhr (2004 b), S. 20 f.; Jacob/Stuhr (2005 b), S. 44-46; Jacob/Stuhr (2005 c), S. 143-146 und speziell zu PPP als neues Geschäftsfeld für mittelständische Bauunternehmen Blochmann/Jacob/Wolf (2003) und Jacob/Stuhr (2005 a), S. 41-46.

[166] Vgl. zu den drei Typen von Wettbewerbsstrategien ausführlich Porter (1999), S. 70-85.

- Konzentration auf Schwerpunkte und
- Differenzierung.

Bei der Übertragung dieser drei Typen auf die Unternehmen der Baubranche ergeben sich:[167]

- das klassische Bauunternehmen, das die Strategie der Kostenführerschaft verfolgt,
- der Spezialist, der sich auf bestimmte Schwerpunkte konzentriert und
- der Systemanbieter, der auf eine Strategie der Differenzierung abstellt.

Das klassische Bauunternehmen kann als kleines bis mittelständisches Unternehmen mit regionalem Betätigungsfeld charakterisiert werden, das Teilbereiche der Leistungskette ausführt. Das homogene Leistungsspektrum umfasst in der Regel Leistungen eines Gewerkes oder einiger weniger Gewerke wie zum Beispiel Rohbau- und Putzarbeiten. Der Preisspielraum kann als verhältnismäßig gering eingeschätzt werden. Die zudem vergleichsweise geringen Projektvolumina werden mit einem hohen Anteil an Eigenerstellung abgewickelt, das heißt, Nachunternehmer werden eher selten eingesetzt und dann zumeist anhand des Preiskriteriums spontan am Markt beschafft. Zur Kapazitätsauslastung (insbesondere der personellen) werden auch Leistungen für dritte Baufirmen in der Rolle des Nachunternehmers ausgeführt. Die Ressourcenerfordernisse und die Anforderungen an das Management sind aufgrund der niedrigen Hierarchie sehr vielgestaltig, sie reichen von handwerklich-technischem über betriebswirtschaftlich-steuerliches bis zum juristischen Know-how.

Spezialisierte Unternehmen der Bauwirtschaft zeichnen sich durch die Konzentration auf spezifische Verfahren oder Produkte aus. Die Strategie der Marktnischenbearbeitung ist insbesondere für kleine und mittelständische Unternehmen interessant, die jenen Teil des Gesamtmarktes bearbeiten, der

---

[167] Vgl. Jacob/Mollenhauer (2002), S. 56 f. und die im Jahr 2000 von der DGM Deutsche Gesellschaft für Mittelstandsberatung mbH im Auftrag der Rationalisierungs-Gemeinschaft „Bauwesen“ (RG-Bau) im RKW – Rationalisierungs- und Innovationszentrum der Deutschen Wirtschaft e. V. erstellte Studie Bastuck/Pfiffer/Stöppler/Wischhof (2000), S. 110-119. Darin wurde als vierter Unternehmenstyp der sogenannte große Alleskönner identifiziert, der mehrere Produkt- respektive Leistungssparten mit eigenen Kapazitäten bedient. Große Alleskönner fungieren sowohl als General- als auch als Nachunternehmer. Das Hauptproblem besteht meist darin, dass sie sich nicht strategisch klar positioniert haben und sowohl mit spezialisierten als auch mit diversifizierten Unternehmen konkurrieren und somit strategisch betrachtet „zwischen den Stühlen sitzen“.

spezielle Fähigkeiten erfordert und für Konzerne unattraktiv ist. Spezialisierte Unternehmen agieren auf überregionalen Märkten. Sie bedienen in der Regel einzelne Gewerke und führen ihre Leistungen zumeist mit eigenem Personal aus. Nachunternehmen werden vergleichsweise selten eingesetzt. Aufgrund ihrer Spezialisierung haben sie die Möglichkeit der Nutzung von relativ großen Preisspielräumen. Der Unternehmenstyp Spezialist erfordert Innovationspotentiale und das damit verbundene Know-how zur Generierung und Umsetzung von Innovationen sowie Problemlösungskompetenz. Zudem sind qualifizierte Mitarbeiter und ein aktives Marketing zur Kommunikation der Innovation erforderlich.

Systemanbieter oder diversifizierte Bauunternehmen zeichnen sich dadurch aus, dass sie vergleichsweise große und komplexe Vorhaben als Generalunternehmer respektive Generalübernehmer oder in Form von Kooperationen realisieren. Sie operieren auf überregionalen und internationalen Märkten und decken angebotsseitig bei vergleichsweise geringer eigener Fertigungstiefe mehrere Phasen aus dem Lebenszyklus eines Bauvorhabens ab (Elementpluralität). Das heterogene Leistungsspektrum erstreckt sich somit nicht nur auf die reine Erstellung eines Bauproduktes in Form der Erbringung einer Bauleistung, sondern auch auf der reinen Bautätigkeit vor- und nachgelagerte Stufen der Wertschöpfungskette (zum Beispiel Projektentwicklung, Planung, Finanzierung, Wartung und Instandhaltung beziehungsweise Unterhaltung). Die Elemente in der Systemkette sind nicht nur durch eine Verschiedenartigkeit gekennzeichnet (Elementheterogenität), es bestehen auch Beziehungen zwischen den einzelnen Elementen. Dadurch können bei Beschaffung, Fertigung und Absatz von Leistungssystemen auftretende Synergien genutzt werden, wie zum Beispiel die frühzeitige planerische Einbindung von Ausführendem und Betreiber zur Optimierung der Bau- und Betriebskosten. Systemangebote generieren einen Mehrwert, das heißt, sie sind emergent. Für Systemanbieter besteht daher ein gewisser Preisspielraum. Die Systemanbieterstrategie erfordert Koordinations- und Organisations-Know-how zur Senkung der Transaktionskosten im Bereich der Schnittstellen zwischen den einzelnen Wertschöpfungsstufen[168] sowie Integrations-Know-how im Hinblick auf die Einbindung unterschiedlicher Unternehmen in die Systemkette.

---

[168] Zu System-Integrations-Know-how und Organisations-Integrations-Know-how als systemanbieterspezifisches Know-how vgl. Wilsdorf-Köhler (2003), S. 63 f. und S. 88-103.

Tabelle 2 verdeutlicht die Unterscheidungsmerkmale von Einzelgewerkanbietern (klassisches Bauunternehmen und Spezialist) und Systemanbietern.

Merkmal	**Einzelgewerkanbieter**	**Systemanbieter**
Unternehmensgröße	kleine und mittelständische Unternehmen	Mittelständler, Großunternehmen
Aktionsradius	regional bis überregional	überregional, international
eigene Fertigungstiefe	hoch	gering
Preisspielraum	gering bis groß	mittel
Leistungsspektrum	homogen	heterogen
Leistungsprogramm	Einzelgewerke	Komplettlösungen
Stellung im Markt	(selten) Vergabe an Nachunternehmer, selbst Nachunternehmer	Generalunternehmer, Generalübernehmer, Projektgesellschaft, Konsortialführer
Ressourcenerfordernisse	handwerklich-technisches, betriebswirtschaftlich-steuerliches und juristisches Know-how, Innovations-Know-how, Problemlösungskompetenz	Koordinations-, Organisations-Know-how; Integrations-Know-how

Tabelle 2: Klassifizierung von Unternehmen der Bauwirtschaft in Abhängigkeit von der gewählten Wettbewerbsstrategie

Quelle: Eigene Zusammenstellung

Obwohl die branchenspezifische Darstellung der fünf Wettbewerbskräfte gezeigt hat, dass die Baubranche per se keine attraktive Branche in PORTERs Sinne ist, so nehmen die Unternehmen in einer Branche unterschiedliche relative Positionen ein und können trotz ungünstiger Branchenstruktur erfolgreich im Markt agieren und dementsprechend hohe Erträge erwirtschaften.[169] Daher ist zu fragen, inwiefern die drei Unternehmenstypen generell zur Schaffung einer günstigen Branchenposition geeignet sind.

Für klassische Bauunternehmen, die sich auf die Preiskomponente als Alleinstellungsmerkmal fokussiert haben, besteht vor dem Hintergrund der voranschreitenden Öffnung der europäischen Märkte ein vergleichsweise hohes Be-

[169] Vgl. Fell (1994), S. 36 m. w. N.

drohungspotential.[170] Zu einer günstigen Branchenposition werden nur diejenigen Unternehmen gelangen, die einen hohen Marktanteil aufweisen oder Wettbewerbsvorteile generieren können, die zu signifikanten Kostenvorteilen gegenüber der Konkurrenz führen. Beispiele hierfür sind die Nutzung eines effizienten und kostengünstigen Zuganges zu Ressourcen,[171] die Standardisierung der Produktpalette, die Gewährleistung eines vergleichsweise geringen Fixkostenanteils und die Implementierung eines aussagefähigen Controllingsystems zur permanenten Kostenüberwachung.

Unternehmen, die sich differenzieren und Produkt- respektive Dienstleistungsbündel anbieten und sich durch die Schaffung eines *added value* für den Kunden vom Wettbewerb abheben können, werden sich tendenziell eine günstige Branchenposition verschaffen können. Gleiches gilt für Unternehmen, die sich spezialisieren und auf den Gebieten, die nicht zu ihrem Geschäftsfeld gehören, mit anderen Unternehmen vernetzen und kooperieren. In diesem Zusammenhang besteht eine wichtige strategische Fragestellung in der Festlegung der eigenen Fertigungstiefe. Grundsätzlich sollte sich die Eigenfertigung auf die Bereiche konzentrieren, in denen das Unternehmen gegenüber der Konkurrenz eine relativ hohe Kompetenzstärke aufweist.[172]

3.4 Finanzwirtschaftliche Risiken

Die Risiken in der Bauwirtschaft sind im Vergleich zu anderen Branchen generell als hoch einzuschätzen.[173] Sie resultieren insbesondere aus der Einzelfertigung, die an wechselnden Standorten stattfindet und nicht selten den Charakter einer Prototypfertigung hat. Die wichtigsten Merkmale der Bauproduktion sind

---

[170] Vgl. dazu auch Bastuck/Pfiffer/Stöppler/Wischhof (2000), S. 119-133.

[171] Zu denken wäre hierbei beispielsweise an ein Straßenbauunternehmen mit eigenem Betonwerk oder den Einsatz von Fertigteilen im Hochbau.

[172] Hinterhuber/Stuhec (1997), S. 10.

[173] Hinterecker (1987), S. 144; Mestre (2001), S. 22 und Schwanke (2001), S. 24. Zu einem Überblick zu weiteren Risikokategorien neben den finanzwirtschaftlichen Risiken vgl. zum Beispiel Birtel (2000), S. 7-16; Jacob/Helbig (2000), S. 17-27 und Jacob/Winter/Stuhr (2002), S. 295-303. Zu den mit dem Auslandsbau und Exportgeschäften verbundenen Risiken und Absicherungsalternativen vgl. zum Beispiel Endisch/Jacob/Stuhr (2000), S. 534-540.

- nicht kontinuierliche Auftragseingänge mit der Folge einer schwankenden Kapazitätsauslastung und eine nicht kontinuierliche Schlussabrechnung der Aufträge,
- die Individualität, Einmaligkeit und Langfristigkeit der Leistungserstellung,
- Nachträge aufgrund von auftraggeberseitigen Modifikationen des Bauvertrages während der Bauproduktion und Störungen des Bauablaufes,
- der Einsatz von Nachunternehmern in unterschiedlichen Lebenszyklusphasen des Bauwerkes,
- das Eingehen von horizontalen oder vertikalen Kooperationen mit anderen Unternehmen der Branche und
- die Saisonabhängigkeit der Bauproduktion.

Die Unternehmen der Bauwirtschaft sind durch eine heterogene Risikostruktur gekennzeichnet, die in starkem Maße dadurch beeinflusst wird, ob das Unternehmen vordergründig nur als Anbieter von einzelnen Gewerken auftritt oder ob es Produkt- beziehungsweise Leistungsbündel anbietet.

3.4.1 Typische Struktur einer Baubilanz

Die finanzwirtschaftlichen Risiken der Unternehmen der Bauwirtschaft verdeutlicht die in Abbildung 18 dargestellte typische Struktur einer Baubilanz für den Zeitraum von 1997 bis 2003. Die Aktivseite wird von den Vorräten dominiert. Sie nehmen knapp 40 Prozent der Bilanzsumme ein und bestehen zum überwiegenden Teil aus unfertigen Bauten. Der Anteil der Vorräte beziehungsweise anderer Aktiv- oder Passivposten an der Bilanzsumme hängt in der Baubilanz in starkem Maße vom Ausweis der erhaltenen Anzahlungen ab.

Erhaltene Anzahlungen können zum einen Zahlungen für noch nicht erbrachte Leistungen, also Vorauszahlungen sein. Zum anderen werden zwischen Auftraggeber und Auftragnehmer Abschlagszahlungen vereinbart, die Zahlungen für bereits erbrachte, nachgewiesene Leistungen darstellen.

In der Baubilanzierungspraxis haben sich ein passivischer Ausweis der Vorauszahlungen und ein aktivisches offenes Absetzen der Abschlagszahlungen von den Vorräten herausgebildet. Dieses aktivische offene Absetzen kann zu einer verbesserten Darstellung der Vermögens- und Finanzlage beitragen, sofern die Abschlagszahlungen den unfertigen Leistungen zuordenbar sind und sauber zwischen Voraus- und Abschlagszahlungen getrennt werden kann.[174] Durch diese Verfahrensweise wird eine Bilanzverlängerung mit unvorteilhaften Auswirkungen auf Kennzahlen wie beispielsweise die Eigenkapitalquote vermieden.[175]

In der Literatur ist es umstritten, ob für die Kennzahlenermittlung im Rahmen der Bonitätsanalyse die Saldierung der unfertigen Bauten mit den Abschlagszahlungen belassen oder eine passivische Umgliederung der Abschlagszahlungen vorgenommen werden sollte.[176] Letztere steht jedoch nicht im Einklang mit dem wirtschaftlich zugrunde liegenden Sachverhalt, da Abschlagszahlungen keine finanziellen Verpflichtungen im eigentlichen Sinne darstellen.[177]

Aus der Darstellung in Abbildung 18 geht hervor, dass Vorräte und erhaltene Anzahlungen fast deckungsgleich sind, so dass davon ausgegangen werden kann, dass die Vorhaltung der unfertigen Bauten durch Voraus- und Abschlagszahlungen finanziert beziehungsweise gedeckt ist. Den zweitgrößten Anteil an der Bilanzsumme nehmen auf der Aktivseite die Forderungen ein, erst an dritter Stelle folgen die Sachanlagen.

Auf der Passivseite der Bilanz dominieren die Verbindlichkeiten. Sie nehmen über die Hälfte der Bilanzsumme ein und verdeutlichen, dass die Unternehmen der Branche in starkem Maße fremd finanziert sind. Unter Vernachlässigung der erhaltenen Anzahlungen machen die Verbindlichkeiten aus Lieferungen und Leistungen innerhalb der Verbindlichkeiten den größten Anteil aus, dicht gefolgt von den langfristigen Verbindlichkeiten gegenüber Kreditinstituten. An dritter Stelle kommen die kurzfristigen Bankkredite.

---

[174] Vgl. dazu auch Drees (1985), S. 498.

[175] Vgl. dazu auch Kümpel (2000), S. 81. Zu den Auswirkungen auf die Eigenkapitalquote vgl. auch die empirische Untersuchung bei Küting (2005), S. 49-58 oder Küting/Reuter (2006), S. 8-12.

[176] Für ein Belassen des aktivischen Absetzens der Abschlagszahlungen von den Vorräten vgl. zum Beispiel Köbrich/Schöffel (1999), S. 163 und die dort angegebene Literaturquelle und Möllmann (2001), S. 82. Für eine passivische Umgliederung vgl. Riebell (2006), S. 682 f.

[177] Vgl. dazu Küting (2005), S. 14 f. oder Küting/Reuter (2006), S. 2 und ausführlich die Ausführungen in Kapitel 4.3.1.2 der Arbeit.

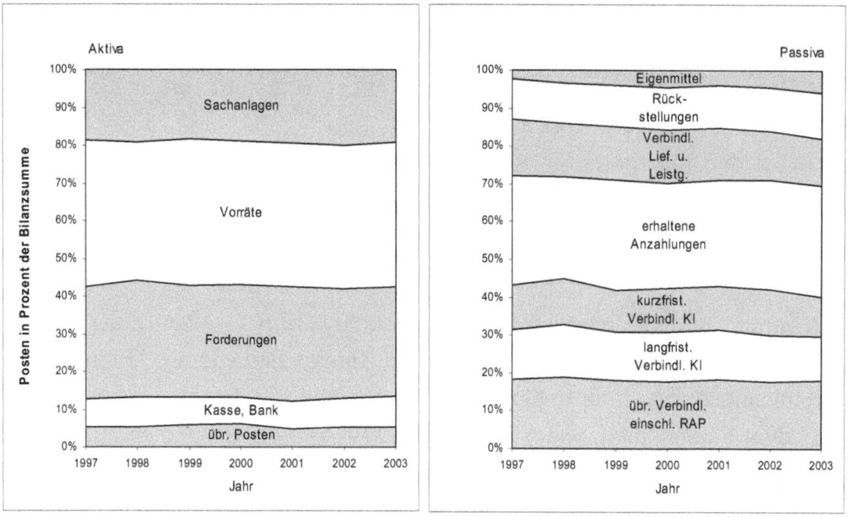

Abbildung 18: Typische Struktur einer Baubilanz

Auf der Grundlage von HGB-Einzelabschlüssen

Quelle: Eigene Zusammenstellung und überwiegend eigene Berechnungen auf der Datengrundlage der Deutschen Bundesbank (2005 a), S. 58 und S. 66

3.4.2 Niedrige Eigenmittelquote

Ein aus Sicht des Kreditgebers bedeutendes finanzwirtschaftliches Risiko von Bauunternehmen besteht in der vergleichsweise geringen Ausstattung mit Eigenkapital, die insbesondere bei kleinen und mittelständischen Unternehmen des Baugewerbes häufig gegeben ist und als Achillesferse der Branche gilt.[178]

Die Höhe des Anteils der Eigenmittel an der Bilanzsumme hängt in der Branche in starkem Maße von der bilanziellen Behandlung der erhaltenen Anzahlungen ab. Zur Verdeutlichung der Auswirkungen wird die Eigenmittelquote für das Baugewerbe in Abbildung 19 für den Fall des Belassens des offenen aktivischen Absetzens und für den Fall der passivischen Umgliederung der erhaltenen Anzahlungen dargestellt. Dabei ergibt sich für den ersten Fall eine im Durchschnitt um 40 Prozent höhere Eigenmittelquote.

Im Branchenvergleich wird unabhängig von der Berücksichtigung der erhaltenen Anzahlungen deutlich, dass das Baugewerbe von 1997 bis 2003 eine weit

[178] Vgl. Hauschildt/Leker/Clausen (1995), S. 290 oder Hauschildt/Leker/Clausen (2000), S. 274. Die Autoren sprechen von einer chronischen Unterausstattung mit Eigenkapital.

unterdurchschnittliche Eigenmittelquote aufwies (vgl. Abbildung 19). Es ist zwar ein Anstieg in diesem Zeitraum zu verzeichnen, trotzdem ist der Abstand zur Gesamtheit der betrachteten Unternehmen und zum verarbeitenden Gewerbe immer noch signifikant hoch. Es ist jedoch zu berücksichtigen, dass es sich bei den angegebenen Kennzahlen um Durchschnittswerte handelt. Bei den Unternehmen des Baugewerbes korreliert die Eigenmittelquote mit der Höhe des Jahresumsatzes. Unternehmen mit niedrigen Jahresumsätzen wiesen geringere Quoten auf als Unternehmen mit höheren Umsätzen.[179]

Die vergleichsweise niedrige Eigenmittelquote wird als wesentliches Merkmal der Krisenanfälligkeit im baugewerblichen Bereich betrachtet.[180] Eine niedrige Eigenkapitalausstattung impliziert häufig ein höheres latentes Kreditrisiko,[181] weil dem Eigenkapital eine Verlustkompensationsfunktion und somit aus dem Blickwinkel des Kreditgebers eine Risikokompensationsfunktion zukommt. Ein Mangel an Eigenkapital stellt zwar keine grundsätzliche Krisenursache dar, gilt aber durchaus als prinzipieller Krisenverschärfer.[182] Nicht zuletzt deswegen nimmt die Kennzahl Eigenkapital- beziehungsweise Eigenmittelquote im Rahmen des Bilanzbonitätsrating einen vergleichsweise hohen Stellenwert ein.[183]

[179] Im Jahr 2003 betrug der Anteil der Eigenmittel an der Bilanzsumme bei Unternehmen des Baugewerbes mit weniger als 2,5 Millionen Euro Jahresumsatz 4,9 Prozent, bei Unternehmen mit 2,5 Millionen bis unter 50 Millionen Euro Jahresumsatz 12,3 Prozent und bei Unternehmen mit 50 Millionen Euro Jahresumsatz und mehr 12,9 Prozent, Deutsche Bundesbank (2005 b), S. 47. Die erhaltenen Anzahlungen wurden in der Statistik komplett passivisch berücksichtigt.

[180] Vgl. dazu Möllmann (2001), S. 126.

[181] Schiller/Tytko (2001), S. 84 und Hagn (2004), S. 158. Eine empirische Untersuchung der Deutschen Bundesbank ergab, dass Unternehmen relativ am häufigsten aufgrund einer mangelnden Eigenkapitalausstattung scheitern, Deutsche Bundesbank (1992), S. 32.

[182] Hauschildt (2000), S. 4 f. Krystek/Müller (1995), S. 193 betrachten Eigenkapitalmangel wie HAUSCHILDT eher als Symptom denn als Krisenursache. Für Grunwald/Grunwald (2001), S. 81 wiederum ist eine schlechte Kapitalstruktur per se noch kein Krisensymptom, wohl aber ein Risikofaktor, der seine Wirkung in einer Krise verstärken kann.

[183] Dies wurde beispielsweise auch durch die Befragung von OEHLER bei deutschen Kreditinstituten erst kürzlich wieder bestätigt, Oehler (2005), S. 176.

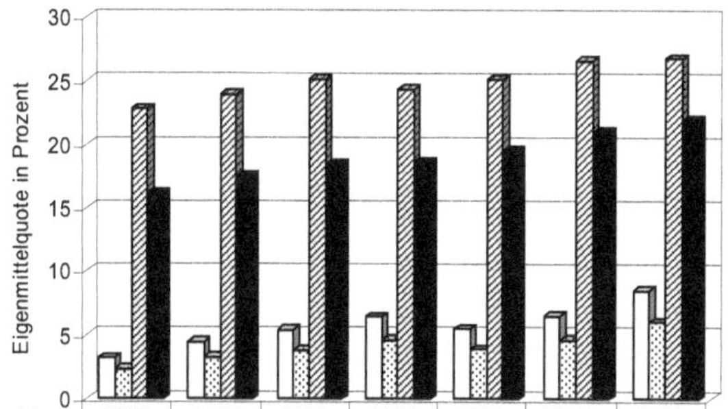

Jahr	1997	1998	1999	2000	2001	2002	2003
Baugewerbe Anz. aktiv.	3,2	4,5	5,4	6,4	5,5	6,5	8,5
Baugewerbe Anz. passiv.	2,3	3,3	3,8	4,6	3,9	4,6	6,0
verarbeitendes Gewerbe	22,8	23,9	25,1	24,3	25,1	26,6	26,8
Unternehmen insgesamt	16,2	17,5	18,4	18,6	19,5	21,0	21,9

Abbildung 19: Branchenvergleich Kennzahl Eigenmittel in Prozent der Bilanzsumme

Auf der Grundlage von HGB-Einzelabschlüssen, Eigenmittel einschließlich anteiliger Sonderposten mit Rücklageanteil

Quelle: Eigene Darstellung und teilweise eigene Berechnungen auf der Datengrundlage der Deutschen Bundesbank (2005 a), S. 58 und S. 64-66

Eine niedrige Eigenmittelquote ist jedoch nur dann problematisch, wenn sie nicht risikoadäquat ist. Bei Unternehmen, deren eigene Fertigungstiefe gering ist und die Risiken auf vor- oder nachgelagerte Wertschöpfungsstufen verlagern, kann eine vergleichsweise geringe Ausstattung mit Eigenkapital unter bestimmten Bedingungen durchaus gerechtfertigt sein. Bauunternehmen müssen aufgrund der veränderten und sich noch weiter verändernden Wettbewerbs- und Angebotsstrukturen differenziert betrachtet werden; sie können nicht mehr per se den Produktionsunternehmen zugeordnet werden.[184]

Aus der vergleichsweise niedrigen Eigenmittelquote ergibt sich im Umkehrschluss eine hohe Verschuldung der Branche, aus der wiederum eine überdurchschnittlich hohe Zinsaufwandsquote resultiert, die sich in starkem Maße auf den Erfolg auswirkt.[185] Die Verschuldung resultiert jedoch nicht nur aus der

---

[184] Diese Ansicht wird auch von Praktikern geteilt respektive bestätigt, vgl. dazu zum Beispiel die bei JACOB geführte Diskussion unter verschiedenen Vertretern deutscher und ausländischer Bauunternehmen und der Versicherungswirtschaft, Jacob (2000), insbesondere S. 36-38.

[185] Vgl. Hauschildt/Leker/Clausen (2000), S. 275. Die Autoren wiesen zudem empirisch nach, dass der Zinsaufwand in insolvenzgefährdeten Unternehmen der Baubranche signifikant höher ist als in gesunden.

Inanspruchnahme von kurz- und langfristigen Bankkrediten. Knapp ein Fünftel der Bilanzsumme entfallen auf Verbindlichkeiten aus Lieferungen und Leistungen, das heißt auf Lieferantenkredite (vgl. Abbildung 20), die neben den kurzfristigen Bankkrediten für die in der Bauwirtschaft typische Vorfinanzierung der Baustellenfertigung benötigt werden. Dabei ist festzustellen, dass Unternehmen des Baugewerbes mit niedrigen Jahresumsätzen in stärkerem Ausmaß Lieferantenkredite in Anspruch nehmen als Unternehmen mit höheren Jahresumsätzen.[186]

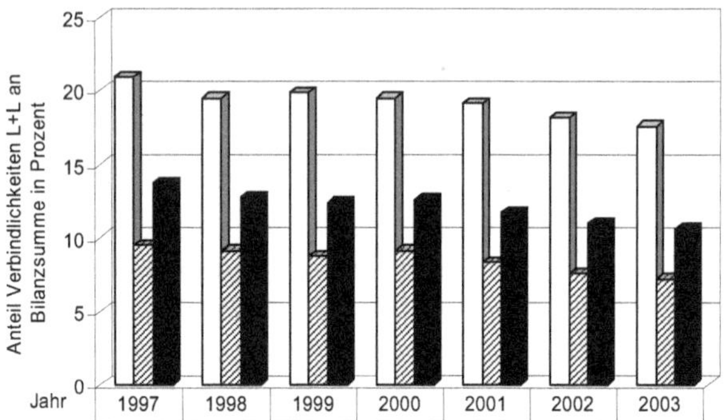

Jahr	1997	1998	1999	2000	2001	2002	2003
□ Baugewerbe	20,9	19,5	19,9	19,5	19,1	18,2	17,6
▨ verarbeitendes Gewerbe	9,5	9,1	8,7	9,1	8,3	7,6	7,2
■ Unternehmen insgesamt	13,7	12,8	12,4	12,6	11,7	11,0	10,6

Abbildung 20: Branchenvergleich Kennzahl Verbindlichkeiten aus Lieferungen und Leistungen in Prozent der Bilanzsumme

Auf der Grundlage von HGB-Einzelabschlüssen

Quelle: Eigene Darstellung und eigene Berechnungen auf der Datengrundlage der Deutschen Bundesbank (2005 a), S. 56-58, erhaltene Anzahlungen im Baugewerbe wurden aktivisch berücksichtigt

Eine zunehmende Inanspruchnahme von Lieferantenkrediten kann auf eine ernstzunehmende Gefährdung des Unternehmens hindeuten. Aus einem empirischen Test geht hervor, dass insolvente Unternehmen der Baubranche

---

[186] Im Jahr 2003 betrug der Anteil der Verbindlichkeiten aus Lieferungen und Leistungen an der Bilanzsumme bei Unternehmen des Baugewerbes mit weniger als 2,5 Millionen Euro Jahresumsatz 14,2 Prozent, bei Unternehmen mit 2,5 Millionen bis unter 50 Millionen Euro Jahresumsatz 11,1 Prozent und bei Unternehmen mit 50 Millionen Euro Jahresumsatz und mehr 9,8 Prozent, Deutsche Bundesbank (2005 b), S. 47.

in stärkerem Maße als nicht insolvente Lieferantenkredite in Anspruch genommen haben.[187]

3.4.3 Verzerrte Darstellung der Liquidität

Ein weiteres wichtiges finanzwirtschaftliches Risiko besteht in der Liquiditätssituation der Unternehmen der Branche. Im Gegenzug zur mittel- bis langfristigen Vorsteuerungsfunktion der Erfolgspotentiale für den Erfolg und des Erfolges für die Liquidität stellt die Sicherung und Erhaltung der Liquidität, das heißt der Fähigkeit der jederzeitigen und uneingeschränkten Begleichung der zwingend fälligen Zahlungsverpflichtungen,[188] aus kurzfristiger Betrachtungsperspektive die Voraussetzung für die Erreichung der Unternehmensziele Erfolg und Erfolgspotential dar, da Liquidität zur Gewährleistung des Unternehmensfortbestandes unabdingbar und zugleich eine bedeutende Größe zur Erhaltung des unternehmerischen finanziellen Gleichgewichtes ist.

Einen bedeutenden Auslöser für Liquiditätsprobleme der Unternehmen der Baubranche stellen Zahlungsschwierigkeiten des Auftraggebers in Bezug auf Zeitpunkt und Höhe dar. Das damit verbundene Zahlungsrisiko verschärft sich dadurch, dass in der Regel eine Abhängigkeit von wenigen Auftraggebern besteht, die Projektwerte in Relation zum unternehmerischen Jahresumsatz meist hoch sind und Einbehalte von Rechnungsbeträgen getätigt werden.[189] Es kann beispielsweise durch eine sorgfältige Bonitätsprüfung des Auftraggebers vor der Angebotserarbeitung oder durch die Vereinbarung von Voraus- und Abschlagszahlungen zumindest teilweise begrenzt werden.

Neben der Problematik, dass die tatsächliche und aktuelle Liquiditätslage eines Unternehmens aus dessen Jahresabschluss nicht ersichtlich ist,[190] wird in Baubilanzen die Liquidität verzerrt dargestellt.[191]

---

[187] Hauschildt/Leker/Clausen (1995), S. 294 oder Hauschildt/Leker/Clausen (2000), S. 286.

[188] Perridon/Steiner (2007), S. 6.

[189] Ähnlich Birtel (2000), S. 13.

[190] Dies hängt vordergründig mit der Stichtags- und Vergangenheitsbezogenheit sowie der Unvollständigkeit der Bilanzdaten zusammen. Vgl. dazu auch Kapitel 4.1 der Arbeit.

[191] Vgl. Jacob (1985), S. 98.

Dies ist in allererster Linie der Tatsache geschuldet, dass die unfertigen Bauten einen großen Anteil der Aktivseite der Baubilanz einnehmen und somit die Liquiditätskennzahlen in starkem Maße beeinflussen.

Abbildung 21 verdeutlicht, dass bei HGB-Einzelabschlüssen die unfertigen Erzeugnisse und Leistungen im Baugewerbe mehr als 40 Prozent der Bilanzsumme einnehmen.[192] Der im Vergleich zum verarbeitenden Gewerbe und dem Durchschnitt aller Unternehmen über sämtliche Branchen hohe Wert resultiert aus dem hohen Anteil unfertiger Bauten, die nach dem Realisationsprinzip bis zur Abnahme unter den Vorräten auszuweisen sind. Eine Forderung entsteht nach HGB-Bilanzierung erst mit dem Zeitpunkt der Abnahme. Neben der quantitativen Bedeutung der unfertigen Bauten für die Baubilanz kommt hinzu, dass sie in Abhängigkeit vom Auftragsbestand des Unternehmens starken Schwankungen unterliegen können.[193]

Eine weitere Ursache für die verzerrte Darstellung der Liquidität besteht darin, dass die Bilanzdaten stichtagsbezogen sind und sich gerade zum Jahresende die Liquiditätssituation aufgrund branchenspezifischer Gepflogenheiten verbessert. Kennzahlen zur Liquidität werden daher häufig durch das verstärkte Abrechnen der saisonal bedingten Bauproduktion und die „Auskehrung" nicht ausgeschöpfter Budgets seitens der öffentlichen Hand zum Jahresende beeinflusst.[194] Bei Bauarbeitsgemeinschaften werden zum Ende des Jahres häufig Liquiditätsausschüttungen an die Gesellschafter vorgenommen.[195]

---

[192] Die unfertigen Bauten können auch durchaus die Hälfte der Bilanzsumme einnehmen, sofern sie nicht mit den erhaltenen Anzahlungen (Abschlagszahlungen) beziehungsweise gestellten Abschlagsrechnungen saldiert werden, vgl. Hauptverband der Deutschen Bauindustrie e. V./Zentralverband des Deutschen Baugewerbes e. V. (Hrsg.) (1987), S. 94; Rogler/Jacob (2000), S. 2407 und Jacob/Stuhr (2006), S. 116 f. Ähnlich Ogiermann (1981), S. 17; Drees (1985), S. 497; Ahlbach (1987), S. 41; Hüfner (1987), S. 82 und Wagner/Mielicki (2003), S. 3.

[193] Vgl. Jacob (1985), S. 98.

[194] Vgl. dazu auch Häring (1987), S. 17; Mielicki (1994/95), S. 31 und weiterführend Mielicki (1996), S. 10 f. sowie Wagner/Mielicki (2003), S. 4.

[195] Wagner/Mielicki (2003), S. 4.

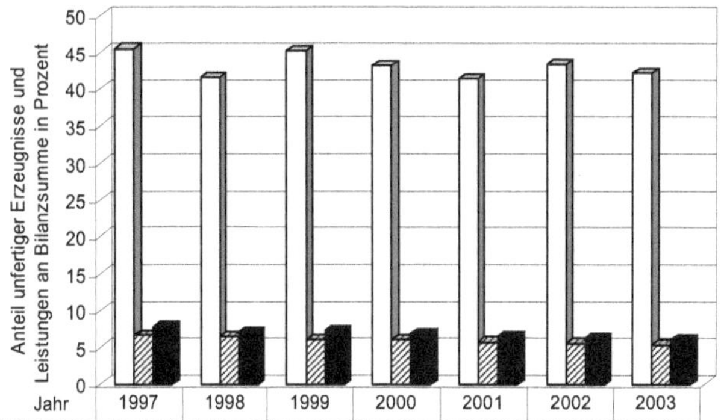

Jahr	1997	1998	1999	2000	2001	2002	2003
Baugewerbe Anz. aktiv.	45,5	41,5	45,2	43,2	41,3	43,3	42,1
verarbeitendes Gewerbe	6,7	6,4	6,1	6,0	5,7	5,5	5,3
Unternehmen insgesamt	7,8	7,1	7,3	6,9	6,5	6,3	6,0

Abbildung 21: Branchenvergleich Kennzahl unfertige Erzeugnisse und Leistungen in Prozent der Bilanzsumme

Auf der Grundlage von HGB-Einzelabschlüssen

Quelle: Eigene Darstellung und eigene Berechnungen auf der Datengrundlage der Deutschen Bundesbank (2005 a), S. 56-58, erhaltene Anzahlungen im Baugewerbe wurden aktivisch berücksichtigt

3.4.4 Hoher Bürgschaftsbedarf

Ein weiteres Risiko kann für den Kreditgeber unter bestimmten Bedingungen in der Inanspruchnahme aus Avalen bestehen, die in der Baubranche einen hohen Stellenwert einnehmen. Nachfragermacht sowie leistungs- und finanzwirtschaftliche Risiken der Unternehmen der Bauwirtschaft führen dazu, dass von Seiten der Kunden häufig eine Absicherung der aus dem Bauprozess resultierenden Risiken gefordert wird. Diesbezüglich hat sich in der Baubranche das Erbringen von Sicherheitsleistungen gegenüber dem Auftraggeber in Form von Bürgschaften etabliert.[196] Bei Bauarbeitsgemeinschaften fordert der Auftraggeber in der Regel eine Gesamtbürgschaft von der Arge. Die Rück-

[196] Vgl. Schwärzel-Peters (1992), S. 1; Moufang (2003), Rn. 3 und Maire (2002), S. 219 f., wonach Bürgschaften bei Auftraggebern und kleinen und mittelständischen Bauunternehmen zu den von beiden Seiten gleichermaßen präferierten Sicherheiten gehören, dies belegte die empirische Studie von MAIRE. Zu weiteren möglichen Formen der Absicherung für den Auftraggeber in Form von Garantien, Einbehalt von Zahlungen, Finanzierungsbestätigung, Schuldbeitritt/Schuldübernahme, Patronatserklärung und Hinterlegung vgl. Schwärzel-Peters (1992), S. 16-21 und Schmidt/Winzen (2000), S. 99-106 und S. 110 f.

bürgschaften, die das Kreditinstitut von den Arge-Partnern verlangt, die keinen Avalrahmen bei ihm haben, führen daher zu einer doppelten Belastung für die Gesellschafter.[197] Im Innenverhältnis der Arbeitsgemeinschaft sichern sich die Arge-Partner meist durch Unterbürgschaften ab, um beispielsweise das Insolvenzrisiko von Gesellschaftern zu managen.[198]

Das Bürgschaftsvolumen hatte im Jahr 2002 nach einer Erhebung des Betriebswirtschaftlichen Institutes der Bauindustrie im Durchschnitt einen Anteil von 36,4 Prozent an der Jahresbauleistung.[199] Abbildung 22 verdeutlicht die Aufteilung des Bürgschaftsvolumens in 2002 auf die in der Praxis gebräuchlichen Bürgschaftsarten, die in der Regel selbstschuldnerisch sind:[200]

- Bietungsbürgschaft,
- Voraus- und Anzahlungs-/Abschlagszahlungsbürgschaft,
- Vertragserfüllungs- respektive Ausführungsbürgschaft und
- Gewährleistungs-/Mängelansprüchebürgschaft[201].

Die Bietungsbürgschaft ist im vorvertraglichen Bereich des Bauvertrages angesiedelt und sichert den Auftraggeber für den Fall ab, dass der Bieter das von ihm eingereichte Angebot innerhalb der Zuschlagsfrist nicht aufrecht erhält, das heißt, den erteilten Auftrag zu den bei Angebotsabgabe aufgeführten Konditionen nicht übernimmt.[202] Sie kann den Bürgen zur Übernahme einer Vertragserfüllungsbürgschaft verpflichten. Angesichts des Anteils von reichlich einem Prozent am Gesamtbürgschaftsvolumen (vgl. Abbildung 22) kommt ihr eine lediglich marginale Bedeutung zu. Das mit der Bietungsbürgschaft verbundene Kreditrisiko ist als vergleichsweise gering einzustufen,[203] es hängt

---

[197] Vgl. dazu zum Beispiel Lindken/Mielicki (2002), S. 42 f.

[198] Zu weiteren Beispielen wie Bürgschaften für vorläufige Ausschüttungen vgl. Schwärzel-Peters (1992), S. 54-56 und Schmidt/Winzen (2000), S. 60-63. Zu Bürgschaften bei Dach-Argen vgl. speziell Wallau/Kayser/Stephan (1999), S. 103-114.

[199] Oepen/Mielicki (2004), S. 23.

[200] Kohlhof (1999), S. 52-66; Schmidt/Winzen (2000), S. 9-14; Brüssel (2002), S. 111 und Moufang (2003), Rn. 69-130 und Rn. 135 f. Zu Vertragserfüllungs-/Ausführungsbürgschaft, Abschlagszahlungs- und Vorauszahlungsbürgschaft sowie Gewährleistungsbürgschaft vgl. zum Beispiel auch Rieder/Rieder (2004), S. 43-53.

[201] Die Bezeichnung „Mängelansprüchebürgschaft" löste im Zusammenhang mit dem Schuldrechtsmodernisierungsgesetz die frühere Bezeichnung „Gewährleistungsbürgschaft" ab, Blesch (2005), S. 38.

[202] Kohlhof (1999), S. 52; Schmidt/Winzen (2000), S. 9 und S. 21 sowie Brüssel (2002), S. 111.

[203] Vgl. dazu die Argumentation bei Kohlhof (1999), S. 53.

auch davon ab, ob im Anschluss weitere Sicherheiten vom Bürgen übernommen werden.

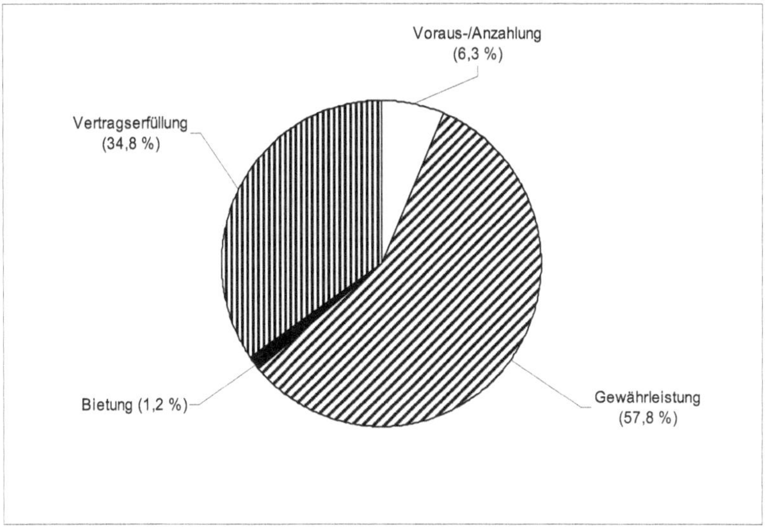

Abbildung 22: Aufteilung des Bürgschaftsvolumens 2002

Quelle:Oepen/Mielicki (2004), S. 23

Von ebenfalls untergeordneter Bedeutung sind Vorauszahlungs- und Abschlagszahlungsbürgschaften, die reichlich sechs Prozent des Bürgschaftsvolumens einnehmen (vgl. Abbildung 22). Im Falle einer Vorauszahlung, das heißt einer Zahlung für vertraglich vereinbarte, aber noch nicht erbrachte Leistungen, soll der Rückzahlungsanspruch des Auftraggebers sichergestellt werden, falls der Auftraggeber die bereits vergüteten Leistungen nicht vollständig erbringt. Das Risiko der Inanspruchnahme aus dieser Bürgschaftsart ist vergleichsweise niedrig. Da Vorauszahlungen in der Baubranche verhältnismäßig selten sind und Abschlagszahlungen die Vergütung für bereits erbrachte und nachgewiesene, aber noch nicht abgenommene Leistungen beinhalten, sind diese Bürgschaften von untergeordneter Bedeutung.

Die Vertragserfüllungsbürgschaft, auch als Ausführungsbürgschaft bezeichnet, dient der Absicherung der Verpflichtungen des Auftragnehmers aus dem Bauvertrag im Hinblick auf eine ordnungsgemäße Leistungsausführung.[204] Sie

[204] Schwärzel-Peters (1992), S. 27. Vgl. auch Wallau/Kayser/Stephan (1999), S. 101 m. w. N. und Schmidt/Winzen (2000), S. 11 f. Ähnlich Leinemann (2005 a), Rn. 21 m. w. N.

beträgt in Deutschland in der Regel zehn Prozent der Auftragssumme.[205] Vertragserfüllungsbürgschaften nehmen knapp 35 Prozent des gesamten baubezogenen Bürgschaftsvolumens ein (vgl. Abbildung 22). Uneinheitlich wird im Schrifttum die Frage diskutiert, ob mit zunehmendem Baufortschritt eine Anpassung des Bürgschaftsbetrages erfolgen sollte.[206] Daher ist eine Aussage zum Kreditrisiko dieser Bürgschaftsart mit Schwierigkeiten behaftet.

Mängelansprüchebürgschaften nehmen fast 60 Prozent des Bürgschaftsvolumens ein (vgl. Abbildung 22). Sie dienen der Absicherung der Mängelansprüche des Auftraggebers innerhalb des Gewährleistungszeitraumes.[207] Für diese Ansprüche wird in der Branche üblicherweise ein Prozentsatz in Höhe von fünf Prozent der Auftragssumme für die Dauer der vereinbarten Gewährleistungsfrist einbehalten.[208] Sofern der Auftragnehmer eine Bürgschaft über diese Summe erbringt, erhält er den Sicherheitseinbehalt ausbezahlt. Differenziert wird die Fragestellung behandelt, ob die Mängelansprüchebürgschaft nur nach der Abnahme aufgetretene Mängel umfasst.[209] Eine Bürgschaft auf erstes Anfordern ist nicht mehr möglich (§ 17 Nummer 4 VOB Teil B).

In Untersuchungen wurde festgestellt, dass in den ersten beiden Jahren nach der Abnahme der überwiegende Anteil der Mängel auftritt.[210] Unter diesem Gesichtspunkt könnte eine sukzessive Reduzierung des Bürgschaftsbetrages über den Gewährleistungszeitraum durchaus gerechtfertigt sein.

---

[205] Kohlhof (1999), S. 54 und Leinemann (2005 a), Rn. 11 m. w. N. In den USA ist es nicht unüblich, dass sie den Auftrag zu 100 Prozent einschließt, Kohlhof (1999), S. 54. Vgl. dazu auch Schwärzel-Peters (1992), S. 103.

[206] Vgl. dazu Schwärzel-Peters (1992), S. 28 und die bei Schmidt/Winzen (2000), S. 12 aufgeführten Befürworter und Ablehner.

[207] Schwärzel-Peters (1992), S. 34. Ähnlich Wallau/Kayser/Stephan (1999), S. 101 m. w. N.; Brüssel (2002), S. 111 und Leinemann (2005 a), Rn. 23.

[208] Schwärzel-Peters (1992), S. 103; Siegburg (2000), Rn. 2495 m. w. N.; Leinemann (2005 a), Rn. 11 m. w. N. und Werner/Pastor (2005), Rn. 1262. Ähnlich Schmidt/Winzen (2000), S. 4 f.

[209] Vgl. dazu zum Beispiel Schmidt/Winzen (2000), S. 14.

[210] In den ersten sechs Monaten nach der Abnahme werden mehr als 40 Prozent, in den ersten beiden Jahren des Gewährleistungszeitraumes circa 85 Prozent der Mängel gerügt. Dies ergab die empirische Studie von MAIRE bei kleinen und mittelständischen Bauunternehmen, Maire (2002), S. 200 und S. 248. Eine Untersuchung der Architekt-Ingenieur-Assekuranz AIA konstatierte, dass circa 70 Prozent der Bauwerksschäden und -mängel in den ersten beiden Jahren nach der Abnahme festgestellt werden, vgl. ebenda, S. 201 und die dort angegebene Literatur.

Zur Beurteilung des mit Mängelansprüchebürgschaften verbundenen Risikos wurde in einer empirischen Erhebung bei kleinen und mittelständischen Bauunternehmen konstatiert, dass:[211]

1. die Höhe der Gewährleistungskosten vom unternehmerischen Tätigkeitsbereich respektive der Sparte abhängt,[212]
2. etablierte Bauunternehmen geringere jährliche Gewährleistungskosten als jüngere Unternehmen zu verzeichnen haben; dabei bildet ein Unternehmensalter von zehn Jahren die signifikante Altersgrenze und
3. Unternehmen mit zertifiziertem Qualitätsmanagementsystem keine geringeren Gewährleistungskosten als nicht zertifizierte Unternehmen aufweisen.

---

[211] Maire (2002), S. 172-177, S. 187 f. und S. 247.

[212] Beispielsweise gaben die Unternehmen des Bereiches „Fliesen- und Plattenarbeiten" jährliche Gewährleistungskosten an, die im Durchschnitt um circa 75 Prozent höher waren als die des Tätigkeitsbereiches „Gas, Wasser, Heizung", ebenda, S. 172 und S. 247.

4 Informationen aus Jahresabschlüssen bei unterschiedlichen Bilanzierungsweisen

4.1 Jahresabschluss als zentrales Informationsinstrument

Der Analyse von Jahresabschlüssen[213] wird im Rahmen der Bonitätsanalyse ein hoher Stellenwert beigemessen.[214] Eine theoretisch geschlossene Konzeption zur Bilanzanalyse existiert noch nicht. Erschwerend kommt hinzu, dass die Konzeption nicht nur numerische Daten, sondern auch nichtnumerische Informationen wie beispielsweise die Informationen des Geschäftsberichtes berücksichtigen muss.[215]

Jahresabschlüsse gelten als ein zentrales Element im Rahmen der Informationsgewinnung, weil sie anhand eines verbindlichen und nachvollziehbaren Rechenwerkes erstellt werden beziehungsweise auf allgemein verbindlichen Rechnungslegungsregeln beruhen und vergleichsweise transaktionskostengünstig den Zugang zu kreditprüfungsrelevantem Informationsmaterial ermöglichen. Bei der Bonitätsanalyse sind jedoch die nachfolgend aufgeführten Aspekte zu berücksichtigen, die eine Einschränkung der Aussagekraft bewirken:[216]

---

[213] Mit dem Begriff Jahresabschluss ist in der Literatur der Einzelabschluss gemeint. Bei der Betrachtung der Bauarbeitsgemeinschaften muss der Begriff gedanklich erweitert werden, da dort in Abhängigkeit von der Ausgestaltung der Arge Einzel- und Konzernabschluss relevant sein können. Der Begriff der Jahresabschlussanalyse wird zumeist synonym zum Begriff der Bilanzanalyse verwendet.

[214] Vgl. zum Beispiel Bühler (1988), S. 17; Dorka (1990), S. 48; Braunschweig/Zdrowomyslaw/Saß/Kasch (1998 b), S. 202; Grunwald/Grunwald (2001), S. 5; Schiller/Tytko (2001), S. 89; Freidank/Paetzmann (2002), S. 1786; Oehler (2005), S. 171 f. und Riebell (2006), S. 39. Vgl. auch die obzwar schon etwas ältere kritische Darstellung von Heine (1979), S. 1565-1573.

[215] Vgl. dazu Werner (1990), S. 370.

[216] Vgl. dazu zum Beispiel Ott (1986), S. 115 f.; Hauschildt (1996), S. 1-3 und Dicken (1999), S. 60. DICKEN bemängelt insbesondere, dass das bilanzielle Vermögen für eine Kreditwürdigkeitsprüfung nicht ausreicht, weil es das betriebliche Leistungsvermögen nicht enthält beziehungsweise abbildet, „das als Potential zu verstehen ist, zukünftig Gewinne zu erwirtschaften", Dicken (1999), S. 60.

- der Vergangenheitsbezug der Daten. Jahresabschlüsse bilden das betriebliche Geschehen einer abgelaufenen Periode ab und enthalten nur in begrenztem Maße zukunftsbezogene Informationen.[217] Sie sind lediglich in dem Maße zukunftsbezogen, in dem „aus der Analyse des Geschehens in der unmittelbaren Vergangenheit [...] Erkenntnisse für die Zukunft abgeleitet werden können“[218]. Bislang fehlt eine geschlossene Konzeption, die Schlussfolgerungen von der Ausprägung und Entwicklung einzelner Kennzahlen für die zukünftige Entwicklung des Unternehmens ermöglicht.[219]
- die Beeinflussbarkeit der Daten. In die Erstellung von Abschlüssen fließen bilanzpolitisch motivierte Entscheidungs- und Bewertungsgesichtspunkte des Managements ein.
- die mangelnde Aktualität der Daten. Insbesondere sich schnell verändernde Bestandspositionen wie beispielsweise Aktiva der untersten Liquiditätsstufe verlieren sehr schnell an Aktualität.
- die Unvollständigkeit der Datenbasis. Der Modellcharakter des Jahresabschlusses verhindert, dass die betriebliche Komplexität in ihrer Gesamtheit abgebildet werden kann. Insbesondere schwer oder nicht quantifizierbare respektive operationalisierbare Sachverhalte wie beispielsweise Abhängigkeitsverhältnisse von Kunden oder Lieferanten entziehen sich weitestgehend einer Darstellung durch den Jahresabschluss. Sie können allenfalls verbal im Anhang oder außerhalb des Jahresabschlusses im Lagebericht Berücksichtigung finden. Der Jahresabschluss enthält nur Geschäftsvorfälle, die der Pflicht zur buchhalterischen Erfassung unterliegen. Keine Berücksichtigung finden beispielsweise Auftragsbestände sowie nicht beanspruchte Kreditlinien.
- der Umfang der Daten. Die Pflichtbestandteile des Jahresabschlusses hängen von der Unternehmensgröße und der Rechtsform ab. Sie unterscheiden sich zudem nach der Art des Abschlusses.

Hauptgegenstand der quantitativen Jahresabschlussanalyse ist die Gewinnung und Auswertung von Informationen zur Beurteilung der Vermögens-,

---

[217] Beispielsweise muss der Lagebericht aufgrund der Vorschriften des HGB Informationen über die zukünftige Entwicklung und die damit verbundenen Risiken enthalten.

[218] Leffson (1987), S. 63.

[219] Vgl. dazu auch Fell (1994), S. 196 m. w. N. Ähnlich Littkemann/Krehl (2000), S. 30 mit einem weiteren Nachweis und S. 32; Schiller/Tytko (2001), S. 79 und Ruhnke (2005), S. 680 m. w. N.

Finanz- und Ertragslage des Unternehmens.[220] Das klassische und traditionelle Instrumentarium sind Kennzahlen zur finanz- und erfolgswirtschaftlichen Unternehmensanalyse, wobei es in Theorie und Praxis keine einheitliche Auffassung hinsichtlich Art, Inhalt und Definition der zu analysierenden Kennziffern beziehungsweise verbindliche Handlungsempfehlungen zur Auswahl besonders aussagefähiger Kenngrößen gibt, so dass die eingesetzten Kennziffernkataloge kreditinstitutsspezifisch variieren.[221] Die in der Praxis eingesetzten Systeme sind damit durch eine Kennzahlenvielfalt und unterschiedliche Berechnungsmodalitäten gekennzeichnet.[222] In der Weiterentwicklung wird die Jahresabschlussanalyse häufig mit dem Instrumentarium der Krisen-/Insolvenzursachenforschung[223] und der Krisen-/Insolvenzprognose[224] verknüpft.

Die Darstellung der wirtschaftlichen Lage eines Unternehmens im Jahresabschluss wird in ganz entscheidendem Maße durch die Konventionen des Rechnungslegungssystems determiniert.

Mit dem Vorstoß der Europäischen Union zur Angleichung der Rechnungslegungsvorschriften in Europa an internationale Bilanzierungsgepflogenheiten[225] und der damit korrespondierenden Übernahme der International Accounting Standards (IAS) respektive International Financial Reporting Standards

---

[220] Vgl. Coenenberg (2005), S. 949. Pendant zur quantitativen Jahresabschlussanalyse ist die qualitative Analyse des Jahresabschlusses, vgl. dazu zum Beispiel Werner (1990), S. 369-376; Jäckel/Poppe (2000), S. 88-117 und Küting/Weber (2006 a), S. 394-416.

[221] Vgl. Meyer (2000), S. 19; Schiller/Tytko (2001), S. 79 und die Ergebnisse der Bankenumfrage aus dem Jahr 2002 bei Goldbach/Grabau/Hundt/Neitz (2002), S. 1216-1219. HAUSCHILDT spricht in diesem Zusammenhang von einem „Kennzahlendschungel", in dem der Stein der Weisen bisher noch nicht gefunden werden konnte, Hauschildt (1996), S. 3-8.

[222] Meyer (2000), S. 284. Zur Priorität einzelner Kennzahlen und Beurteilungsbereiche vgl. ebenda, S. 284-290.

[223] Vgl. dazu überblicksartig Schiller/Tytko (2001), S. 51-62. Zu empirischen Ergebnissen eines Teilbereiches dieser Forschungsrichtung, der qualitativen Krisen- und Insolvenzursachenforschung, vgl. Hesselmann (1995), S. 8-40.

[224] Vgl. zu einem Überblick zu den einzelnen Verfahren zum Beispiel Thiele/Lohmann (1995), S. 6-24. Zum Einsatz dieser Modelle in der Kreditpraxis vgl. Meyer (2000), S. 297 f. und die Ergebnisse der empirischen Studie zum Entwicklungsstand der Nutzung von Insolvenzprognoseverfahren bei der Kreditwürdigkeitsprüfung im Firmenkundenbereich von Günther/Grüning (2000), S. 39-59.

[225] In diesem Zusammenhang wird von einer neuen Rechnungslegungsstrategie (*new accounting strategy*) der Europäischen Union gesprochen, vgl. Europäische Kommission (1995) und Niehus (2001), S. 56.

(IFRS)[226] in europäisches Recht sind grundlegende Veränderungen der deutschen Rechnungslegung und somit auch der aus dem Jahresabschluss zu generierenden Informationen verbunden.[227]

Seit 1. Januar 2005 müssen gemäß Artikel 4 der IAS-Verordnung der Europäischen Union Gesellschaften, die dem Recht eines Mitgliedstaates unterliegen, für nach dem 1. Januar 2005 beginnende Geschäftsjahre ihre Konzernabschlüsse nach den von der EU übernommenen internationalen Rechnungslegungsstandards aufstellen, sofern am jeweiligen Bilanzstichtag ihre Wertpapiere in einem Mitgliedstaat zum Handel in einem geregelten Markt zugelassen sind.[228] Aufgrund der Notwendigkeit des Ausweises von Vorjahreszahlen müssen diese Unternehmen faktisch bereits seit 1. Januar 2004 nach IAS respektive IFRS bilanzieren. Für europäische, auch an Börsen außerhalb der EU gelistete Unternehmen, die nach US-GAAP beziehungsweise anderen internationalen Grundsätzen als den IFRS Rechnung legen oder die lediglich

226 Nach der Umstrukturierung des International Accounting Standards Committee (IASC) erfolgte mit der Entscheidung des neuen Board vom 1. April 2001 eine Umbenennung des IASC in International Accounting Standards Board (IASB) und der International Accounting Standards (IAS) für zukünftige Standards in International Financial Reporting Standards (IFRS), vgl. Verordnung (EG) Nr. 1606/2002 des Europäischen Parlaments und des Rates vom 19. Juli 2002 betreffend die Anwendung internationaler Rechnungslegungsstandards, Nummer 7.

227 Mit der Verordnung (EG) Nr. 1725/2003 der Kommission vom 29. September 2003 betreffend die Übernahme bestimmter internationaler Rechnungslegungsstandards in Übereinstimmung mit der Verordnung (EG) Nr. 1606/2002 des Europäischen Parlaments und des Rates hat die EU-Kommission mit Artikel 1 der Verordnung die internationalen Rechnungslegungsstandards bis auf wenige Ausnahmen übernommen. Der Begriff internationale Rechnungslegungsstandards umfasst die IAS, die IFRS, damit verbundene Auslegungen (SIC/IFRIC-Interpretationen), spätere Änderungen der Standards und künftige Standards einschließlich der damit verbundenen Auslegungen, welche vom IASB herausgegeben oder angenommen wurden, vgl. Verordnung (EG) Nr. 1606/2002 des Europäischen Parlaments und des Rates vom 19. Juli 2002 betreffend die Anwendung internationaler Rechnungslegungsstandards, Artikel 2. Framework, Basis of Conclusions und Implementation Guidances wurden nicht transformiert, da sie keine eigenständigen Standards darstellen; die EU-Kommission empfiehlt jedoch die Berücksichtigung der Anhänge zu den Standards, vgl. dazu und zu einem Überblick über das Komitologieverfahren Buchheim/Gröner/Kühne (2004), S. 1785.

228 Verordnung (EG) Nr. 1606/2002 des Europäischen Parlaments und des Rates vom 19. Juli 2002 betreffend die Anwendung internationaler Rechnungslegungsstandards, Artikel 4. Vgl. auch Busse von Colbe (2004), S. 2063.

Schuldverschreibungen am Kapitalmarkt emittieren, gilt ein Aufschub bis 2007.[229]

Zwar ist durch diese Regelung nur ein vergleichsweise geringer Teil der Unternehmen der Bauwirtschaft in Deutschland betroffen. Gemäß Artikel 5 der IAS-Verordnung der EU-Kommission liegt es im Ermessen des jeweiligen Mitgliedstaates, die Anwendung der IAS beziehungsweise IFRS für den konsolidierten Abschluss weiterer Unternehmen und/oder den Einzelabschluss zu erlauben oder vorzuschreiben.[230] Das Gesetz zur Einführung internationaler Rechnungslegungsstandards und zur Sicherung der Qualität der Abschlussprüfung (Bilanzrechtsreformgesetz – BilReG) vom 4. Dezember 2004 gestaltet dieses Wahlrecht in Deutschland wie folgt aus:

- Nicht kapitalmarktorientierte deutsche Unternehmen können gemäß § 315 a Absatz 3 HGB ihre konsolidierten Abschlüsse wahlweise nach HGB oder IFRS aufstellen.
- Es ist sämtlichen Unternehmen freigestellt, zusätzlich zum HGB-Einzelabschluss einen IFRS-Einzelabschluss zu Informationszwecken zu erstellen.[231] Diejenigen Unternehmen, die ihren Einzelabschluss offen legen müssen, können gemäß § 325 Absatz 2 a HGB ihren IFRS- anstelle des HGB-Abschlusses im Bundesanzeiger veröffentlichen.

Es ist davon auszugehen, dass ein dauerhaftes Nebeneinander von HGB- und IAS/IFRS-Abschlüssen vom deutschen Gesetzgeber nicht angestrebt wird, so dass es aus langfristiger Betrachtungsperspektive zu einer weiteren Anpassung der Rechnungslegungssysteme kommen wird.[232] In Zukunft werden externe Analytiker daher in verstärktem Maße IFRS-Abschlüsse zu analysieren haben.

---

[229] Verordnung (EG) Nr. 1606/2002 des Europäischen Parlaments und des Rates vom 19. Juli 2002 betreffend die Anwendung internationaler Rechnungslegungsstandards, Artikel 9 und Adler/Düring/Schmaltz (2002), Abschnitt 1: Konzeptionelle Grundlagen, Rn. 5.

[230] Verordnung (EG) Nr. 1606/2002 des Europäischen Parlaments und des Rates vom 19. Juli 2002 betreffend die Anwendung internationaler Rechnungslegungsstandards, Artikel 5.

[231] Oehler (2005), S. 19. Vgl. zur Anwendbarkeit der IAS/IFRS im Einzelabschluss auch die Stellungnahme des IDW, Institut der Wirtschaftsprüfer in Deutschland e. V. (2001 a), S. 665. Schulze-Osterloh (2004), S. 2567-2570 empfiehlt nicht die Übernahme der IAS/IFRS im Hinblick auf den Einzelabschluss, sondern plädiert für eine eigenständige Reform des Handelsbilanzrechts (insbesondere Abschaffung von Wahlrechten und Aufgabe der umgekehrten Maßgeblichkeit).

[232] So auch Peemöller/Spanier/Weller (2002), S. 1801.

Die wesentlichste Position in der Baubilanz sind die unfertigen Bauten.[233] Ein weiteres, die Abschlussanalyse beeinflussendes Merkmal ist, dass Wertschöpfungsleistungen in Kooperation erbracht werden, wobei die typische Form die Bauarbeitsgemeinschaft darstellt.

Bevor die Bilanzierungsweisen von unfertigen Bauten und Bauarbeitsgemeinschaften nach beiden Rechnungslegungssystemen dargestellt werden, soll der Betrachtungsbereich abgesteckt werden.[234] Wie aus Abbildung 23 hervorgeht, können Immobilien für fremde Dritte oder das eigene Unternehmen erstellt werden. Im letzteren Fall ist bei der Bilanzierung danach zu differenzieren, ob das Bauwerk mit der Absicht der zukünftigen Eigennutzung, der zukünftigen Veräußerung oder des Haltens als Finanzanlage hergestellt wird. Die Bilanzierung dieser drei Alternativen soll nicht Gegenstand der weiteren Betrachtungen sein, sondern die Auftragsfertigung für fremde Dritte in Eigenregie oder in Kooperation mit anderen Unternehmen, da sie häufiger als die Fertigung für das eigene Unternehmen anzutreffen ist.

---

[233] Vgl. dazu Kapitel 3.4.1 und 3.4.3 der Arbeit.

[234] Auf Abweichungen zwischen beiden Rechnungslegungssystemen im Hinblick auf die Angabepflichten soll nicht eingegangen werden.

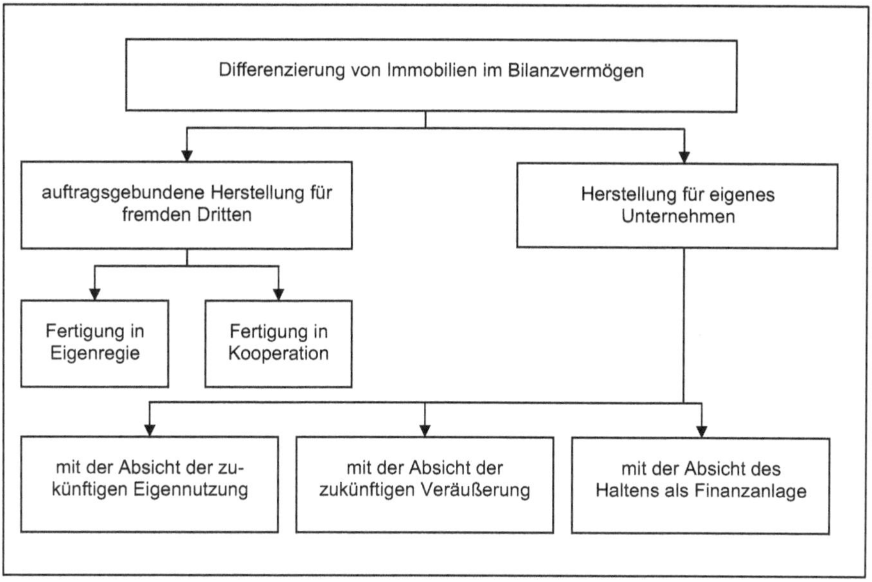

Abbildung 23: Immobilien im Bilanzvermögen

Quelle: Eigene Darstellung

4.2 Bilanzierungsmerkmale der Bauleistung

Eine reine Bauleistung beinhaltet das Erbringen von Leistungen, die der Herstellung, Instandhaltung, Änderung oder Beseitigung von baulichen Anlagen dienen.[235] Aus juristischer Sicht wird unter Bauleistung das im Vertrag und seinen Bestandteilen fest geschriebene herzustellende Werk – das sogenannte Bausoll – verstanden, das durch Bauarbeiten zu erbringen ist.[236] Da sich die Ausführung von Bauleistungen in der Regel über mehrere Rechnungslegungsperioden erstreckt, ist ein für die Bilanzierung relevantes Merkmal die Langfristigkeit des Fertigungsprozesses.

Bei der Erstellung von Bauleistungen handelt es sich zudem um individuelle Anfertigungen, da Bauwerke speziell auf die Bedürfnisse des Kunden zuge-

[235] Vgl. § 1 VOB Teil A.

[236] Das Bausoll kann in qualitatives und quantitatives Bausoll untergliedert werden. Das qualitative Bausoll bezieht sich auf die Art der Leistung, also auf den Bauinhalt (was ist vertragsgemäß zu bauen) und die Bauumstände (wie darf gebaut werden). Der Umfang der vertraglich geschuldeten Leistung wird durch das quantitative Bausoll, also die Menge (wie viel soll gebaut werden), bestimmt.

schnitten sind und nach dessen Vorgaben an dem von ihm gewählten Standort errichtet werden. Sie wiederholen sich in dieser Art und Weise – abgesehen von wenigen Ausnahmen – nicht und können somit durchaus als Prototypen bezeichnet werden.

Neben diesen beiden Merkmalen ist für die Bilanzierung und damit auch für die Kreditwürdigkeitsprüfung die Problematik des Schwebezustandes von baubezogenen Fertigungsprozessen von Bedeutung.

4.2.1 Erstellung von Bauleistungen als langfristiger Fertigungsprozess

Im Hinblick auf die deutschen Rechnungslegungsnormen erfolgt keine exakte begriffliche Bestimmung des Terminus der Langfristigkeit im Sinne einer absoluten Zeitangabe. Im Fachschrifttum existiert bislang ebenfalls kein einheitlicher Definitionsansatz. Zur Strukturierung der Problematik ist es daher angebracht, die Determinanten der Langfristigkeit von Bauprozessen einer genaueren Betrachtung zu unterziehen (vgl. Abbildung 24).

Die Fertigungsdauer eines Bauwerkes bestimmt sich aus zeitlicher Perspektive sowohl nach internen Faktoren wie beispielsweise technologisch-physikalischen Abhängigkeiten und dem kritischen Weg einer Baustelle als auch nach externen Faktoren wie zum Beispiel Witterungseinflüssen und Beeinflussungen der zeitlichen Dauer eines Bauvorhabens durch kundenseitige Modifikationen nach Bauvertragsabschluss.

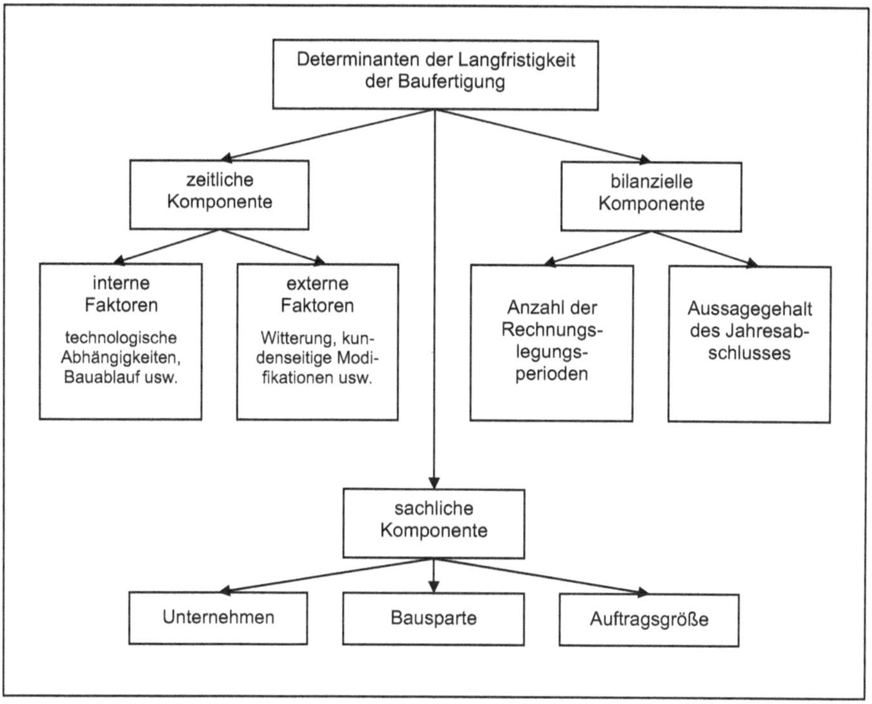

Abbildung 24: Bestimmungsfaktoren zur Definition der Langfristigkeit

Quelle: In Anlehnung an und Weiterentwicklung zu Weber (1979), S. 304

Unter sachlichen Gesichtspunkten ist die Dauer eines Bauauftrages von der Größe des Unternehmens, dem Verhältnis von beanspruchter und verfügbarer Fertigungskapazität sowie der unternehmerischen Leistungsfähigkeit,[237] aber auch von der Bausparte und der Auftragsgröße abhängig. In diesem Zusammenhang ist jedoch anzumerken, dass in der Baubranche die Ausführungszeiten zumeist auftraggeberseitig vorgegeben sind,[238] Kapazitätsengpässe beispielsweise durch Zukauf von Fremdleistungen überwunden werden können und Know-how-Defizite zum Beispiel über Kooperationen ausgleichbar sein können.

Obwohl der Betrachtung der Langfristigkeit von Fertigungsprozessen unter bilanziellen Gesichtspunkten im Schrifttum große Aufmerksamkeit gewidmet

[237] Vgl. dazu Bodarwé (1971), S. 1973; Schmidt/Meyer (1975 a), S. 68 und Stewing (1990), S. 100.

[238] Dies rührt daher, dass die Planung in der Regel nicht vom ausführenden Unternehmen selbst, sondern von externen Architektur- und Ingenieurbüros erstellt wird.

wird, konnte sich noch nicht auf eine einheitliche Definition verständigt werden. Einige Autoren plädieren dafür, dass Fertigungsaufträge dann als langfristig im bilanziellen Sinne gelten, wenn sie zwei oder mehrere Geschäftsjahre respektive Rechnungslegungsperioden beeinflussen.[239] Andere Autoren betrachten Fertigungsaufträge dann als langfristig, wenn sie sich über einen oder mehrere Abschlussstichtage hinaus erstrecken[240] oder wenn zwischen Herstellungsbeginn und Abnahme mindestens ein Bilanzstichtag liegt und es demzufolge auf das Stichtagsübergreifende ankommt.[241] Letztendlich unterscheiden sich beide Betrachtungsweisen inhaltlich nicht wesentlich voneinander, die erste ist zeitraumbezogen und die zweite stichtagsbezogen.

Da auch kurzfristige Fertigungsprozesse durchaus zwei Geschäftsjahre berühren können,[242] wird im Schrifttum ebenfalls die Meinung vertreten, dass zu einer deutlicheren Abgrenzung der unfertigen Erzeugnisse und Leistungen aus langfristiger Fertigung von denen aus vergleichsweise kurzfristiger Fertigung nur solche Herstellungsprozesse als langfristig erachtet werden sollten, die sich über mindestens zwei Bilanzstichtage erstrecken, das heißt, die eine Auftragsabwicklung von mindestens einem Jahr beinhalten.[243] Aus der vielschichtigen Diskussion, wie viele Rechnungslegungsperioden von der langfristigen Fertigung betroffen sein sollten oder wie viele Bilanzstichtage zu berühren sind, damit ein Fertigungsprozess als langfristig zu bezeichnen ist, wird offensichtlich, dass dieses Kriterium wenig zielführend ist.[244]

Die Abgrenzung langfristiger von kurzfristigen Fertigungsprozessen wird im bilanziellen Kontext daher auch anhand des Aussagegehaltes des Jahresabschlusses vorgenommen, das heißt, es wird darauf abgestellt, inwieweit die

---

239 Schmidt/Meyer (1975 a), S. 68; Paal (1977), S. 12 f.; Schindlbeck (1988), S. 5; Schmid/Walter (1994), S. 2353 und Kohl (1994), S. 50, der diese Meinung als „eine in der Literatur sich verfestigende Meinung" bezeichnet.

240 Böhmer (1982), S. 8 und Busse von Colbe (1992), Spalte 1197.

241 Baetge/Kirsch/Thiele (2005), S. 685.

242 Auch bei kurzfristiger Fertigung entstehen unfertige Erzeugnisse beziehungsweise Leistungen, die dann notwendigerweise im Jahresabschluss abzubilden sind.

243 Vgl. zum Beispiel Wenk (1997), S. 23 und S. 25; Richter (2000), S. 144 und Marx/Löffler (2004), Rn. 1 und Rn. 4. Bei ADLER/DÜRING/SCHMALTZ muss sich der Fertigungsprozess über die Dauer eines Geschäftsjahres hinaus ziehen, Adler/Düring/Schmaltz (1998), § 252 HGB Rn. 88. Ähnlich Weber (1979), S. 309 und Häring (1987), S. 6. RISSE konstatiert, dass sich diese Ansicht als herrschende Meinung in Deutschland abzeichnet, Risse (1996), S. 146 f.

244 Ähnlicher Auffassung ist Zieger (1990), S. 149 f.

Regeln zur Abbildung des Fertigungsprozesses im Jahresabschluss zu einer wesentlichen Beeinträchtigung von dessen Aussagefähigkeit führen.[245] In diese Betrachtung spielen in entscheidendem Maße der Zeitpunkt der Gewinnrealisierung, das Verhältnis zwischen Auftrags- und Unternehmensgröße sowie der Anteil stichtagsübergreifender im Vergleich zu kurzfristiger Bauproduktion hinein. Bei kurzfristiger Bauproduktion, das heißt Bauprojekten, die in einer Rechnungslegungsperiode begonnen und abgeschlossen werden, stellt sich die Problematik der bilanziellen Darstellung und des Gewinnrealisierungszeitpunktes nicht.

Im Kontext der IFRS spielt die zeitliche Komponente nur eine untergeordnete Rolle. Es gibt lediglich einen Hinweis darauf, dass Beginn und Abnahme von Fertigungsaufträgen in der Regel in unterschiedliche Berichtsperioden fallen.[246] Die Dauer der Auftragsabwicklung ist daher kein Kriterium für die Charakterisierung und Abgrenzung von Fertigungsaufträgen.[247]

In der vorliegenden Arbeit soll dem Kriterium der Langfristigkeit keine tragende, aber eine gleichberechtigte Rolle neben den beiden anderen Merkmalen der Bilanzierung der Bauleistung zuteil werden. Das Kriterium der Langfristigkeit erlangt insbesondere dann Bedeutung, wenn es um die Vornahme verlässlicher Schätzungen auf das Bauende geht.

4.2.2 Bauleistungen als kundenspezifische Unikate

Da die Fertigung von Bauleistungen nicht für einen anonymen Markt stattfindet, ist dem Produktionsprozess der Absatzprozess vorgelagert.[248] Im Schrifttum wird diesbezüglich oft von Auftragsfertigung gesprochen.

---

[245] Vgl. dazu zum Beispiel Bodarwé (1971), S. 1973; Schmidt/Meyer (1975 a), S. 68; Paal (1977), S. 12 f.; Weber (1979), S. 301 f. m. w. N.; Schindlbeck (1988), S. 5-7 und Zieger (1990), S. 173 und S. 387.

[246] Vgl. die zu Beginn von IAS 11 formulierte Zielsetzung und Adler/Düring/Schmaltz (2002), Abschnitt 16: Fertigungsaufträge, Rn. 12 und Rn. 38.

[247] Institut der Wirtschaftsprüfer in Deutschland e. V. (1999), S. 594; Adler/Düring/Schmaltz (2002), Abschnitt 16: Fertigungsaufträge, Rn. 12. Ähnlich Seeberg (2003), Rn. 3; Ruhnke (2005), S. 589; Wagenhofer (2005), S. 271 und Lüdenbach (2006 a), Rn. 6.

[248] Aufgrund der Verlagerung der Absatzkomponente vor die Beschaffungs- und Produktionskomponente wird in der Literatur auch von einem umgekehrten Phasenverlauf im Vergleich zur auftragslosen Massenproduktion gesprochen, vgl. zum Beispiel Buhleier (1997), S. 31.

Der Begriff Auftragsfertigung beinhaltet die Festlegung von Art, Menge und zeitlicher Verteilung der Produktion in Abhängigkeit von den akquirierten Kundenaufträgen.[249] Bei derartigen Aufträgen herrscht bei Vertragsabschluss Unsicherheit in Bezug auf eine Veränderung der Produktionsbedingungen sowie der auftragsbezogenen Kosten und Erlöse.[250]

Im Kontext der IFRS beinhalten *construction contracts* zwischen Auftraggeber und Auftragnehmer spezifisch ausgehandelte vertragliche Vereinbarungen, in denen sich der Auftragnehmer dazu verpflichtet, die Bauleistung entgeltlich nach den Spezifikationen des Auftraggebers zu erbringen:[251]

„A construction contract is a contract specifically negotiated for the construction of an asset or a combination of assets that are closely interrelated or interdependent in terms of their design, technology and function or their ultimate purpose or use."[252]

Ein wichtiges Kriterium für das Vorliegen eines *construction contract* ist somit die Auftragsbezogenheit der Leistungen,[253] das heißt, es muss sich um kundenspezifische Einzelfertigung handeln und nicht um eine homogene, standardisierte Geschäftstätigkeit.

Ein bedeutendes, aus der Auftragsfertigung resultierendes und die Komplexität noch verstärkendes Merkmal ist, dass die vertraglich vereinbarte Bauleistung nach Vertragsabschluss beziehungsweise während der Ausführung häufig modifiziert wird oder der Bauablauf Störungen wie zum Beispiel Behinderungen oder Unterbrechungen unterliegt. Vertragliche Modifikationen und Störungen des Bauablaufes können Nachtragsvereinbarungen nach sich ziehen und somit die bilanzierungsrelevante Bauleistung beeinflussen. Das Nachtragsvolumen beträgt durchschnittlich circa elf Prozent der gesamten jährlichen Bauleistungssumme eines Unternehmens.[254]

---

[249] Riebel (1965), S. 666 und Stein (1978), S. 14.

[250] Vgl. Stein (1978), S. 15.

[251] Ähnlich Selchert/Lorchheim (1998), S. 4.

[252] IAS 11.3.

[253] Vgl. Adler/Düring/Schmaltz (2002), Abschnitt 16: Fertigungsaufträge, Rn. 8.

[254] Diese Größe dient lediglich als grober Anhaltspunkt. Sie entstammt einer Erhebung bei 33 Unternehmen der Bauwirtschaft; in den Nachtragsbegriff wurden Mengenänderungen, geänderte und zusätzliche Leistungen sowie Schadenersatzansprüche einbezogen, Kattenbusch/Kuhne (2002), S. 43.

Änderungen der Bauleistung durch Modifikationen des Bauvertrages nach VOB Teil B

Unter Modifikationen des Bauvertrages werden Veränderungen der ursprünglich vertraglich vereinbarten Leistung verstanden. Diese betreffen insbesondere Mengenabweichungen sowie nach Vertragsabschluss durch den Auftraggeber angeordnete geänderte und zusätzliche Leistungen.

Mengenabweichungen können in Form einer Mengenüberschreitung oder einer Mengenunterschreitung vorkommen. Sie beruhen nicht auf einer Anordnung des Auftraggebers und machen etwa 13 Prozent der Nachträge aus.[255] Beim Einheitspreisvertrag sind sie geradezu unvermeidbar, weil die Mengenangaben im Leistungsverzeichnis häufig auf einer Schätzung des Ausschreibenden beruhen. Weitere Gründe für eine Abweichung zwischen ausgeschriebener und ausgeführter Menge können unter anderem eine fehlerhafte Ermittlung der Mengen oder fehlende Ausführungspläne sein. Bei einem Pauschalvertrag sind ebenfalls Mengenabweichungen möglich. Da der Auftragnehmer das Mengenermittlungsrisiko trägt, liegen auftretende Mengenänderungen, die nicht auf einer Anordnung des Auftraggebers beruhen, in seinem Risikobereich. Demzufolge hat er im Regelfall keinen Anspruch auf eine Anpassung der Vergütung.[256]

Der Auftraggeber ist gemäß § 1 Nummer 3 und Nummer 4 VOB Teil B dazu berechtigt, Änderungen des Bauentwurfs anzuordnen und Leistungen, die nicht vereinbart, aber zur Ausführung der vertraglichen Leistung erforderlich sind, auf den Auftragnehmer ohne dessen Zustimmung zu übertragen.[257] Bei geänderten Leistungen entfällt entweder ein Leistungselement oder es tritt ein anderes hinzu oder ein ursprünglich vertraglich geschuldetes Leistungselement wird ersetzt. Bei zusätzlichen Leistungen geht es um die Ausführung von neuen, bisher im Vertrag nicht vorgesehenen Leistungen. Als zusätzliche Leistung kann demnach nur solch eine Leistung gelten, die nicht schon ohnehin

---

[255] Diese Größe dient lediglich als grober Anhaltspunkt. Sie entstammt einer Erhebung bei 33 Unternehmen der Bauwirtschaft; in den Nachtragsbegriff wurden Mengenänderungen, geänderte und zusätzliche Leistungen sowie Schadenersatzansprüche einbezogen, Kattenbusch/Kuhne (2002), S. 42.

[256] Eine Ausnahme bildet eine Änderung beziehungsweise ein Wegfall der Geschäftsgrundlage.

[257] Eine Ausnahme bilden Leistungen, auf die der Betrieb des Auftragnehmers nicht eingerichtet ist.

vertraglich geschuldet ist. Geänderte Leistungen betreffen circa 33 Prozent der Nachträge, zusätzliche Leistungen etwa 46 Prozent.[258]

Änderungen der Bauleistung durch Störungen des Bauablaufes

Von einem gestörten Bauablauf wird gesprochen, wenn in der Phase der Bauausführung unerwartete Vorkommnisse beziehungsweise den Vertragsparteien bei Vertragsabschluss nicht bekannte Einflüsse auftreten, die auf die Produktionsfaktoren einwirken und somit den geplanten Bauablauf beeinflussen, das heißt, ihn insbesondere erschweren oder verzögern.

Eine Störung ist abzugrenzen von geringfügigen, unvermeidbaren Ablaufschwankungen einzelner Vorgänge innerhalb eines bestimmten Streubereiches. Dahingegen gehören Verzögerungen, Unterbrechungen, eine Verschiebung des Baubeginns und Behinderungen zu möglichen Störungen des Bauablaufes.[259]

Eine Verzögerung liegt vor, wenn einzelne Vorgangsdauern zeitlich überschritten werden. Dabei muss es nicht zwangsläufig zu einer Verschiebung vereinbarter Termine kommen. Tritt während der Bauausführung ein vorübergehender Stillstand der Arbeitstätigkeit ein, handelt es sich um eine Unterbrechung. Eine Verschiebung des Baubeginns liegt vor, wenn es zu Beginn der Bauausführung zu einem Stillstand der Arbeitstätigkeit kommt. Unter einer Behinderung ist ein tatsächliches oder rechtliches Ereignis zu verstehen, das den geplanten Bauablauf vorübergehend erschwert oder verlangsamt und sich dadurch negativ auf die vertraglich vereinbarte Bauzeit auswirkt.

Störungen im Bauablauf können verursacht werden durch Umstände, die auftraggeberseitig, auftragnehmerseitig oder von keiner Partei zu vertreten sind. Dabei ist ein Überschneiden einzelner Ursachen nicht ausgeschlossen, was wiederum zu einer deutlichen Verkomplizierung bei der Anspruchsberechnung führt.

Zu den aus der Sphäre des Auftraggebers stammenden Ursachen gehören neben nachträglichen Änderungen des Bauvertrages auch Behinderungen in

---

[258] Diese Größen dienen lediglich als grober Anhaltspunkt. Sie entstammen einer Erhebung bei 33 Unternehmen der Bauwirtschaft; in den Nachtragsbegriff wurden Mengenänderungen, geänderte und zusätzliche Leistungen sowie Schadenersatzansprüche einbezogen, Kattenbusch/Kuhne (2002), S. 42.

[259] Vgl. Mitschein (1999), S. 69 f.

der Ausführungsphase in Form von verspäteten Bereitstellungen (zum Beispiel Baugenehmigung, Ausführungspläne), fehlerhaften Unterlagen (zum Beispiel Pläne) oder sonstigen Behinderungen (zum Beispiel fehlende oder fehlerhafte Vorleistungen, fehlende Wasser- und Energieversorgung, fehlende Arbeits- und Lagerflächen).

Vom Auftragnehmer zu vertretende Störungen können ihren Ursprung beispielsweise in einer nicht ausreichenden Arbeitsvorbereitung, einer defizitären Bereitstellung von Kapazitäten oder einer mangelhaften Organisation und Logistik haben.

Zu den verschuldensunabhängigen hindernden Umständen gehören unter anderem Streik und Aussperrung, höhere Gewalt oder andere für den Auftragnehmer unabwendbare Umstände.[260]

Ein gestörter Bauablauf kann der Auslöser für unterschiedliche Arten von Mehrkosten sein. Schadenersatzansprüche, die auf gestörte Bauabläufe zurückgehen, umfassen circa acht Prozent der Nachträge.[261]

4.2.3 Verträge über Bauleistungen als schwebende Geschäfte

Schwebende Geschäfte sind synallagmatische Austauschbeziehungen zwischen Wirtschaftssubjekten, die zwar vertraglich eingeleitet, aber noch nicht endgültig abgeschlossen sind, so dass über den Ausgang des Vorganges noch Unsicherheit herrscht.[262] Der Begriff synallagmatische Austauschbeziehungen impliziert, dass für jede Vertragspartei sowohl ein vertraglicher Anspruch als auch eine vertragliche Verpflichtung besteht.

Der spätest mögliche Zeitpunkt für den Beginn des schwebenden Geschäftes bei der Erstellung von Bauten ist der Abschluss des Bauvertrages. Genau genommen ist ein schwebendes Geschäft bereits zu dem Zeitpunkt anzunehmen, zu dem der Auftragnehmer ein bindendes Angebot abgegeben hat, mit

---

[260] Vgl. Mitschein (1999), S. 72.

[261] Diese Größe dient lediglich als grober Anhaltspunkt. Sie entstammt einer Erhebung bei 33 Unternehmen der Bauwirtschaft; in den Nachtragsbegriff wurden Mengenänderungen, geänderte und zusätzliche Leistungen sowie Schadenersatzansprüche einbezogen, Kattenbusch/Kuhne (2002), S. 42.

[262] Vgl. Friederich (1976), S. 18 m. w. N.

dessen Annahme ernsthaft gerechnet werden kann.[263] Somit ist zweifelsohne mit der Annahme des vom Auftragnehmer verbindlich erstellten Angebotes durch den Auftraggeber innerhalb der Angebotsbindefrist – zum Beispiel mittels einer Auftragsbestätigung oder Zuschlagserteilung – der Beginn des schwebenden Geschäftes zu deklarieren, denn bereits zu diesem Zeitpunkt haben sich beide Seiten rechtlich verpflichtet.[264] Bei der Bestimmung des Abschlusszeitpunktes des schwebenden Geschäftes, das heißt des Zeitpunktes der Vertragserfüllung, gehen im Schrifttum die Meinungen auseinander (vgl. Abbildung 25).[265]

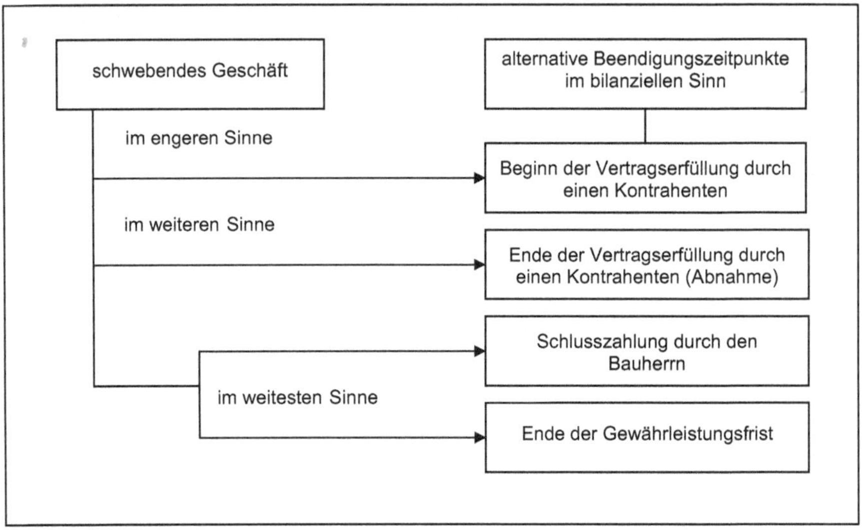

Abbildung 25: Begriffliche Abgrenzung der Beendigung schwebender Geschäfte

Quelle: Eigene Darstellung

Das „schwebende Geschäft im engeren Sinne" endet, sobald eine Vertragspartei mit der Leistungserfüllung begonnen hat, wenn also zum Beispiel der

---

[263] Vgl. Institut der Wirtschaftsprüfer in Deutschland e. V. (2000), S. 717.

[264] Vgl. dazu Friederich (1976), S. 18 f.; Heddäus (1997), S. 45 f. m. w. N. Ähnlich Ogiermann (1981), S. 19. Andere Autoren – wie beispielsweise VELLGUTH, BERGMANN, BIEG oder BAUER – meinen, dass das schwebende Geschäft erst in dem Zeitpunkt beginnt, in dem der Vertrag geschlossen wird, vgl. dazu Kohl (1994), S. 63 und die dort angegebene Literatur.

[265] Vgl. dazu Friederich (1976), S. 21-24; Weber (1979), S. 198-200; Kohl (1994), S. 63-66 und die dort angegebene Literatur; Heddäus (1997), S. 47 f. sowie Kümpel (2000), S. 69 f. und die dort angegebene Literatur.

Auftragnehmer die Bauarbeiten aufgenommen oder der Auftraggeber eine Vorauszahlung geleistet hat.

Das „schwebende Geschäft im weiteren (oder eigentlichen) Sinne" wird dann als beendet angesehen, wenn der zur Lieferung oder Leistung verpflichtete Partner seine Hauptleistung in Form der mangelfreien Erstellung des Bauwerkes oder selbständiger Teilleistungen davon erbracht hat. In diesem Fall entsteht im Anschluss an das Leistungsgeschäft ein Kreditgeschäft, das mit dem Zeitpunkt der Geldwerdung abgeschlossen wird.[266]

Das „schwebende Geschäft im weitesten (oder umfassenden) Sinne" endet, wenn beide Vertragsparteien vollständig erfüllt haben, das heißt, wenn der Auftraggeber seine Schlusszahlung geleistet hat beziehungsweise die Forderung wertberichtigt wurde und die Gewährleistungsfrist abgelaufen ist.[267] Mithin kann erst zu dem Zeitpunkt, zu dem sämtliche Verpflichtungen aus dem Bauvertrag von beiden Parteien erfüllt wurden, der Gesamterfolg einer Baumaßnahme risikofrei ermittelt werden.[268]

Angesichts der Dauer der Gewährleistungsfrist und der in der Praxis mitunter anzutreffenden langjährigen Auseinandersetzung über die Höhe des Schlusszahlungsbetrages und die Anerkennung von Nachtragsarbeiten ist das Kriterium der beiderseitigen vollständigen Vertragserfüllung für die bilanzielle Darstellung schwebender Geschäfte nicht sinnvoll. Die herrschende Meinung betrachtet daher das schwebende Lieferungs- oder Leistungsgeschäft mit der Erfüllung der Hauptleistung durch den Auftragnehmer als beendet. Bei langfristigen Fertigungsaufträgen ist dies der Zeitpunkt der Abnahme des fertig gestellten Baus oder selbständiger Teilleistungen davon durch den Auftraggeber.[269] Denn mit der Abnahme wird dokumentiert, dass der Auftragnehmer seine vertragliche Hauptverpflichtung erfüllt hat.

[266] Vgl. dazu Friederich (1976), S. 26 f. An- oder Vorauszahlungen beeinflussen den Schwebezustand des Lieferungs- oder Leistungsgeschäftes nicht, da sie reine Finanzierungssachverhalte darstellen, vgl. ebenda, S. 27.

[267] So auch Weber (1979), S. 200.

[268] Vgl. dazu auch Hinterecker (1987), S. 147. Ähnlich Euler (1989), S. 75, der seine Ausführungen branchenneutral vornimmt.

[269] Zu detaillierteren Ausführungen zur Abnahme vgl. zum Beispiel Siegburg (2000), Rn. 235-697 und Maire (2002), S. 54-72.

Die sich anschließende Vertragsabwicklung wird in der Literatur als unproblematisch betrachtet;[270] die sich daraus ergebenden Risiken können über Rückstellungen oder die Wertberichtigung von Forderungen im externen Rechenwerk berücksichtigt werden.

Die IFRS-Rechnungslegungsvorschriften kennen ebenfalls den Begriff schwebender Geschäfte. Für die Bilanzierung langfristiger Fertigungsaufträge gilt eine abweichende Regelung, da Teilgewinne bei Vorliegen bestimmter Bedingungen bereits gemäß Baufortschritt zu realisieren sind.

4.3 Bilanzierungsweisen der in Eigenregie erbrachten Bauleistung

4.3.1 Completed Contract-Methode

4.3.1.1 Grundlagen der Bilanzierung der Bauleistung

Im HGB gibt es keine speziellen Normen für die bilanzielle Behandlung von Bauaufträgen, die sich über mehrere Rechnungslegungsperioden erstrecken und am Bilanzstichtag noch nicht abgeschlossen sind. Daher sind die allgemeinen Grundsätze ordnungsmäßiger Buchführung und Bilanzierung (GoB) zugrunde zu legen.[271] Eine verbindliche Systematisierung dieser ergänzenden Rechtsnormen scheitert an deren Interdependenzen und Überschneidungen.[272] Eine in der Literatur weitgehend akzeptierte Systematisierung bildet das von LEFFSON entwickelte GoB-System.[273] Er unterscheidet zunächst nach Grundsätzen der Dokumentation und Grundsätzen der Rechenschaft. Erstere sollen gewährleisten, dass die Rechtsverhältnisse und Geschäftsvorfälle des Unternehmens zuverlässig und vollständig erfasst und dargestellt werden. Die Grundsätze der Rechenschaft differenziert LEFFSON nach „oberen“ und „unteren“ Grundsätzen. Zu den „oberen“ Grundsätzen zählt er Rahmengrundsätze, Abgrenzungsgrundsätze und ergänzende Grundsätze. Sie bilden das allgemeine Gerüst für die Ableitung der konkreten Vorschriften

---

[270] Zum Beispiel Friederich (1976), S. 31.

[271] Rogler/Jacob (2000), S. 2408. Ähnlich Krawitz (1997), S. 886 mit einem weiteren Nachweis.

[272] Coenenberg (2005), S. 38.

[273] Ebenda, S. 38.

zu Buchhaltung, Inventar sowie Bilanz und Gewinn- und Verlustrechnung für die „unteren" Grundsätze.

Die in Abbildung 26 dargestellten oberen Grundsätze der Rechenschaft werden durch die allgemeinen Voraussetzungen der Bilanzierung, das heißt die Postulate der Wesentlichkeit, Vergleichbarkeit, Unternehmensfortführung (*going concern*) und Periodisierung in vielfältiger Form tangiert.

Wesentlichkeit und Vergleichbarkeit sind Bedingungen jeder Informationsvermittlung. Das Prinzip der Wesentlichkeit (*materiality*) zielt auf Art und Bedeutung der Informationen ab. Das Postulat der Vergleichbarkeit wird durch den Grundsatz der Stetigkeit konkretisiert und stellt eine Norm dar, die durch die Konzeption der Handelsbilanz begründet ist.

Die Forderungen nach Unternehmensfortführung und Periodisierung finden sich ebenfalls in der handelsbilanziellen Konzeption wieder. Die Going concern-Prämisse beispielsweise ist in § 252 Absatz 1 Nummer 2 HGB kodifiziert. Sie beinhaltet die Bewertung unter der Annahme der Fortführung der Unternehmenstätigkeit, aus der die Anwendung des Anschaffungskostenprinzips resultiert.[274] Im Zusammenhang mit den Grundsätzen der Zurechnung zu Rechnungsperioden (Periodisierung) haben sich die Abgrenzungsgrundsätze herausgebildet.[275] Zu ihnen gehören das Realisationsprinzip, die Grundsätze der Abgrenzung der Sache und der Zeit nach und das Imparitätsprinzip.

Da die Grundsätze der Abgrenzung der Sache und der Zeit nach insbesondere bei der Bilanzierung langfristiger Auftragsfertigung dem Realisationsprinzip untergeordnet sind, wird im Folgenden nur auf Realisations- und Imparitätsprinzip näher eingegangen.

[274] Leffson (1987), S. 188.
[275] Ebenda, S. 189.

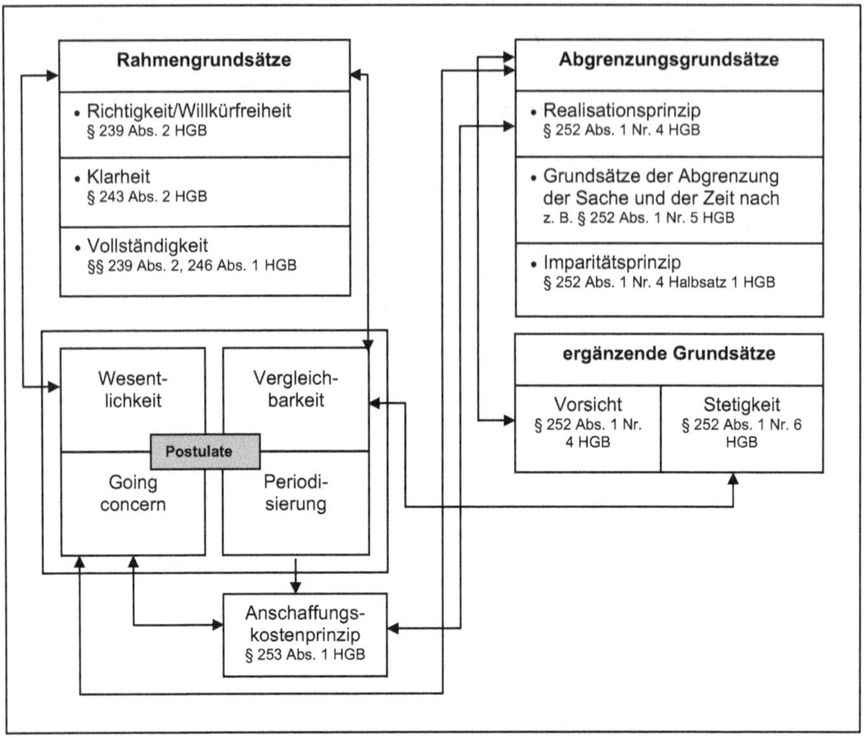

Abbildung 26: Obere Grundsätze der Rechenschaft

Quelle: Eigene Darstellung auf der Grundlage von Leffson (1987), S. 173-492

Realisations- und Imparitätsprinzip stehen in engem Zusammenhang zum Vorsichtsprinzip, denn der Grundsatz der Vorsicht wird inhaltlich vor allem durch diese beiden Prinzipien konkretisiert.[276] Die Grundgedanken beider Prinzipien finden sich bereits in einer Schrift von Jaques Savary aus dem Jahre 1675.[277] Damit wird deutlich, dass ihnen eine lange Tradition im kontinentaleuropäischen Rechnungslegungsraum zukommt.

Die Einordnung des Vorsichtsprinzips als ergänzender Grundsatz darf nicht über dessen Stellenwert im Rahmen der Grundsätze ordnungsmäßiger Buchführung hinwegtäuschen. Auch LEFFSON räumt ihm eine herausragende Bedeutung ein.[278] In seinem Kern beinhaltet es eine vorsichtige Bewertung der

[276] Gelhausen (1985), S. 65; Leffson (1987), S. 467 und Schröer (1998), S. 208.

[277] Leffson (1987), S. 174.

[278] Ebenda, S. 465.

Aktiva und Passiva eines Unternehmens in dem Sinne, dass Aktiva eher niedriger und Passiva tendenziell höher zu bewerten sind, das heißt „Schätzgrößen so festzulegen, dass nicht durch zu optimistische Schätzungen der Periodenerfolg möglicherweise zu hoch ausgewiesen wird“[279].

Die gesetzliche Kodifizierung des Realisationsprinzips erfolgte 1985 mit der Umsetzung der vierten EG-Richtlinie durch das Bilanzrichtliniengesetz und die damit verbundene Einfügung des Dritten Buches ins Handelsgesetzbuch. Seitdem ist es für sämtliche Unternehmen unabhängig von deren Rechtsform als Grundsatz ordnungsmäßiger Buchführung und Bilanzierung in § 252 Absatz 1 Nummer 4 HGB verankert.[280] Aufgrund der engen Verknüpfung zwischen Vorsichts- und Realisationsprinzip ist es im Sinne des Vorsichtsprinzips auszulegen.[281] Es besagt, dass Gewinne nur dann zu berücksichtigen sind, wenn sie am Abschlussstichtag durch Umsätze verwirklicht beziehungsweise bestätigt sind.[282] Gewinne, die dieser Anforderung nicht genügen, dürfen damit erst zu einem späteren Zeitpunkt bilanziert werden.[283]

Das Realisationsprinzip regelt den bilanziellen Wertansatz bis zur Gewinnrealisation sowie den Zeitpunkt der Gewinnrealisation.[284] Der Wertansatz ist auf der Grundlage des Anschaffungswert- beziehungsweise Anschaffungskostenprinzips zu ermitteln.[285] Dieses besagt, dass Vermögensgegenstände höchstens „mit den Anschaffungs- oder Herstellungskosten, vermindert um Abschreibungen“ anzusetzen sind (§ 253 Absatz 1 Satz 1 HGB). Es verlangt, die Anschaffungs- oder Herstellungskosten bis zur Realisation eines Umsatzes beizubehalten.[286]

Die Frage des Realisationszeitpunktes stellt sich insbesondere bei Geschäften, die über einen längeren Zeitraum abgewickelt werden und damit in

---

[279] Leffson (1987), S. 467.

[280] Schröer (1998), S. 121 f.

[281] Ebenda, S. 208. Zu den Interpretationen des Realisationsprinzips vgl. Siegel (1994), S. 1-10, der die bisherige Interpretation des Realisationsprinzips (sogenanntes klassisches Realisationsprinzip) der Neuinterpretation nach MOXTER gegenüberstellt.

[282] Insofern wird auch von einer umsatzbezogenen Gewinnermittlung gesprochen, vgl. zum Beispiel Buhleier (1997), S. 57.

[283] Winkeljohann/Geißler (2006), § 252 HGB Rn. 43 m. w. N.

[284] Leffson (1987), S. 247 und Krawitz (1997), S. 887.

[285] Zum Verhältnis von Realisationsprinzip und Anschaffungskostenprinzip vgl. zum Beispiel Gelhausen (1985), S. 38 und S. 48 sowie Schröer (1998), S. 208.

[286] Vgl. zum Beispiel Leffson (1987), S. 252-257 und Kohl (1994), S. 107.

mehreren Rechnungsabschlüssen abzubilden sind. Im deutschen Bilanzierungsverständnis hängt dieser Zeitpunkt eng mit der Sicherheit der Entstehung des Gewinns dem Grunde nach zusammen. Demnach kommt es darauf an, dass die zur Sach- oder Dienstleistung verpflichtete Partei ihre Leistung in der Form erbracht hat, dass ihr der Anspruch auf die Forderung der Gegenleistung so gut wie sicher ist.[287] Diese Quasisicherheit des Anspruchs auf die Gegenleistung fällt nach herrschender Meinung mit dem Zeitpunkt der Erbringung der (Haupt-)Lieferung respektive Leistung zusammen,[288] der wiederum mit Hilfe des Kriteriums des Überganges der Preisgefahr konkretisiert wird.[289]

Bei bauvertraglichen Konstellationen, denen typischerweise Werkverträge zugrunde liegen, geht die Preisgefahr im Zeitpunkt der Abnahme vom Auftragnehmer auf den Auftraggeber über.[290] Der Zeitpunkt der Gewinnrealisation bestimmt sich somit nach der Übergabe der fertigen Bauleistung an den Auftraggeber und der Abnahme durch ihn.[291] Abbildung 27 verdeutlicht schematisch, dass zu diesem Zeitpunkt ein Großteil der Risiken entfällt. Es bestehen noch ein Absatzrisiko in Form der Nichtanerkennung oder Nichtzahlung des Schlussrechnungsbetrages einschließlich Nachtragsarbeiten durch den Kunden und das Gewährleistungsrisiko.

---

[287] Vgl. Kohl (1994), S. 114 m. w. N. und Heddäus (1997), S. 47 f. m. w. N.

[288] Wenk (1997), S. 72 und S. 77 m. w. N. Vgl. dazu auch Winkeljohann/Geißler (2006), § 252 HGB Rn. 45 m. w. N. Der Zeitpunkt der Erbringung der Hauptleistung gilt in der Literatur als entscheidendes risikoveränderndes Ereignis, so zum Beispiel Gelhausen (1985), S. 134 f.; Lüders (1987), S. 16 und Schröer (1998), S. 211.

[289] Vgl. dazu zum Beispiel Gelhausen (1985), S. 162-166 und S. 186-189; Lüders (1987), S. 72-84 und S. 141; Euler (1989), S. 81-96 und S. 141; Kohl (1994), S. 119 f. m. w. N.; Euler (1996), S. 190 m. w. N. und Buhleier (1997), S. 69 f. Anderer Ansicht Wenk (1997), S. 146. Er meint, dass „mit dem Übergang der Preisgefahr im Hinblick auf das bestehende Auftragsverhältnis keine besonders erforderliche „Sicherheit" des Wertsprungs verbunden ist [...]." Zur Ansicht der Finanzrechtsprechung vgl. Euler (1989), S. 1 f. m. w. N.

[290] Vgl. zum Beispiel Lüders (1987), S. 79 und S. 81; Zieger (1990), S. 160-162; Kohl (1994), S. 121 f.; Buhleier (1997), S. 66 f. und Ellrott/Ring (2006), § 247 HGB Rn. 95.

[291] Vgl. Ogiermann (1981), S. 33; Busse von Colbe (1992), Spalte 1205; Buhleier (1997), S. 69 f. und Marx/Löffler (2004), Rn. 25.

Neben dieser herrschenden Meinung gibt es Vorschläge für alternative Realisationszeitpunkte. Die am häufigsten in der Literatur diskutierten sind der Zeitpunkt des Vertragsabschlusses und der Zeitpunkt, zu dem der Schuldner beziehungsweise Auftraggeber bezahlt hat.[292]

Wie Abbildung 27 zeigt, ist der Zeitpunkt des Abschlusses des Werkvertrages mit erheblichen Risiken verbunden:

- Absatzrisiko, zum Beispiel in Form des Kundenbonitätsrisikos oder Kundenerfolgsrisikos,[293]
- Beschaffungsrisiko, da die Beschaffung von Stoffen, Materialien, Mietgeräten und Nachunternehmern der Auftragserteilung zeitlich nachgelagert ist,
- Produktionsrisiko, zum Beispiel in Form von technischen Ausführungsrisiken oder Witterungsrisiken,
- Gewährleistungsrisiko, das eng mit den eingesetzten Stoffen und der qualitativen Ausführung in der Produktionsphase korrespondiert.

Der Zeitpunkt des Zahlungseinganges des Schlussrechnungsbetrages ist im Hinblick auf die Gewinnrealisation aus einem langfristigen Geschäft theoretisch sicherer als der Zeitpunkt der Abnahme. Die bis zur endgültigen Vertragsabwicklung noch verbleibenden Risiken wie das Delkredere- und Gewährleistungsrisiko können jedoch – wie bereits erwähnt – auf andere Weise bilanziell erfasst und abgebildet werden, beispielsweise über Rückstellungen.[294] Somit ist sich bei der Frage des Realisationszeitpunktes der herrschenden Meinung anzuschließen.

---

[292] Zur Diskussion alternativer Realisationszeitpunkte wie der Zeitpunkt des Vertragsabschlusses oder der Zeitpunkt des Zahlungseinganges vgl. Gelhausen (1985), S. 134 f.; Leffson (1987), S. 258-262 und Lüders (1987), S. 21-43 und S. 141. Im Hinblick auf den Zeitpunkt des Zahlungseingangs des Schlussrechnungsbetrages vgl. die ablehnende Argumentation bei Kohl (1994), S. 115-117.

[293] Das Kundenerfolgsrisiko beinhaltet die Gefahr, dass das Konzept des Kunden trotz einer qualitativ hochwertigen, termin- und kostengerechten Ausführung nicht den Markterfordernissen entspricht, woraus sich Abnahme- und Zahlungsprobleme ergeben können, Birtel (2000), S. 13.

[294] Vgl. Winkeljohann/Geißler (2006), § 252 HGB Rn. 45 und Kapitel 4.2.3 der Arbeit.

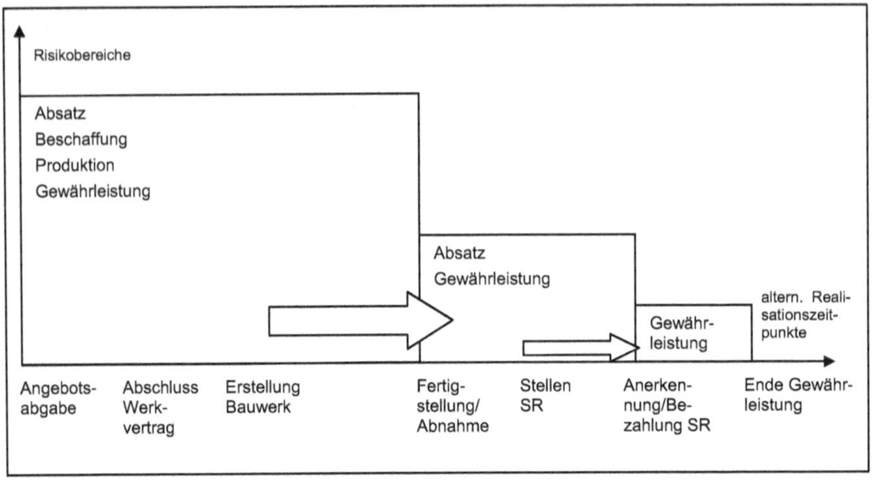

Abbildung 27: Risikoabbau bei der Erstellung von Bauten

Quelle: Eigene Darstellung

Das Imparitätsprinzip ist gesetzlich in § 252 Absatz 1 Nummer 4 Halbsatz 1 HGB verankert.[295] Es besagt, dass sämtliche, bis zum Abschlussstichtag verursachte, aber noch nicht eingetretene, vorhersehbare Risiken und Verluste im Jahresabschluss zu berücksichtigen sind. Vorhersehbar in diesem Sinne sind Risiken und Verluste, die mit einer Eintrittswahrscheinlichkeit unterlegt werden können, gegebenenfalls auf der Grundlage von Erfahrungswerten.[296] Im Hinblick auf Ereignisse, die nach dem Abschlussstichtag eintreten, gilt, dass nur wertaufhellende, nicht aber wertbeeinflussende Tatsachen zu berücksichtigen sind.[297]

Aus dem Imparitätsprinzip werden das in Einzelvorschriften verankerte Niederstwertprinzip (§ 253 HGB) und das Prinzip der Berücksichtigung drohender Verluste aus schwebenden Geschäften (§ 249 HGB) abgeleitet.[298] Beide werden an späterer Stelle ausgeführt.

---

[295] Zu näheren Ausführungen zum Imparitätsprinzip vgl. zum Beispiel Leffson (1987), S. 339-426.

[296] Vgl. dazu auch Winkeljohann/Geißler (2006), § 252 HGB Rn. 35.

[297] Vgl. dazu ausführlicher zum Beispiel ebenda, § 252 HGB Rn. 38 f.

[298] Adler/Düring/Schmaltz (1998), § 252 HGB Rn. 92; Winkeljohann/Geißler (2006), § 252 HGB Rn. 29 und Winnefeld (2006), E Rn. 70.

4.3.1.2 Bilanzierung dem Grunde nach

Für die bilanzielle Darstellung von Fertigungsaufträgen sind drei Phasen zu unterscheiden:[299]

(1) Phase zwischen Auftragserteilung und Baubeginn,
(2) Phase der Erstellung des Bauwerkes (unfertiger Bau),
(3) Phase nach der Abnahme des Bauwerkes (fertiger Bau).

Schwebende Geschäfte aus Phase eins werden grundsätzlich nicht in den Abschluss einbezogen, da im Handelsrecht der Grundsatz der Nichtbilanzierung von Ansprüchen und Verpflichtungen aus schwebenden Geschäften gilt.[300] Eine Ausnahme bilden schwebende Geschäfte, aus denen negative Erfolgsbeiträge drohen.[301] Dies ist Ausfluss des Imparitätsprinzips.[302]

Für Verluste, die sich zwischen Vertragsabschluss und Baubeginn bereits abzeichnen, ist handelsrechtlich eine Rückstellung für drohende Verluste aus schwebenden Geschäften zu bilden.[303] Die Pflicht zur Rückstellungsbildung ist dabei nicht zwingend an den Zeitpunkt des Vertragsabschlusses gebunden; sie kann bereits bei Abgabe eines bindenden Angebotes bestehen, mit dessen Annahme ernsthaft gerechnet werden kann.[304]

---

[299] Vgl. auch Hofer (2001), S. 635. Für die Behandlung vorvertraglicher Aufwendungen vgl. zum Beispiel Kümpel (2000), S. 82-84.

[300] Vgl. Kohl (1994), S. 72, S. 74-76 und S. 111 und die dort angegebene Literatur sowie Euler (1996), S. 185 m. w. N. Zu den unterschiedlichen Begründungen des Grundsatzes der Nichtbilanzierung schwebender Geschäfte vgl. Heddäus (1997), S. 48-62. Vgl. aber auch die Argumentation bei SCHINDLBECK und dessen Vorschläge zum Ausweis schwebender Geschäfte, Schindlbeck (1988), S. 75 f.

[301] Vgl. Friederich (1976), S. 7-11.

[302] Herzig/Köster (2005), Rn. 245.

[303] Hofer (2001), S. 635. Ähnlich Ellrott/Ring (2006), § 253 HGB Rn. 524. Zur Bildung von Drohverlustrückstellungen bei schwebenden Absatzgeschäften vgl. zum Beispiel Herzig/Köster (2005), Rn. 282-286. Zur Bemessung der Rückstellungshöhe vgl. zum Beispiel Hoyos/Ring (2006), § 253 HGB Rn. 169-174 m. w. N. und speziell für den Fall der langfristigen Auftragsfertigung Wenk (1997), S. 150-154. Steuerrechtlich ist die Bildung einer Rückstellung für drohende Verluste aus schwebenden Geschäften für nach dem 31. Dezember 1996 endende Wirtschaftsjahre nicht mehr zulässig, vgl. zum Beispiel Jacob/Heinzelmann (1998), S. 46 und Hofer (2001), S. 635. Die fehlende Bildung einer Rückstellung für drohende Verluste aus schwebenden Geschäften führt in der Handelsbilanz zu deren Nichtigkeit.

[304] Vgl. dazu Wenk (1997), S. 155 m. w. N. und Herzig/Köster (2005), Rn. 247. Ähnlich Adler/Düring/Schmaltz (1998), § 253 HGB Rn. 243 m. w. N. und Selchert (2006), § 252 HGB Rn. 93 m. w. N. WAGNER sieht ein bilanziell zu berücksichtigendes Risiko unter bestimmten Bedingungen bereits ab dem Zeitpunkt, zu dem der Auftrag „durch ein bindendes Angebot eingeleitet wurde“, Wagner (1989), S. 78 und S. 219.

Mit Beginn der zweiten Bilanzierungsphase ist zwischen schwebendem Geschäft und entstehendem Halbfabrikat zu differenzieren. Das in der Bilanz abzubildende, im Entstehen begriffene Bauwerk ist als Vermögensgegenstand anzusetzen. Der Bauunternehmer verliert zwar mit dem Einbau von Stoffen und Materialien respektive beweglichen Sachen gemäß § 946 BGB regelmäßig das Eigentum an diesen, weil sie gemäß §§ 93 und 94 BGB wesentlicher Bestandteil des Gebäudes und damit auch des Grundstückes werden. Da für den Bilanzansatz jedoch nicht die zivilrechtlichen, sondern die wirtschaftlichen Verhältnisse in Form der wirtschaftlichen Zugehörigkeit maßgeblich sind und der Bauunternehmer bis zur Abnahme die Gefahr des zufälligen Untergangs trägt und somit wirtschaftlicher Eigentümer bleibt,[305] ist der unfertige Bau auch bei einer Fertigung auf fremdem Grund und Boden als Vermögensgegenstand beim Bauunternehmen zu bilanzieren. Da die auftragsbezogene Erstellung von Bauten zum gewöhnlichen Geschäftsbetrieb eines Bauunternehmens gehört und das Bauwerk nicht zu einem dauerhaften Verbleib im Unternehmen bestimmt ist, ist der unfertige Bau dem Umlaufvermögen zuzuordnen. Der konkrete Ausweis erfolgt unter den Vorräten als unfertige Erzeugnisse/unfertige Leistungen (Bilanzposten B.I.2., vgl. § 266 Absatz 2 HGB).[306] Eine Mindermeinung betrachtet Bauten auf fremdem Grund und Boden als Forderungen; begründet wird diese Auffassung mit dem Eigentumsübergang auf den Bauherrn und der fehlenden „Vorrätigkeit“ dieser Vermögensgegenstände.[307]

Aus Gründen der Klarheit und Übersichtlichkeit sowie des besseren Verständnisses für den externen Bilanzleser ist ein branchenspezifischer Ausweis der unfertigen Erzeugnisse respektive unfertigen Leistungen aus langfristigen Fer-

---

[305] Vgl. dazu auch Hauptverband der Deutschen Bauindustrie e. V./Zentralverband des Deutschen Baugewerbes e. V. (Hrsg.) (1987), S. 93.

[306] Vgl. zum Beispiel Busse von Colbe (1992), Spalte 1202; Kohl (1994), S. 85-89; Adler/Düring/Schmaltz (1998), § 266 HGB Rn. 109; Rogler/Jacob (2000), S. 2408; Marx/Löffler (2004), Rn. 93; Dusemond/Heusinger/Knop (2006), § 266 HGB Rn. 72; Ellrott/Krämer (2006), § 266 HGB Rn. 96 und Ellrott/Ring (2006), § 247 HGB Rn. 65.

[307] Vgl. dazu Schmidt/Meyer (1975 b), S. 118; Stewing (1990), S. 102 f. und Ellrott/Ring (2006), § 247 HGB Rn. 65 m. w. N. Vgl. auch die Argumentation bei HOFER gegen einen Ausweis als Forderungen und für einen Ausweis unter den Vorräten, Hofer (2001), S. 636 f. Vgl. zur Ausweisdiskussion in der Baubilanz in der älteren Literatur zum Beispiel Weber (1979), S. 124-250 und in der neueren Literatur zum Beispiel Kohl (1994), S. 85-89.

tigungsaufträgen unter einer gesonderten Position bei den Vorräten zu befürworten.[308]

Fertig gestellte und abgenommene Bauten der Phase drei sind bei einem Verkauf auf Ziel auf der Aktivseite unter den Forderungen aus Lieferungen und Leistungen (Bilanzposten B.II.1., vgl. § 266 Absatz 2 HGB) auszuweisen.

Wird die Gewinn- und Verlustrechnung nach dem Gesamtkostenverfahren erstellt, das in der Bauwirtschaft als vorherrschend anzusehen ist,[309] bildet die Bestandsänderung den Gegenposten zum aktivierten Halbfabrikat. Umsatzerlöse werden erst zum Zeitpunkt der Abnahme in der Gewinn- und Verlustrechnung gezeigt. Demzufolge spiegelt die Position Umsatzerlöse die Bauleistung der betrachteten Periode nicht vollständig wider. Bei umsatzbezogenen Kennzahlen sind daher die Umsatzerlöse um die Bestandsänderung aus der Bewertung der sich noch in Ausführung befindenden Bauaufträge und auch um die anderen aktivierten Eigenleistungen zu ergänzen. Die Kosten des Bauauftrages werden unter den entsprechenden Aufwandspositionen erfasst.[310]

Im Zusammenhang mit dem Ausweis der unfertigen Aufträge stellen sich zwei bauspezifische kreditprüfungsrelevante Problembereiche: Der Zeitpunkt des Ausweises von Nachträgen und der Ausweis der erhaltenen Anzahlungen.

Bei den Nachträgen ist zwischen Nachträgen vor Bauabnahme und Nachträgen nach Bauabnahme zu differenzieren. Nach Vertragsabschluss aber noch vor der Abnahme auftretende Veränderungen des Bausolls sind dann unter den unfertigen Bauten auszuweisen, wenn sie vom Auftraggeber – aus Gründen der Beweissicherung – schriftlich bestätigt sind[311] und dafür bereits Aus-

---

[308] Zum Beispiel „in Arbeit befindliche Aufträge", „noch nicht abgerechnete Aufträge", „nicht abgerechnete Bauten", „in Ausführung befindliche (Bau-)Aufträge", „unfertige Arbeiten", „unfertige Bauten und Leistungen". So zum Beispiel Weber (1979), S. 248; Adler/Düring/Schmaltz (1998), § 266 HGB Rn. 98 und Rn. 109 und Ellrott/Ring (2006), § 247 HGB Rn. 65.

[309] Die Anwendung des Gesamtkostenverfahrens wird vom Hauptverband der Deutschen Bauindustrie e. V. und vom Zentralverband des Deutschen Baugewerbes e. V. präferiert, vgl. Hauptverband der Deutschen Bauindustrie e. V./Zentralverband des Deutschen Baugewerbes e. V. (Hrsg.) (1987), S. 131. Das Gesamtkostenverfahren wird auch bei der Bilanzierung nach IFRS angewendet, vgl. die IFRS-Konzernabschlüsse von Bilfinger Berger, Hochtief, Strabag und Züblin, Bilfinger Berger AG (2006), S. 81; Hochtief AG (2006), S. 92; Strabag AG (2006), S. 46 und Züblin AG (2006), S. 75.

[310] Laufende Kosten und Zweckaufwand unterscheiden sich letztendlich nur bei den kalkulatorischen Kosten (Anders- und Zusatzkosten), vgl. dazu auch Jacob/Winter/Stuhr (2003), Rn. 27 f.

[311] Vgl. Ogiermann (1981), S. 43. Ähnlich Wagner (1989), S. 135.

gaben getätigt wurden. Neue Erkenntnisse über zum Bilanzstichtag bestehende Nachträge sind als wertaufhellende Tatsachen bis zur Erstellung der Bilanz mit zu berücksichtigen.[312] Nach der Abnahme noch zu verhandelnde Nachträge fließen zu dem Zeitpunkt in die Umsatzerlöse ein, zu dem eine schriftliche Bestätigung des Auftraggebers vorliegt.

Der bilanziell verwendete Begriff der erhaltenen Anzahlungen muss in der Baubilanz differenziert betrachtet werden, da bauvertraglich Zahlungen für noch nicht erbrachte und Zahlungen für bereits erbrachte, nachgewiesene Leistungen vereinbart werden können.

Im ersten Fall handelt es sich betriebswirtschaftlich betrachtet um Vorauszahlungen, die für den Auftragnehmer finanziellen Verpflichtungscharakter haben, sofern die durch die Vorauszahlung abgedeckte Leistung von ihm nicht ordnungsgemäß erbracht werden kann. Aus juristischer Sicht hätte sich der Auftragnehmer ungerechtfertigt bereichert und wäre gemäß § 812 BGB zur Rückzahlung verpflichtet.[313] Im zweiten Fall handelt es sich um Abschlagszahlungen. Da ihnen ein Leistungswert gegenübersteht, haben sie nicht den Charakter einer finanziellen Verpflichtung, sondern eines finanziellen Ausgleichs für die ausgeführten Teilleistungen.[314]

Sowohl aus betriebswirtschaftlicher als auch aus juristischer Betrachtungsperspektive ist daher bei langfristiger Auftragsfertigung eine Unterscheidung in Vorauszahlungen beziehungsweise Anzahlungen im engeren Sinn und Abschlagszahlungen zu befürworten.[315] Der unterschiedliche Charakter dieser beiden Arten von Anzahlungen ist mit Auswirkungen auf den Ausweis in der Baubilanz verbunden.

Für Kapitalgesellschaften und bestimmte Personengesellschaften schreibt das Handelsrecht in § 268 Absatz 5 Satz 2 HGB vor, erhaltene Anzahlungen auf Bestellungen unter den Verbindlichkeiten gesondert auszuweisen, „soweit Anzahlungen auf Vorräte nicht von dem Posten „Vorräte“ offen abgesetzt werden“. § 268 HGB ist zwar grundsätzlich nur für Kapitalgesellschaften und Personengesellschaften, die die Voraussetzungen von § 264 a HGB erfüllen,

---

[312] Vgl. Ogiermann (1981), S. 42 f.

[313] Vgl. dazu auch Küting (2005), S. 15 mit einem weiteren Nachweis.

[314] Vgl. dazu auch ebenda, S. 14 f. und S. 17 oder Küting/Reuter (2006), S. 2.

[315] Vgl. dazu die Argumentation bei Küting (2005), S. 11-18 oder Küting/Reuter (2006), S. 1-3.

anzuwenden. Den übrigen Unternehmen bleibt jedoch eine Anwendung auf freiwilliger Basis vorbehalten.[316]

Aufgrund des finanziellen Verpflichtungscharakters von Vorauszahlungen ist ein passivischer Ausweis unter den „Erhaltenen Anzahlungen auf Bestellungen" (Bilanzposten C.3., vgl. § 266 Absatz 3 HGB) einem aktivischen offenen Absetzen vorzuziehen. Diese Vorgehensweise hat sich bei den Bauunternehmen als gängige Bilanzierungspraxis etabliert[317] und wird auch von den Unternehmen angewandt, die nicht der Vorschrift des § 268 Absatz 5 Satz 2 HGB unterliegen.

Abschlagszahlungen steht ein Vermögensgegenstand beziehungsweise -wert in Form des aktivierten Halbfabrikats gegenüber. Ihr Charakter als finanzielle Gegenleistung rechtfertigt ein offenes Absetzen von den Vorräten, da sie wirtschaftlich zu diesem Bilanzposten gehören.[318] Da das offene Absetzen der Abschlagszahlungen auf die Höhe der aktivierten Herstellungskosten für das Halbfabrikat begrenzt ist,[319] sind etwaige darüber hinausgehende Zahlungen passivisch unter den erhaltenen Anzahlungen auf Bestellungen auszuweisen.[320]

4.3.1.3 Bilanzierung der Höhe nach

In der Phase der Erbringung der Bauleistungen (Phase zwei) sind unfertige Bauten als eigen erstellte Gegenstände des Umlaufvermögens grundsätzlich mit ihren Herstellungskosten und einzeln zu bewerten.

Eine Legaldefinition für den Begriff der Herstellungskosten existiert im Handelsrecht nicht. In § 255 Absatz 2 Satz 1 HGB ist lediglich festgehalten, dass Herstellungskosten die Aufwendungen sind, die durch den Verbrauch von Gütern und die Inanspruchnahme von Diensten für die Herstellung eines Vermögensgegenstandes, seine Erweiterung oder für eine über seinen ursprüng-

---

[316] Vgl. dazu Küting (2005), S. 24 m. w. N.

[317] Vgl. Hauptverband der Deutschen Bauindustrie e. V./Zentralverband des Deutschen Baugewerbes e. V. (Hrsg.) (1987), S. 99; Hüfner (1987), S. 93 und die Argumentation bei Küting (2005), S. 42 f. respektive Küting/Reuter (2006), S. 7.

[318] Für ein aktivisches Absetzen nach § 268 Absatz 5 Satz 2 HGB plädieren zum Beispiel auch Küting (2005), S. 41 f. respektive Küting/Reuter (2006), S. 6 f.

[319] Vgl. dazu Adler/Düring/Schmaltz (1998), § 266 HGB Rn. 99 mit einem weiteren Nachweis.

[320] Vgl. zu dieser gängigen Bilanzierungspraxis Hauptverband der Deutschen Bauindustrie e. V./Zentralverband des Deutschen Baugewerbes e. V. (Hrsg.) (1987), S. 99 und Hüfner (1987), S. 93 f.

lichen Zustand hinausgehende wesentliche Verbesserung entstehen.[321] Bei der Ermittlung der Herstellungskosten wird auf das Kriterium der Kostenzurechenbarkeit, mithin die Unterscheidung der Kostenarten in Einzel- und Gemeinkosten abgestellt.[322] Die Unterscheidung in fixe und variable Kosten ist insofern bedeutend, als dass nur derjenige Teil der Fixkosten berücksichtigt werden darf, der auf den genutzten Teil der Kapazität entfällt (sogenannte Nutzkosten). Dadurch soll verhindert werden, dass bei Unterbeschäftigung ein höherer Anteil fixer Gemeinkosten in die Herstellungskosten einfließt als bei Vollbeschäftigung.[323] Abbildung 28 gibt einen Überblick über die Wertunter- und Wertobergrenze nach deutschem Handelsrecht.[324]

Die handelsrechtliche Wertuntergrenze besteht in der Aktivierung der Einzelkosten wie Material- und Lohneinzelkosten.[325] Die aktivierungspflichtigen Kosten betragen in Abhängigkeit von Bausparte und Unternehmensgröße circa 60 Prozent des Vertragspreises.[326]

[321] Da ein begrifflicher Unterschied zwischen Aufwand und Kosten besteht, ist nach Meinung einiger Autoren die Bezeichnung Herstellungskosten nicht korrekt gewählt, so zum Beispiel Baetge/Uhlig (1985), S. 276.

[322] Schneeloch (1989), S. 285; Multerer (1995), S. 196 f. und Knop/Küting (2006), § 255 HGB Rn. 127. Das Merkmal der Beschäftigungsabhängigkeit (variable und fixe Kosten) spielt demnach eine untergeordnete Rolle, vgl. zum Beispiel Knop/Küting (2006), § 255 HGB Rn. 206. Auf dieses Merkmal wurde im Aktiengesetz 1965 vor der Überarbeitung des HGB auf der Grundlage des Bilanzrichtliniengesetzes abgestellt, vgl. Neth (1970), insbesondere S. 147; Schneeloch (1989), S. 285 und Multerer (1995), S. 196.

[323] Vgl. dazu zum Beispiel auch Hauptverband der Deutschen Bauindustrie e. V./Zentralverband des Deutschen Baugewerbes e. V. (Hrsg.) (1987), S. 51.

[324] Vgl. zur Wertober- und Wertuntergrenze auch Selchert (1986), S. 2298-2306; Schneeloch (1989), S. 285-289 und Ellrott/Brendt (2006), § 255 HGB Rn. 340-355. Vgl. zur Diskussion eines Voll- oder Teilkostenansatzes zum Beispiel Zieger (1990), S. 381 f.; Baetge (1996), S. 53-84; Falk (1996), S. 57-62 und das dort aufgeführte Berechnungsbeispiel; Bischof (1997), S. 37-39 m. w. N. und Kümpel (2000), S. 89-94.

[325] EGGER hält nach Auslegung des Gesetzestextes auch eine Wertuntergrenze in Form der Einzelkosten und variablen Gemeinkosten als denkbar, Egger (1994), S. 203 f. Bei der Aktivierung der Einzelkosten kommt es nicht auf die zurechenbaren, sondern die tatsächlich zugerechneten Einzelkosten an, vgl. ebenda, S. 197 f. und S. 211.

[326] Jacob (1985), S. 40 f.; Jacob (1987), S. 146 und Kaiser (1987), S. 108.

Wertobergrenze

Projektbezogene Einzelkosten: Fremdkapitalzinsen (wenn herstellungsbezogen)

Projektbezogene Gemeinkosten: angemessene Teile notwendiger
- Materialgemeinkosten
- Fertigungsgemeinkosten (inklusive Abschreibungen)

Teile der unternehmensbezogenen Kosten
- Aufwendungen für betriebliche Altersvorsorge
- Aufwendungen für soziale Einrichtungen
- Aufwendungen für freiwillige soziale Leistungen
- Kosten der allgemeinen Verwaltung

Wertuntergrenze

Projektbezogene Einzelkosten
- Materialeinzelkosten
- Fertigungseinzelkosten
- Sondereinzelkosten der Fertigung

Abbildung 28: Handelsrechtliche Wertunter- und Wertobergrenze der Herstellungskosten

Quelle:Eigene Darstellung

Die Wertobergrenze birgt trotz des Grundsatzes der Bewertungsstetigkeit gemäß § 252 Absatz 1 Nummer 6 HGB bilanzpolitisches Potential, da sowohl Teile der projektbezogenen Gemeinkosten als auch der unternehmensbezogenen Kosten einbezogen werden dürfen, sofern sie auf den Zeitraum der Herstellung entfallen (§ 255 Absatz 2 Satz 5 HGB),[327] und unter bestimmten Bedingungen auch Fremdkapitalzinsen angesetzt werden dürfen.[328] Zudem besteht beim Vollkostenansatz ein Methodenwahlrecht im Hinblick auf das anzuwendende Verfahren der Umlage der Gemeinkosten.[329]

---

[327] Vgl. zu Definition und Überblick zu projekt- und unternehmensbezogenen Kosten in der Bauwirtschaft Jacob/Winter/Stuhr (2002), S. 4 f. und Jacob/Winter/Stuhr (2003), Rn. 7-9.

[328] Fremdkapitalzinsen werden in diesem Zusammenhang als eine Bewertungshilfe betrachtet, vgl. zum Beispiel Schindler (1984), S. 576 f.; Moxter (1988), S. 937 und Ellrott/Brendt (2006), § 255 HGB Rn. 502. Zur Aktivierung von Zinsen vgl. Busse von Colbe (1992), Spalte 1199 f. und Ellrott/Brendt (2006), § 255 HGB Rn. 502-509. Zur Diskussion der Einbeziehung von Fremdkapitalzinsen in die Herstellungskosten bei langfristiger Fertigung vgl. zum Beispiel Schindlbeck (1988), S. 112-114; Bischof (1997), S. 40 f. m. w. N.; Wenk (1997), S. 101-104 und S. 107 sowie Kümpel (2000), S. 98 f.

[329] Jäckel/Poppe (2000), S. 104.

Für Vertriebskosten besteht gemäß § 255 Absatz 2 Satz 6 HGB ein Einbeziehungsverbot, das für den Fall der langfristigen Auftragsfertigung Anlass zur Diskussion im Schrifttum gegeben hat,[330] da die vorvertraglichen Kosten, die beispielsweise für die Angebotserstellung anfallen, beträchtlich sein können.[331] In der Literatur wird in der Regel zwischen den Kosten der Auftragserlangung, den Kosten der Auftragsvorbereitung und den Kosten der Auftragsabwicklung unterschieden. Während Teile der Kosten der Auftragserlangung und die Kosten der Auftragsvorbereitung bei langfristiger Auftragsfertigung im Schrifttum häufig als Sondereinzelkosten der Fertigung und nicht als Vertriebskosten qualifiziert werden und somit in die Herstellungskosten einfließen, ist die diesbezügliche Beurteilung der Kosten der Auftragsabwicklung uneinheitlich.[332]

Zur Ermittlung der handelsbilanziellen Herstellungskosten muss in der Regel auf die Daten des internen Rechnungswesens zurückgegriffen werden,[333] da die benötigten Angaben häufig nicht aus der Finanzbuchhaltung gewonnen werden können, weil eine baustellenbezogene Aufwandsrechnung – exakter Ausgabenrechnung[334] – im externen Rechnungswesen meist nicht erfolgt.[335] Sollen die Herstellungskosten eines Bauwerkes aus den Daten der unternehmensinternen Kostenträger- beziehungsweise Kostenstellenrechnung[336] abgeleitet werden, bedarf es einer Überleitungsrechnung, weil in die bilanziellen Herstellungskosten nur pagatorische Kosten einfließen dürfen.[337] Demgemäß dürfen nur Kosten einbezogen werden, die in der betrachteten Periode ent-

---

[330] Vgl. zum Beispiel Selchert (1986), S. 2303-2305; Weber (1987), S. 393-398; Schindlbeck (1988), S. 62-65 und S. 110-112; Busse von Colbe (1992), Spalte 1199; Multerer (1995), S. 63-74; Falk (1996), S. 63-66 und S. 141; Bischof (1997), S. 42-44; Buhleier (1997), S. 63-65; Wenk (1997), S. 101 und S. 104-107; Knop/Küting (2006), § 255 HGB Rn. 342 und Ellrott/Brendt (2006), § 255 HGB Rn. 454-456, wobei sich die Ausführungen zum Teil auf den Anlagenbau konzentrieren.

[331] Vgl. dazu detaillierter Richter (2000), S. 143.

[332] Vgl. zum Beispiel Kümpel (2000), S. 94-98. Die Ausführungen beziehen sich in der Literatur zumeist auf den Anlagenbau, sind aber grundsätzlich auch für die Baubranche zutreffend.

[333] Vgl. Weber (1979), S. 269 und die dort angegebene Literatur sowie Kohl (1994), S. 92.

[334] Vgl. auch Baetge/Uhlig (1985), S. 276.

[335] In Anlehnung an ebenda, S. 274 und S. 276.

[336] Im baubezogenen internen Rechnungswesen fallen Kostenträger- und Kostenstellenrechnung in der Regel zusammen.

[337] Vgl. Baetge/Uhlig (1985), S. 275; Wagner (1989), S. 116 m. w. N. und Knop/Küting (2006), § 255 HGB Rn. 139. Ähnlich Fülling (1976), S. 106 und Böhmer (1982), S. 50 und S. 84.

standen sind, auf Auszahlungen basieren und tatsächlich ausgeführte Unternehmensleistungen betreffen.[338] Im Konkreten sind nachfolgende Anpassungen vorzunehmen:[339]

- Kosten, die nicht zu Auszahlungen beziehungsweise Ausgaben geführt haben, sind zu eliminieren (zum Beispiel kalkulatorische Wagniskosten).
- Kosten ohne sachlichen Bezug zum in der Periode stattgefundenen Herstellungsprozess des Bauwerkes sind zu eliminieren (zum Beispiel unternehmensbezogene Finanzierungskosten).
- Kosten ohne zeitlichen Bezug zum in der Periode stattgefundenen Herstellungsprozess des Bauwerkes sind ebenfalls zu eliminieren (zum Beispiel Personalkosten für die Akquisition von Zusatzaufträgen, die Erarbeitung oder Planung von in der nächsten Periode auszuführenden oder noch nicht vom Auftraggeber bestätigten Zusatzleistungen).

Für Vermögensgegenstände des Umlaufvermögens gilt das strenge Niederstwertprinzip, das eine verlustfreie Bewertung unfertiger Erzeugnisse und Leistungen gewährleisten soll.[340] Es besagt, dass Gegenstände des Umlaufvermögens auf den niedrigeren Börsen- oder Marktpreis am Abschlussstichtag abzuschreiben sind. Kann ein Börsen- oder Marktpreis nicht ermittelt werden, wovon bei unfertigen Bauten aufgrund der Einzelfertigung und Individualität auszugehen ist,[341] ist auf den am Abschlussstichtag niedrigeren beizulegenden Wert abzuschreiben.

---

[338] Ein Ansatz von Leerkosten ist demzufolge – wie bereits angesprochen – nicht zulässig, bei der Umlage der Gemeinkosten ist die Normalbeschäftigung zugrunde zu legen. Fülling (1976), S. 148; Adler/Düring/Schmaltz (1998), § 255 HGB Rn. 161 f. und Knop/Küting (2006), § 255 HGB Rn. 242. Vgl. zur Nichtberücksichtigung von Leerkosten im früheren vorherrschenden Schrifttum auch Böhmer (1982), S. 54 f. m. w. N.

[339] Vgl. Fülling (1976), S. 133-148; Baetge/Uhlig (1985), S. 277 f. und Knop/Küting (2006), § 255 HGB Rn. 140. Zum allgemeinen Schema zur Ermittlung der bilanziellen Herstellungskosten aus dem internen Rechnungswesen vgl. Baetge/Uhlig (1985), S. 278, die sich auf FÜLLING beziehen, Fülling (1976), S. 147 f.

[340] Zum strengen Niederstwertprinzip vgl. zum Beispiel Euler (1996), S. 232-234. Zum Grundsatz der verlustfreien Bewertung vgl. zum Beispiel Ellrott/Ring (2006), § 253 HGB Rn. 521.

[341] Vgl. Stein (1978), S. 96 und Kohl (1994), S. 90 f.

Dieser ermittelt sich nach der retrograden Methode, die vom Absatzmarkt ausgeht und daher am Verkaufspreis ansetzt, wie folgt:[342]

	Auftragswert
-	Erlösschmälerungen
-	noch anfallende Selbstkosten
=	beizulegender Wert zum Bilanzstichtag

Da die noch anfallenden Selbstkosten aus der Arbeitskalkulation[343] abzuleiten sind, muss diese als baubegleitende Zwischenkalkulation geführt und an vertragliche Modifikationen und Störungen des Bauablaufes während der Bauausführung entsprechend angepasst werden.[344]

Der auf diesem Weg ermittelte beizulegende Wert ist mit den Herstellungskosten zu vergleichen.[345] Ist der beizulegende Wert niedriger als die Herstellungskosten, muss gemäß § 253 Absatz 3 Satz 1 und 2 HGB eine Abschreibung auf diesen Wert erfolgen.[346] Nach herrschender Meinung sind die gesamten antizipierten Verluste bei der Abschreibung zu berücksichtigen.[347] Übersteigt die aktivische Abwertung den bilanziellen Wert des Halbfabrikates, ist für den darüber hinausgehenden Betrag eine Rückstellung für drohende Verluste aus schwebenden Geschäften gemäß § 249 Absatz 1 Satz 1 HGB zu bilden.

---

342 Rogler/Jacob (2000), S. 2408 m. w. N.; Jacob/Heinzelmann/Klinke (2003), Rn. 430 und Jacob/Winter/Stuhr (2003), Rn. 166. Vgl. auch Karrenbauer/Döring/Buchholz (2006), § 253 HGB Rn. 182 f. und Rn. 185 sowie Ellrott/Ring (2006), § 253 HGB Rn. 521 f. Wulf/Roessle (2001), S. 393 f. erweitern das Schema um den wahlweisen Abzug des kalkulierten Gewinns (Mindermeinung). Ähnlich Wagner (1989), S. 115. Zum Prinzip des beizulegenden Wertes vgl. zum Beispiel Euler (1996), S. 228-235.

343 Vgl. zur Arbeitskalkulation zum Beispiel Oepen (2003), S. 84-86.

344 Vgl. dazu ausführlich ebenda, insbesondere S. 155-171.

345 Ein Beispiel dazu befindet sich bei Jacob/Winter/Stuhr (2003), Rn. 167.

346 Vgl. auch Wagner (1989), S. 115.

347 Hoyos/Ring (2006), § 249 HGB Rn. 68. Anderer Auffassung BMF-Schreiben vom 14.11.2000, BStBl. I 2000, 1514: Bei halbfertigen Bauten auf fremdem Grund und Boden dürfen nur die bis zum Bilanzstichtag entsprechend dem Auftragsbearbeitungsstand angefallenen Verluste berücksichtigt werden, die im weiteren Bauprozess zu erwartenden jedoch nicht, vgl. dazu auch Hoffmann (2001), S. 2016-2018 und Hoffmann (2000), S. 1338-1340 zur Verfügung der OFD Kiel vom 30.3.2000. Das Urteil des Bundesfinanzhofs vom 7.9.2005, AZ VIII R 1/03 zur verlustfreien Bewertung halbfertiger Bauten stellt jedoch eindeutig klar: „Die Teilwertabschreibung auf teilfertige Bauten auf fremdem Grund und Boden ist nicht nur hinsichtlich des dem jeweiligen Stand der Fertigstellung entsprechenden, auf die Bauten entfallenden Anteils der vereinbarten Vergütung, sondern hinsichtlich des gesamten Verlustes aus dem noch nicht abgewickelten Bauauftrag zulässig."

Insofern besteht im Schrifttum die herrschende Meinung, dass die verlustfreie Bewertung respektive die Berücksichtigung von sich abzeichnenden Verlusten über die aktivische Absetzung vom ausgewiesenen Vermögensgegenstand Vorrang vor der Rückstellungsbildung hat und demzufolge der Wert des Halbfabrikates zunächst aktivisch abzuschreiben ist und für den die aktivierten Herstellungskosten übersteigenden Verlust eine Drohverlustrückstellung zu bilden ist.[348] Mit dem weiteren Anwachsen des Halbfabrikates in den Folgejahren sind die antizipierten Verluste wieder durch Abschreibung vom Vermögensgegenstand zu berücksichtigen. Das bedeutet, dass die gebildete Drohverlustrückstellung je nach Sachlage anteilig oder vollständig wieder aufzulösen ist.[349]

Nach der Abnahme ist der fertig gestellte Bau mit seinem Leistungswert, das heißt dem Vertragspreis, zu bewerten. Am Geschäftsjahresende ist er gegebenenfalls einer Einzel- oder Pauschalwertberichtigung zu unterziehen. Außerdem ist zu prüfen, inwieweit Rückstellungen zu bilden sind – beispielsweise für Gewährleistungsverpflichtungen.[350]

Die Höhe der Vergütung von Nachträgen richtet sich bei VOB-Bauverträgen nach den Bestimmungen der VOB Teil B. Vor der Abnahme auftretende Nachträge werden mit den für die Nachtragsleistung getätigten Ausgaben bewertet. Damit wird dem Grundsatz der Pagatorik entsprochen. Die Nachtragsleistungen fließen in dieser Höhe in die Herstellungskosten und damit in den Wert

---

[348] Hauptverband der Deutschen Bauindustrie e. V./Zentralverband des Deutschen Baugewerbes e. V. (Hrsg.) (1987), S. 97 f.; Falk (1996), S. 72 m. w. N. und S. 142; Adler/Düring/Schmaltz (1998), § 249 HGB Rn. 138 und § 253 HGB Rn. 251 und Rn. 529; Hoffmann (2000), S. 1339; Institut der Wirtschaftsprüfer in Deutschland e. V. (2000), S. 718; Hofer (2001), S. 635 und S. 637 m. w. N.; Wulf/Roessle (2001), S. 394; Ellrott/Ring (2006), § 253 HGB Rn. 524 und Hoyos/Ring (2006), § 249 HGB Rn. 68. Anderer Ansicht Fülling (1976), S. 237 f. Zur Ermittlung der Höhe der Rückstellung vgl. zum Beispiel Institut der Wirtschaftsprüfer in Deutschland e. V. (2000), S. 720 und die diesbezüglich redaktionell leicht geänderte Fassung Institut der Wirtschaftsprüfer in Deutschland e. V. (2001 b), S. 216. OGIERMANN plädiert bei Bauaufträgen für eine Ermittlung des Verlustes auf Vollkostenbasis, Ogiermann (1981), S. 47. WAGNER differenziert bei Bauaufträgen wie folgt: Bei drohenden Beschädigungen und Mängeln des Halbfabrikats muss eine Abwertung auf den niedrigeren beizulegenden Wert erfolgen, bei drohenden Verpflichtungen gegenüber Dritten (außer dem Auftraggeber) besteht die Pflicht zur Bildung einer Rückstellung, für die übrigen nachteiligen Ereignisse, die sich zum Beispiel aus „Verpflichtungen gegenüber dem Bauherrn oder Abweichungen von den geplanten Kalkulationswerten" ergeben, sieht er ein Wahlrecht zwischen Abschreibung und Bildung einer Rückstellung, Wagner (1989), S. 125 f. und S. 220.

[349] Vgl. Institut der Wirtschaftsprüfer in Deutschland e. V. (2000), S. 718.

[350] Vgl. zum Beispiel Thimmel (1968), S. 275 f.

des Halbfabrikates ein. Nachträge, deren Verhandlung in die Phase nach der Abnahme hineinreicht, werden gemäß dem Vorsichtsprinzip mit der Höhe des vom Auftraggeber bestätigten Vergütungsbetrages beziehungsweise anerkannten Rechnungsbetrages in die Umsatzerlöse einbezogen. Dem Grunde nach vom Auftraggeber bestätigte Nachträge, über deren Höhe sich bis zum Zeitpunkt der Bilanzerstellung noch nicht geeinigt werden konnte, sind nach strenger Auslegung des Vorsichtsprinzips nicht in die Umsatzerlöse einfließen zu lassen.

Die Vergütungsauswirkungen für die wichtigsten Nachtragsarten nach VOB Teil B, namentlich Mengenabweichungen sowie geänderte und zusätzliche Leistungen, enthält Tabelle 3.

Bei Mengenänderungen beim Einheitspreisvertrag, die nicht auf einer Anordnung des Auftraggebers beruhen, und den Umfang von zehn Prozent nicht übersteigen, wird kein veränderter Preis vereinbart. Erst bei Mengenabweichungen außerhalb dieser Zehn-Prozent-Klausel wird ein angepasster Preis gebildet. Dieser basiert auf der ursprünglichen Kalkulation des Bauvorhabens, was die kalkulierten Einzelkosten und die Kalkulationsansätze für allgemeine Geschäftskosten, Wagnis und Gewinn anbetrifft.

Geänderte und zusätzliche Leistungen, also vom Auftraggeber angeordnete Abweichungen vom Bauvertrag, ziehen die Vereinbarung angepasster beziehungsweise neuer Preise nach sich. Während sich der Preis für die geänderte Leistung an der Urkalkulation zu orientieren hat, können Preise für zusätzliche Leistungen zwischen Auftraggeber und Auftragnehmer in einem weiter abgesteckten Rahmen vereinbart werden.

Mengenabweichungen (ohne Anordnung des Auftraggebers) § 2 Nummer 3 VOB/B	Zehn-Prozent-Regel: für Mengenabweichungen, die Umfang von zehn Prozent nicht übersteigen, gilt vertraglich vereinbarter Preis, jedoch wird tatsächlich ausgeführte Menge abgerechnet
• Mengenüberschreitung um mehr als zehn Prozent	Vereinbarung eines angepassten Preises unter Berücksichtigung der Mehr-/Minderkosten auf der Grundlage der Urkalkulation; Abrechnung mit zwei Preisen (bis 110 Prozent alter Preis, ab 110 Prozent neuer Preis)
• Mengenunterschreitung um mehr als zehn Prozent	Vereinbarung eines angepassten Preises unter Berücksichtigung der Mehr-/Minderkosten auf der Grundlage der Urkalkulation; neuer Preis gilt für gesamte Menge, aber Ausgleichsregelung durch Erhöhung der Mengen bei anderen Positionen oder in anderer Weise
geänderte Leistung (auf Anordnung des Auftraggebers) § 2 Nummer 5 VOB/B	Vereinbarung eines angepassten Preises unter Berücksichtigung der Mehr-/Minderkosten auf der Grundlage der Urkalkulation
zusätzliche Leistung (auf Anordnung des Auftraggebers) § 2 Nummer 6 VOB/B	Vereinbarung eines neuen Preises unter Berücksichtigung der Mehr-/Minderkosten nach den Grundlagen der Preisermittlung für die vertragliche Leistung und den besonderen Kosten der geforderten Leistung

Tabelle 3: Vergütungsauswirkungen von Nachträgen beim Bauvertrag nach VOB Teil B

Quelle: Eigene Zusammenstellung

Die Höhe von Abschlagszahlungen richtet sich nach dem Wert der nachgewiesenen Leistung. Die erhaltenen Abschlagszahlungen korrespondieren daher grundsätzlich mit dem erbrachten Baufortschritt, sie beinhalten die Einzelkosten gemäß Leistungsfortschritt und berücksichtigen in der Regel anteilig Gemeinkostenbestandteile sowie Zuschläge für Risiko- und Gewinnkomponenten.[351]

4.3.1.4 Modifikationen der Completed Contract-Methode

Die Aussagefähigkeit der Completed Contract-Methode wird in der Literatur für den spezifischen Fall der langfristigen, auftragsbezogenen Fertigung kontrovers diskutiert. Dabei geht es insbesondere um das Spannungsverhältnis zwischen der Einhaltung des Realisationsprinzips auf der einen Seite und der zutreffenden Darstellung der Vermögens-, Finanz- und Ertragslage (§ 264 Ab-

[351] Ähnlich Küting (2005), S. 13.

satz 2 Satz 1 HGB) respektive der Gewährleistung der Klarheit des Jahresabschlusses (§ 243 Absatz 2 HGB) auf der anderen Seite.[352]

Im Schrifttum werden unterschiedliche Alternativen und Zwischenlösungen zur Modifikation oder Durchbrechung des Realisationsprinzips mit dem Ziel der Verbesserung der Informations- und Rechenschaftsfunktion des HGB-Jahresabschlusses bei langfristiger Auftragsfertigung diskutiert, insbesondere:[353]

- der Ansatz zu Selbstkosten und nicht zu Herstellungskosten,
- die vorgezogene Teilgewinnrealisierung
  - bei qualifizierter Teilleistung, das heißt bei Teilabnahme[354]
  - ohne qualifizierte Teilleistung, das heißt ohne gesonderte Teilabnahme.[355]

Beim Selbstkostenansatz erfolgt eine Aktivierung der auftragsbezogenen Aufwendungen in Höhe der Selbstkosten des Auftrages.[356] Damit soll erreicht werden, dass die Differenz zwischen den in der Periode für den Bauauftrag tatsächlich angefallenen Kosten und den aktivierten Herstellungskosten gegen Null tendiert, so dass der unfertige Bau das Periodenergebnis nicht negativ belastet.

Die Thematik der vorgezogenen Teilgewinnrealisierung bei langfristiger Auftragsfertigung konnte im deutschen Bilanzschrifttum noch keiner einvernehm-

---

[352] Vgl. dazu zum Beispiel Falk (1996), S. 1 m. w. N., S. 17-42 und S. 53 sowie Krawitz (1997), S. 886.

[353] Vgl. zum Beispiel Zieger (1990), S. 180, S. 184 und S. 191 und Richter (2000), S. 151, der sich an ZIEGER orientiert.

[354] Vgl. dazu Zieger (1990), S. 191-199; Kohl (1994), S. 132-141; Falk (1996), S. 91-95; Krawitz (1997), S. 890; Wenk (1997), S. 120-126; Kümpel (2000), S. 112-117 und Marx/Löffler (2004), Rn. 49-62.

[355] Einige Autoren verstehen darunter eine Teilgewinnrealisierung bei kalkulatorisch abgrenzbaren Teilleistungen oder nicht selbständig abgrenzbaren Teilleistungen, vgl. Kohl (1994), S. 142-145; Krawitz (1997), S. 890 f.; Adler/Düring/Schmaltz (1998), § 252 HGB Rn. 88; Kümpel (2000), S. 117-119 und Marx/Löffler (2004), Rn. 63-69. Andere Autoren wie ZIEGER, FALK und WENK setzen diese Form explizit mit der anteiligen Gewinnrealisierung gemäß dem Fertigstellungsgrad respektive der angelsächsischen Percentage of Completion-Methode gleich, vgl. Zieger (1990), S. 184-191; Falk (1996), S. 88-91 und Wenk (1997), S. 126-145. Vgl. auch die Darstellung der Literaturmeinungen zur Zulässigkeit einer Teilgewinnrealisierung gemäß dem Fertigstellungsgrad in Deutschland bei Buhleier (1997), S. 79-82 und die Vorschläge von Freidank (1989), S. 1197-1204 und Selchert (1990), S. 797-805.

[356] Vgl. zum Selbstkostenansatz Zieger (1990), S. 180-184; Kohl (1994), S. 129-132; Buhleier (1997), S. 180 f.; Krawitz (1997), S. 889 f.; Kümpel (2000), S. 169-171 und Marx/Löffler (2004), Rn. 36-48.

lichen Lösung zugeführt werden und wird mittlerweile von der Einflussnahme der International Financial Reporting Standards zeitlich überlagert.[357]

An die Teilgewinnrealisierung bei Teilabnahme werden im deutschen Bilanzrecht folgende Anwendungsvoraussetzungen gestellt:[358]

- vertragliche Vereinbarung über selbständig abgrenzbare Teilabschnitte des Auftrages,
- wirtschaftlich-technisch sinnvolle Abgrenzbarkeit der Teilleistung innerhalb des Gesamtauftrages,
- Einzelabrechnungsfähigkeit jeder Teilleistung,
- Abnahme der selbständig abgrenzbaren Teilleistung (Teilabnahme),
- kein Gesamtfunktionsrisiko und
- vertragliche Vereinbarung sogenannter „echter Teilunmöglichkeit".

Die Teilgewinnrealisierung ohne gesonderte Teilabnahme ähnelt der Percentage of Completion-Methode. Diese Methode wird in der Regel als mit dem deutschen Handelsrecht nicht vereinbar angesehen.[359] Daher sind im Schrifttum die Anforderungen zur Begründung des Ausnahmefalls gemäß § 252 Absatz 2 HGB sehr streng formuliert. Sie sind wesentlich strenger als die Anwendungsvoraussetzungen der Percentage of Completion-Methode nach den Vorschriften der IFRS und lauten:[360]

- Die langfristige Fertigung muss einen wesentlichen Teil der Unternehmenstätigkeit bilden.
- Die vereinbarte Gesamtleistung kann in kalkulatorisch abgrenzbare Teilleistungen zerlegt werden.
- Der erwartete Gewinn kann sicher ermittelt werden.

---

[357] Vgl. dazu auch Ellrott/Brendt (2006), § 255 HGB Rn. 457.

[358] Kohl (1994), S. 134-140 m. w. N.

[359] Vgl. zum Beispiel Kohl (1994), S. 157; Institut der Wirtschaftsprüfer in Deutschland e. V. (1998), S. 71; Institut der Wirtschaftsprüfer in Deutschland e. V. (1999), S. 593; Marx/Löffler (2004), Rn. 85 m. w. N. und Karrenbauer/Döring/Buchholz (2006), § 253 HGB Rn. 186.

[360] Institut der Wirtschaftsprüfer in Deutschland e. V. (1998), S. 71.

Darüber hinaus werden im Schrifttum weitere, kumulativ zu erfüllende Bedingungen genannt, bei deren Einhaltung eine Durchbrechung des Realisationsprinzips für zulässig gehalten wird:[361]

- Der Fertigungsprozess muss sich über die Dauer eines Geschäftsjahres hinaus erstrecken.
- Eine Abrechnung des Auftrages, die erst nach Abschluss des Auftrages erfolgt, müsste zu einer nicht unerheblichen Beeinträchtigung des Einblicks in die Ertragslage des Unternehmens führen.
- Es dürfen keine Risiken ersichtlich sein, die das erwartete Ergebnis des Auftrages wesentlich beeinträchtigen können.
- Für unvorhersehbare Garantieleistungen und Nachbesserungen müssen vorsichtig bemessene Beträge berücksichtigt sein.
- Es darf allenfalls der Gewinn vereinnahmt werden, der auf diese Teilleistungen anteilmäßig entfällt.
- Sofern die tatsächlichen Kosten von Teilleistungen wesentlich über den in der Vorkalkulation veranschlagten Kosten liegen, dürfen anteilige Gewinne nicht vereinnahmt werden, soweit nicht davon ausgegangen werden kann, dass die noch anfallenden Kosten hinreichende Deckung im Erlös finden.
- Zudem dürfen keine Anzeichen für die Möglichkeit der Geltendmachung von Einwendungen seitens des Auftraggebers vorliegen, die mit negativen Auswirkungen auf das Gesamtergebnis verbunden sind.

Die aufgeführten Vorschläge zur Modifikation oder Durchbrechung des Realisationsprinzips greifen in der praktischen Anwendung in der Baubranche in der Regel nicht oder zumindest nur schwer.

Der Ansatz aufwandsgleicher Selbstkosten findet im HGB keine gesetzliche Grundlage. Zudem wird die Problematik der bilanziellen Darstellung der unfertigen Bauaufträge nicht gelöst, sondern allenfalls gemildert, denn ein Ausweis von anteiligen Gewinnen ist beim Selbstkostenansatz nicht möglich.[362]

Die Teilgewinnrealisierung bei qualifizierter Teilleistung scheitert zumeist daran, dass das Bauwerk nicht in funktional abgeschlossene und von der Gesamtleistung abgrenzbare Teilleistungen zerlegt werden kann, die eigenstän-

---

[361] Adler/Düring/Schmaltz (1998), § 252 HGB Rn. 88, auf den sich die meisten anderen Quellen beziehen.

[362] Vgl. dazu auch Zieger (1990), S. 180-182 und Pähz (2005), S. 66.

dig abnahmefähig sind, oder der Auftraggeber auf einer Gesamtabnahme nach Fertigstellung des Gesamtwerkes wie beispielsweise im Schlüsselfertigbau besteht.

Der Teilgewinnrealisierung ohne qualifizierte Teilleistung stehen die restriktiven Anwendungsvoraussetzungen entgegen, die in der Baupraxis nur äußerst selten kumulativ vorliegen. Meist ist bereits die Einhaltung einzelner Bedingungen nicht gewährleistet, wie beispielsweise die Forderung, dass keine Risiken ersichtlich sind, die zu einer wesentlichen Beeinträchtigung des Ergebnisses führen können.

Neben diesen Vorschlägen, die auf die Verbesserung der Aussagefähigkeit von Bilanz und Gewinn- und Verlustrechnung abstellen, wird im Schrifttum die Alternative erörtert, das Realisationsprinzip nicht zu modifizieren oder zu durchbrechen, sondern ergänzende oder korrigierende Informationen im Anhang vorzunehmen. Dadurch sollen die Informationsnachteile und damit verbundenen Probleme bei der Darstellung der wirtschaftlichen Lage von Unternehmen mit langfristiger Auftragsfertigung gemildert werden; letztendlich wird bezweckt, nachteilige Auswirkungen auf die Bonität zu vermeiden.[363] In diesem Fall wird der sogenannten Abkopplungsthese gefolgt, nach der die drei Abschlussbestandteile Bilanz, Gewinn- und Verlustrechnung sowie Anhang in ihrer Einheit die Informationsfunktion des Jahresabschlusses erfüllen müssen.[364] Allerdings ist die Abkopplungsthese nicht unumstritten.[365]

Einen Vorschlag zur Kombination der beiden grundsätzlichen Methoden der Gewinnrealisierung bei langfristiger Auftragsfertigung hat BUHLEIER unterbreitet.[366] Sein Konzept der additiven Gewinnermittlung bestimmt auf der ersten Stufe den Teilgewinn gemäß Baufortschritt, so wie es die IFRS-Vorschriften vorsehen.

---

[363] So zum Beispiel Busse von Colbe (1992), Spalte 1201 und Spalte 1205 sowie Krawitz (1997), S. 889. Für KOHL ergibt sich für Kapitalgesellschaften sogar eine Angabepflicht im Anhang, da er die Gewinnrealisierung bei langfristiger Auftragsfertigung als besonderen Umstand im Sinne des § 264 Absatz 2 Satz 2 HGB betrachtet, Kohl (1994), S. 158-162 und S. 168 f.

[364] Moxter (1990), S. 67 f.

[365] Beispielsweise bezweifelt STREIM, dass der Anhang vom Gesetzgeber als eigenständiges Informationsinstrument konzipiert wurde, Streim (1994), S. 403 f.

[366] Vgl. dazu ausführlich Buhleier (1997), S. 191-205.

Auf der zweiten Stufe werden diese Teilgewinne in eine Rücklage eingestellt, die weder der Ausschüttung an die Anteilseigner noch der Besteuerung unterliegt. Zum Zeitpunkt der Abnahme werden die für das Projekt in die Rücklage eingestellten Beträge zugunsten des Periodenergebnisses aufgelöst und damit der Ausschüttung und Besteuerung unterworfen. In dem von ihm vorgeschlagenen Lösungsansatz kombiniert er informations- und vorsichtsorientierte Aspekte der Gewinnrealisierung bei langfristiger Auftragsfertigung. Der Nachteil seiner Konzeption besteht darin, dass es ihr im deutschen Handelsrecht an einer gesetzlichen Grundlage mangelt.

Die vorstehenden Ausführungen machen deutlich, dass es letztendlich bei der Bilanzierung unfertiger Bauaufträge nach deutschem Bilanzrecht auf die Anwendung der Completed Contract-Methode hinausläuft.

4.3.2 Percentage of Completion-Methode

4.3.2.1 Grundlagen der Bilanzierung der Bauleistung

Das Regelungswerk der IAS beziehungsweise IFRS setzt sich aus dem Rahmenkonzept (Framework for the Preparation and Presentation of Financial Statements), den Standards und Interpretationen zu den Standards zusammen. Es ist primär auf die Interessen und Bedürfnisse von Investoren ausgerichtet. Daher soll der Jahresabschluss als Rechnungslegungsinstrument dazu dienen, für die Investitions- und Desinvestitionsentscheidungen nützliche Informationen zu vermitteln (*decision usefulness*).[367] Dieses zentrale Merkmal spiegelt sich auch im Grundsatz der Periodenabgrenzung beziehungsweise der periodengerechten Gewinnermittlung wider, der neben dem Grundsatz der Unternehmensfortführung zu den beiden grundlegenden Annahmen des Rahmenkonzeptes zählt. Das Prinzip der Periodenabgrenzung beinhaltet eine Zuordnung der Aufwendungen und Erträge – unabhängig vom Zahlungszeitpunkt – zu den Perioden, zu denen sie wirtschaftlich gehören beziehungsweise in denen sie im betrieblichen Prozess angefallen sind (RK 22).[368]

---

[367] RK 12.

[368] Vgl. auch Wollmert/Achleitner (1997 b), S. 245 mit Bezug auf Institut der Wirtschaftsprüfer in Deutschland e. V. (Hrsg.) (1995), S. 37 und Pellens/Fülbier/Gassen (2006), S. 107.

Das Rahmenkonzept enthält weiterhin qualitative Anforderungen an die Erstellung des Abschlusses, die die Generierung entscheidungsnützlicher Informationen ermöglichen sollen (RK 24):[369]

- Verständlichkeit *(understandability)*, das heißt, die im Abschluss enthaltenen Informationen müssen für einen typischen Adressaten verständlich sein (RK 25).
- Relevanz (*relevance*), das heißt, Informationen sind dann als relevant zu betrachten, wenn sie die wirtschaftlichen Entscheidungen des Abschlussadressaten beeinflussen (RK 26). Dies bezieht sich auf wesentliche Informationen (Materiality-Grundsatz).
- Vergleichbarkeit (*comparability*), das heißt, die Abschlüsse sollen im Zeitablauf und unternehmensübergreifend vergleichbar sein (RK 39).
- Verlässlichkeit (*reliability*), das heißt, die Informationen des Abschlusses dürfen keine materiellen Fehler enthalten und auch nicht bewusst verzerrt oder manipuliert sein (RK 31). Zur Konkretisierung des Begriffes der Verlässlichkeit dienen die nachfolgenden Sekundärgrundsätze, die kumulativ erfüllt sein müssen:[370]
  - glaubwürdige Darstellung (*faithful representation*),
  - wirtschaftliche Betrachtungsweise (*substance over form*),
  - Neutralität (*neutrality*),
  - Vorsicht (*prudence*) und
  - Vollständigkeit (*completeness*).

Aufgrund der unterschiedlichen deutschen und internationalen Vorstellungen hinsichtlich des Zweckes der Rechnungslegung kommt dem Vorsichtsprinzip im Kontext der IFRS eine schwächere Position zu.[371] Ihm wird die Bedeutung einer Bewertungsregel bei Ermessensspielräumen zuteil, die allerdings nicht der Legung stiller Reserven Vorschub leisten soll:[372]

„Vorsicht bedeutet, dass ein gewisses Maß an Sorgfalt bei der Ermessensausübung, die für die erforderlichen Schätzungen unter ungewissen Umständen erforderlich ist, einbezogen wird, so dass Vermögenswerte oder Erträge nicht

[369] Vgl. dazu zum Beispiel auch Pellens/Fülbier/Gassen (2006), S. 108-111.

[370] RK 33-38 und ebenda, S. 109.

[371] Wollmert/Achleitner (1997 b), S. 245 und Pellens/Fülbier/Gassen (2006), S. 110.

[372] Wollmert/Achleitner (1997 b), S. 248; Adler/Düring/Schmaltz (2002), Abschnitt 1: Konzeptionelle Grundlagen, Rn. 77 und Pellens/Fülbier/Gassen (2006), S. 110.

zu hoch und Schulden oder Aufwendungen nicht zu niedrig angesetzt werden. Allerdings gestattet eine vorsichtige Vorgehensweise beispielsweise nicht, stille Reserven zu legen [...].“[373]

Abbildung 29 fasst die grundlegenden Elemente der IFRS-Rechnungslegung zusammen.

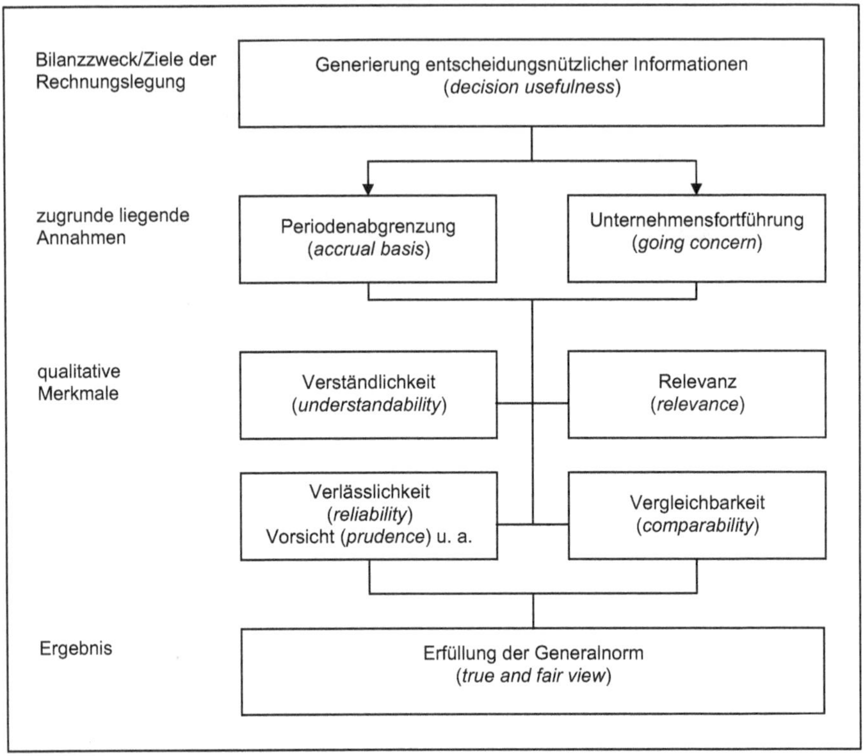

Abbildung 29: Grundlegende Elemente der Rechnungslegung nach IFRS

Quelle: Eigene Darstellung in Anlehnung an Heuser/Theile (2005), Rn. 101 und Lüdenbach/Hoffmann (2006 a), Rn. 15-17

---

[373] RK 37.

Die IFRS-Rechnungslegungsvorschriften gelten sowohl für Einzel- als auch Konzernabschlüsse (RK 6), für sämtliche Rechtsformen (RK 8) und Unternehmensgrößen[374] sowie – von wenigen Ausnahmen abgesehen – auch für sämtliche Branchen.[375]

Für die bilanzielle Behandlung unfertiger Bauten beim Auftragnehmer ist IAS 11 (revised 1993) einschlägig und für Geschäftsjahre, die am 1. Januar 1995 oder danach beginnen, anzuwenden (IAS 11.46). Dieser Standard schreibt bei Vorliegen bestimmter Voraussetzungen die Anwendung der Percentage of Completion-Methode und damit eine ratierliche Umsatz- und Gewinnrealisierung gemäß Baufortschritt zwingend vor (IAS 11.22). Hinter dieser Vorschrift steht die Annahme, dass der Gewinn nicht sprunghaft zum Zeitpunkt der Abnahme entsteht, sondern kontinuierlich im Gleichklang mit dem Fortschritt der Bautätigkeit.[376]

4.3.2.2 Bilanzierung dem Grunde nach

Die nach HGB strikte Trennung in drei Bilanzierungsphasen verwischt nach IFRS, da Fertigungsaufträge grundsätzlich anders bilanziert werden. Daher erfolgt keine Unterteilung in diese Bilanzierungsphasen.

Unfertige Bauten fallen nach IAS beziehungsweise IFRS unter die Terminologie der *construction contracts* im Sinne von Fertigungsaufträgen. Der Ansatz erfolgt in Analogie zum HGB als Vermögenswert.[377]

IAS 11.42 schreibt vor, dass Fertigungsaufträge mit aktivischem Saldo gegenüber Kunden (*gross amount due from customers for contract work*) als Vermögenswert und mit passivischem Saldo gegenüber Kunden (*gross amount due*

---

[374] Das International Accounting Standards Board (IASB) hat ein Standardisierungsprojekt zur Entwicklung von spezifisch auf kleine und mittlere Unternehmen zugeschnittenen Standards (*small and medium sized entities*, SME) initiiert, IASB (2004). Vgl. zu diesem Vorhaben zum Beispiel Haller/Eierle (2004), S. 1838-1845; Lüdenbach/Hoffmann (2004), S. 596-614; Oehler (2005), S. 128-143; Zabel/Cairns (2005), S. 207-216 und Hoffmann/Lüdenbach (2006), S. 1859-1881.

[375] Vgl. dazu auch Wollmert/Achleitner (1997 a), S. 211. Branchenspezifische Regelungen gelten bislang zum Beispiel für die Versicherungsbranche (IFRS 4 – Versicherungsverträge) und für Kreditinstitute (IAS 30 – Angaben im Abschluss von Banken und ähnlichen Finanzinstitutionen).

[376] Vgl. dazu auch Seeberg (2003), Rn. 11.

[377] In der Terminologie der IAS/IFRS wird von *assets*, übersetzt mit Vermögenswerten, gesprochen, nach HGB handelt es sich um Vermögensgegenstände.

to customers for contract work) als Schulden anzugeben sind. Der konkrete Ausweis in der Bilanz wird damit offen gelassen.[378]

In der Literatur wird zum einen der Ausweis eines positiven Saldos gegenüber Kunden unter den Vorräten und Halbfabrikaten vorgeschlagen.[379] Zum anderen wird der Vermögenswert als Forderung angesehen respektive für einen Ausweis unter den Forderungen plädiert.[380] Bei der Bezeichnung des Bilanzpostens wird angeregt, einen positiven Saldo als „künftige Forderungen aus Fertigungsaufträgen" zu aktivieren.[381] Ein negativer Saldo sollte auf der Passivseite der Bilanz unter einem gesonderten Posten unter den erhaltenen Anzahlungen mit der Bezeichnung „Verpflichtungen aus Fertigungsaufträgen" oder „Fertigungsaufträge mit passivischem Saldo gegenüber Kunden" ausgewiesen werden.[382] Soweit der Passivposten ausschließlich auf eine Antizipation von Verlusten zurückzuführen ist, wie dies beispielsweise in einem frühen Projektstadium vorkommen kann, wird ein Ausweis als Rückstellung für belastende Verträge als zulässig erachtet.[383]

Der Saldo ermittelt sich gemäß IAS 11.43 f. aus den entstandenen Auftragskosten zuzüglich der ausgewiesenen Gewinne und abzüglich der kumulierten

---

[378] Adler/Düring/Schmaltz (2002), Abschnitt 16: Fertigungsaufträge, Rn. 153 m. w. N.; Marx/Löffler (2004), Rn. 121 und Wagenhofer (2005), S. 277.

[379] Vgl. zum Beispiel Rogler/Jacob (2000), S. 2409 und die dort angegebene Literaturquelle. In der IFRS-Konzernbilanz von Bilfinger Berger beispielsweise wird diese Ausweismöglichkeit praktiziert, Bilfinger Berger AG (2006), S. 99.

[380] Vgl. Krawitz (1997), S. 893 m. w. N.; Adler/Düring/Schmaltz (2002), Abschnitt 16: Fertigungsaufträge, Rn. 154; Seeberg (2003), Rn. 46; Marx/Löffler (2004), Rn. 121; Baetge/Kirsch/Thiele (2005), S. 696; Heuser/Theile (2005), Rn. 833 und Rn. 835; Lüdenbach (2006 a), Rn. 70 sowie Riese (2006), Rn. 85. Das IDW zieht insbesondere einen Ausweis unter den Forderungen in Betracht respektive spricht von einem Vermögenswert mit Forderungscharakter, Institut der Wirtschaftsprüfer in Deutschland e. V. (Hrsg.) (1995), S. 154 f. und Institut der Wirtschaftsprüfer in Deutschland e. V. (1999), S. 594. In der IFRS-Konzernbilanz von Strabag beispielsweise wird diese Ausweismöglichkeit praktiziert, Strabag AG (2006), S. 64.

[381] Vgl. Institut der Wirtschaftsprüfer in Deutschland e. V. (1999), S. 594.

[382] Adler/Düring/Schmaltz (2002), Abschnitt 16: Fertigungsaufträge, Rn. 155 unter Bezugnahme auf den gleichlautenden Vorschlag des IDW, Institut der Wirtschaftsprüfer in Deutschland e. V. (1999), S. 594 f. und Baetge/Kirsch/Thiele (2005), S. 696 m. w. N. RIESE ist für die Zuordnung zu den sonstigen Schulden, sofern der Passivposten auf überhängende Teilabrechnungen zurückzuführen ist oder zu den Rückstellungen, sofern er auf einer Verlustantizipation basiert, Riese (2006), Rn. 86. SEEBERG plädiert für einen Ausweis unter den Schulden, Seeberg (2003), Rn. 46.

[383] Adler/Düring/Schmaltz (2002), Abschnitt 16: Fertigungsaufträge, Rn. 155. Ähnlich Riese (2006), Rn. 86.

ausgewiesenen Verluste und Teilabrechnungen (*progress billings*).[384] Unter dem in der Übersetzung zu IAS 11.43 f. verwendeten Begriff der Teilabrechnung sind – übertragen auf die Bauwirtschaft – Abschlagsrechnungen zu verstehen. Sie betreffen gemäß IAS 11.41 Beträge, die für eine vertragsgemäß erbrachte Leistung in Rechnung gestellt wurden. Eine Abnahme im rechtlichen Sinn muss ihnen nicht zugrunde liegen.[385] Sie sind unabhängig davon abzusetzen, ob bereits Zahlung geleistet wurde oder die Zahlung noch aussteht. Die Abrechnungsbeträge werden in der Regel unter den Forderungen aus Lieferungen und Leistungen ausgewiesen.[386]

Die Beachtung des Grundsatzes der Einzelbewertung und des Saldierungsverbotes von Aufträgen mit aktivischem und passivischem Saldo kann dazu führen, dass in ein und derselben IFRS-Baubilanz sowohl ein Aktivposten als auch ein Passivposten aufgeführt wird.

In der Gewinn- und Verlustrechnung werden bereits vor Abnahme des Baus Umsatzerlöse ausgewiesen. Die Vergütung für Nachträge fließt ebenfalls in diese Position ein, sofern bestimmte Bedingungen erfüllt sind, auf die an späterer Stelle näher eingegangen wird. Da in der Branche das Gesamtkostenverfahren dominiert, werden die für den Bauauftrag angefallenen Kosten unter den entsprechenden Aufwandsarten erfasst.[387]

Im Hinblick auf den Bilanzansatz und -ausweis von erhaltenen Anzahlungen wird in IAS 11 neben dem Begriff der *progress billings* der Begriff der *advances* verwendet, der gemäß IAS 11.41 beim Auftragnehmer eingegangene Beträge vor Ausführung der dazugehörigen Leistung beinhaltet. *Advances* haben demnach den Charakter von Vorauszahlungen. Deren bilanzielle Erfassung ist weder in IAS 11 noch in den allgemeinen Bilanzierungsvorschriften des Rahmenkonzeptes explizit geregelt, in der Regel erfolgt ein Ausweis

---

[384] Die Frage, ob antizipierte Verluste ebenfalls in Abzug zu bringen oder mittels einer separaten Rückstellung zu berücksichtigen sind, wird uneinheitlich betrachtet. Für eine Berücksichtigung beim Vermögenswert plädieren zum Beispiel Heuser/Theile (2005), Rn. 835. Offen lassend Wagenhofer (2005), S. 278. Differenzierend Königsmaier/Pirchegger (2001), S. 355 f.: Wird der Fertigungsauftrag unter den Vorräten ausgewiesen, sollen Auftragsverluste direkt in Abzug gebracht werden; bei einem Ausweis als Forderung soll eine Rückstellung gebildet werden.

[385] Adler/Düring/Schmaltz (2002), Abschnitt 16: Fertigungsaufträge, Rn. 151.

[386] Ebenda, Rn. 151 und Seeberg (2003), Rn. 46.

[387] Vgl. zum Beispiel Lüdenbach (2006 a), Rn. 72.

innerhalb des Postens „Verbindlichkeiten aus Lieferungen und Leistungen und sonstige Verbindlichkeiten".[388]

In der Bilanzierungspraxis deutscher Baukonzerne ist noch kein einheitliches Vorgehen im Hinblick auf den Ausweis unfertiger Bauten einschließlich der erhaltenen Anzahlungen zu verzeichnen.

Praktizierte Ausweisalternative 1: Die im Rahmen von Fertigungsaufträgen erbrachten Leistungen werden mit den gestellten Abschlagsrechnungen saldiert. Ein positiver Saldo, das heißt, die erbrachten Leistungen aus Fertigungsaufträgen sind höher als der Betrag gestellter Abschlagsrechnungen, wird unter den Vorräten in einem separaten Posten „Künftige Forderungen aus Fertigungsaufträgen" ausgewiesen.[389] Der Ausweis eines negativen Saldos erfolgt unter den Verbindlichkeiten in einem separaten Posten „Verbindlichkeiten aus Percentage of Completion".[390] Der Saldo aus gestellten Abschlagsrechnungen abzüglich der hierauf erhaltenen Zahlungen wird als Forderungen aus Percentage of Completion bezeichnet und zusammen mit den Forderungen aus Lieferungen und Leistungen ausgewiesen.

Praktizierte Ausweisalternative 2: Die im Rahmen von Fertigungsaufträgen erbrachten Leistungen werden mit den erhaltenen Anzahlungen saldiert. Ein positiver Saldo wird unter den Forderungen in einem separaten Posten „Forderungen aus Fertigungsaufträgen"[391] oder „Forderungen aus Lieferungen und Leistungen – Percentage of Completion (PoC)"[392] ausgewiesen. Die erhaltenen Anzahlungen werden davon abgesetzt. Wenn die kumulierte erbrachte Leistung (Auftragskosten und Auftragsergebnis) nicht schlussabgerechneter Fertigungsaufträge niedriger ist als die darauf entfallenden Anzahlungen, erfolgt der Ausweis unter den Verbindlichkeiten.[393] Die hierauf entfallenden erhaltenen Anzahlungen werden wiederum abgesetzt.

---

[388] Adler/Düring/Schmaltz (2002), Abschnitt 15: Vorräte (Inventories), Rn. 149; Küting (2005), S. 26 oder Küting/Reuter (2006), S. 4.

[389] Vgl. IFRS-Konzernbilanz der Bilfinger Berger AG (2006), S. 82 und S. 99 sowie IFRS-Konzernbilanz der Züblin AG (2005), S. 59, S. 71 und S. 75 f.

[390] Vgl. IFRS-Konzernbilanz der Bilfinger Berger AG (2006), S. 82 f., S. 99 und S. 107 sowie IFRS-Konzernbilanz der Züblin AG (2005), S. 75 f. und S. 79.

[391] Vgl. IFRS-Konzernbilanz der Strabag AG (2006), S. 55 und S. 64.

[392] Vgl. IFRS-Konzernbilanz der Hochtief AG (2006), S. 95 und S. 112.

[393] Vgl. IFRS-Konzernbilanz der Hochtief AG (2006), S. 95 und S. 120 sowie IFRS-Konzernbilanz der Strabag AG (2006), S. 68.

4.3.2.3 Bilanzierung der Höhe nach

Die Frage der Bewertung von angearbeiteten Fertigungsaufträgen ist davon abhängig, ob das Ergebnis des Fertigungsauftrages verlässlich geschätzt werden kann und damit die Anwendungsvoraussetzung der Percentage of Completion-Methode erfüllt ist. Das Schrifttum hat sich mit dieser Problematik grundlegend und intensiv auseinandergesetzt. Die herrschende Meinung ist der Ansicht, dass bei Fertigungsaufträgen, die sich über mindestens einen Bilanzstichtag erstrecken, eine hinreichend verlässliche Schätzung der erforderlichen Parameter grundsätzlich möglich ist.[394] Letztendlich kann es auch nicht im Sinne der IFRS-Rechnungslegungsvorschriften beziehungsweise des International Accounting Standards Board sein, auf der einen Seite die Percentage of Completion-Methode als Regelfall der Bilanzierung für Bauverträge festzuschreiben und auf der anderen Seite die Anwendungsvoraussetzungen praktisch nicht erfüllbar zu gestalten.[395]

Anforderungen an verlässliche Schätzungen

Nach Ansicht des International Accounting Standards Board können verlässliche Schätzungen im allgemeinen vorgenommen werden, wenn[396]

- im Bauvertrag die für Auftraggeber und Auftragnehmer durchsetzbaren Rechte und Pflichten verankert und die Bedingungen der Vertragserfüllung festgeschrieben sind und
- der Auftragnehmer über ein wirksames internes Budgetierungs- und Berichtssystem verfügt und

---

[394] Krawitz (1997), S. 893; Selchert/Lorchheim (1998), S. 31 f.; Institut der Wirtschaftsprüfer in Deutschland e. V. (1999), S. 594; Adler/Düring/Schmaltz (2002), Abschnitt 16: Fertigungsaufträge, Rn. 53; Marx/Löffler (2004), Rn. 110; Pähz (2005), S. 130 und Lüdenbach (2006 a), Rn. 37. Ähnlich Kümpel (2002), S. 908. In den USA, wo die Percentage of Completion-Methode bereits seit längerem Anwendung findet, hat sich gezeigt, dass die Vornahme von verlässlichen Schätzungen durch die Unternehmen möglich ist. Anderer Ansicht ist Leffson (1987), S. 285, der ableitet, dass „das Ergebnis niemals zuverlässig geschätzt werden kann." Eine skeptische Haltung nimmt auch Schildbach (1994), S. 717 ein. Backhaus (1996), S. 40 f. leitet im Ergebnis ab, dass die Voraussetzungen für die Anwendung der Percentage of Completion-Methode aufgrund der Schätzungen und damit verbundenen Unsicherheit in der Regel nicht erfüllt werden.

[395] Vgl. dazu auch Krawitz (1997), S. 893 und Adler/Düring/Schmaltz (2002), Abschnitt 16: Fertigungsaufträge, Rn. 53.

[396] Vgl. IAS 11.29 und zum Beispiel auch Adler/Düring/Schmaltz (2002), Abschnitt 16: Fertigungsaufträge, Rn. 46; Seeberg (2003), Rn. 16 und Heuser/Theile (2005), Rn. 837.

- der Auftragnehmer regelmäßig seine Schätzungen im Hinblick auf Auftragserlöse, Auftragskosten und Fertigstellungsgrad überprüft und diese gegebenenfalls an die geänderten Rahmenbedingungen anpasst.

Die erste Anforderung ist zumindest formal betrachtet abgesichert, da Bauverträge regelmäßig auf der Grundlage der VOB Teil B abgeschlossen werden.

Das wirksame Budgetierungs- und Berichtssystem dürfte von den drei genannten Kriterien mit den größten praktischen Problemen behaftet sein. Gerade in kleinen und mittleren Bauunternehmen sind Controllingsysteme nicht vorhanden oder bergen erhebliche Verbesserungspotentiale in sich.[397] IAS 11 enthält auch keine konkreten Anforderungen an ein derartiges System, an denen sich die Abschlussersteller orientieren könnten. Bei nach US-GAAP bilanzierenden Unternehmen dürfen die Abweichungen zwischen Plan- und Istdaten im projektbezogenen Controllingsystem zehn bis maximal 15 Prozent betragen, damit es noch als zuverlässig bezeichnet werden kann.[398]

Das Kriterium der regelmäßigen Überprüfung der Schätzungen während der Durchführung des Auftrages gilt im Bilanzschrifttum dann als erfüllt, wenn das Unternehmen eine projektbegleitende Auftragskalkulation durchführt oder über ein System vergleichbarer Aussagekraft verfügt.[399]

Die beiden letzten Anforderungen verdeutlichen in besonderem Maße die enge Verzahnung von internem und externem Rechnungswesen und die Verknüpfung zum unternehmerischen Risikomanagementsystem.[400]

Neben diesen drei allgemeinen Kriterien gibt es konkrete Anforderungen zur verlässlichen Schätzung des Ergebnisses aus einem Fertigungsauftrag. Diese hängen vom Vertragstyp ab. IAS 11 unterscheidet zwischen Festpreisvertrag (*fixed price contract*) und Kostenzuschlagsvertrag (*cost plus contract*). Festpreisverträge sind dadurch gekennzeichnet, dass zwischen beiden Vertragsparteien ein Preis pro Outputeinheit vereinbart wird, der gegebenenfalls über Preisgleitklauseln angepasst wird. Bei Kostenzuschlagsverträgen wird auf die

---

[397] Vgl. dazu zum Beispiel Buchholz (2002), S. 1281 und Oepen (2003), S. 2. Ähnlich Klinke (2005), S. 2 f.

[398] Vgl. Freisleben/Leibfried (2004), S. 105.

[399] Institut der Wirtschaftsprüfer in Deutschland e. V. (1999), S. 594 und Adler/Düring/Schmaltz (2002), Abschnitt 16: Fertigungsaufträge, Rn. 49.

[400] Vgl. zum baubezogenen Risikomanagement zum Beispiel Huch/Tecklenburg (2001), S. 299-325.

abrechenbaren Kosten der Leistungsausführung ein fixer oder prozentualer Aufschlag vorgenommen. Da für produzierende Bauunternehmen Festpreisverträge die typischere Vertragsform darstellen und bei Mischformen aus beiden Vertragstypen im Ergebnis die umfangreicheren Anforderungen für Festpreisverträge zu erfüllen sind, wird im Folgenden auf die Darstellung der Anforderungen für diese Vertragsform eingegangen.

Die Anforderungen zur verlässlichen Schätzung des Ergebnisses aus einem Festpreisvertrag enthält Tabelle 4.

Nutzenkriterium	Wahrscheinlichkeit des Zuflusses des wirtschaftlichen Nutzens
Erlöskriterium	verlässliche Bewertung (im Sinne von Schätzung) des mit dem Auftrag verbundenen Erlöses
Kostenkriterium	eindeutige Bestimmbarkeit und verlässliche Bewertung der dem Vertrag zurechenbaren Kosten und verlässliche Bewertung der bis zur Baufertigstellung noch anfallenden Kosten
Baufortschrittskriterium	verlässliche Bewertung des Grades der erreichten Fertigstellung

Tabelle 4: Kriterien zur verlässlichen Schätzung des Ergebnisses eines Bauauftrages in Form eines Festpreisvertrages nach IAS 11.23

Quelle: Eigene Zusammenstellung

Da Fertigungsaufträge als Vermögenswerte anzusetzen sind, sind die Kriterien aus Tabelle 4 im Zusammenhang mit den Anforderungen an die Bilanzierungsfähigkeit eines Vermögenswertes zu beurteilen. Die abstrakte Bilanzierungsfähigkeit erfordert, dass[401]

- es sich um eine in der Verfügungsmacht des Unternehmens stehende Ressource handelt,
- diese Ressource auf Ereignisse der Vergangenheit zurückzuführen ist und
- das Zufließen von zukünftigem wirtschaftlichem Nutzen wahrscheinlich ist.

Die konkrete Ansatzfähigkeit eines Vermögenswertes ist von den Kriterien Wahrscheinlichkeit (*probability*) und verlässliche Bewertung (*reliable measurement*) abhängig.

---

[401] RK 49 a.

Das erste Kriterium ist dann erfüllt, wenn der wirtschaftliche Nutzen dem Unternehmen mit einer Wahrscheinlichkeit von mehr als 50 Prozent zufließt.[402] Einige Autoren nennen auch eine Wahrscheinlichkeit von 70 bis 80 Prozent.[403] Auf kundenspezifische Fertigungen wie Bauwerke bezogen hängt die Wahrscheinlichkeit des Zuflusses des wirtschaftlichen Nutzens in starkem Maße von der Vermeidung beziehungsweise Bewältigung kundenspezifischer Risiken wie beispielsweise des Bonitätsrisikos des Auftraggebers oder des Abnahmerisikos ab.

Die verlässliche Bewertung bezieht sich bei Fertigungsaufträgen, die auf einem Festpreisvertrag basieren, auf Erlöse, Kosten und den Grad der erreichten Fertigstellung. Eine verlässliche Schätzung des mit dem Auftrag verbundenen Erlöses beispielsweise könnte durch eine zweifelhafte Bonität beziehungsweise verschlechterte Zahlungsfähigkeit des Auftraggebers beeinträchtigt sein. In diesem Fall wäre das Erlöskriterium nicht erfüllt mit der Folge, dass keine Teilgewinne realisiert werden dürften.[404] Sofern bereits ein Vermögenswert für den betreffenden Fertigungsauftrag in Vorperioden bilanziert wurde, wäre dieser außerplanmäßig auf den wahrscheinlich realisierbaren Betrag abzuschreiben.[405]

Das Ergebnis des Fertigungsauftrages gilt dann als verlässlich schätzbar, wenn die aufgeführten Kriterien kumulativ erfüllt sind. Auftragerlöse und Auftragskosten sind in diesem Fall gemäß IAS 11.22 in Abhängigkeit vom Baufortschritt am Bilanzstichtag ergebniswirksam zu erfassen.

Ermittlung der Auftragserlöse

Die mit dem Auftrag verbundenen Erlöse umfassen in Anlehnung an IAS 11.11:

a) die ursprüngliche Bauvertragssumme, einschließlich der Leistungen der Nachunternehmer

---

[402] Pellens/Fülbier/Gassen (2006), S. 117 mit einem weiteren Nachweis. Der Grad der Wahrscheinlichkeit geht zwar nicht aus dem Rahmenkonzept zu den IAS/IFRS hervor (speziell aus RK 83 a und 85), er ist aus dem anglo-amerikanischen Sprachraum abgeleitet, Coenenberg (2005), S. 79.

[403] Vgl. dazu Adler/Düring/Schmaltz (2002), Abschnitt 1: Konzeptionelle Grundlagen, Rn. 150 und die dort angegebene Literatur.

[404] Vgl. dazu auch Adler/Düring/Schmaltz (2002), Abschnitt 16: Fertigungsaufträge, Rn. 48.

[405] Ebenda, Rn. 43.

b) die Vergütung für Leistungen,
- die von der ursprünglichen vertraglichen Vereinbarung abweichen (*variations*),
- die im ursprünglichen Preis nicht enthalten sind (*claims*) sowie
- Prämien (*incentive payments*).

c) Etwaige Vertragsstrafen sind in Abzug zu bringen.

Die Bewertung der Auftragserlöse erfolgt gemäß IAS 11.12 zum *fair value*. Der im Schrifttum vertretenen Auffassung, dass bei Festpreisverträgen der Auftragserlös im allgemeinen vertraglich fixiert und damit problemlos zu ermitteln ist,[406] ist einschränkend für den Bauvertrag hinzuzufügen, dass aufgrund von auf Nachträgen oder Bauablaufstörungen basierenden Vergütungsanpassungen eine vertragliche Fixierung der Erlöskomponenten meist nur dem Grunde nach, der Höhe nach aber in der Regel nicht vollumfänglich gegeben ist.[407]

Die in der Bauwirtschaft typischen Einbehalte des Auftraggebers, die der Absicherung seiner eigenen Risikoposition dienen und unter bestimmten Voraussetzungen an den Auftragnehmer zu einem späteren Zeitpunkt ausgezahlt werden, sind als Auftragserlöse zu erfassen, sofern die Auszahlung wahrscheinlich ist.[408] Bei Ablösung des Einbehalts durch eine vom Auftragnehmer zu erbringende Vertragserfüllungs- oder Mängelansprüchebürgschaft ist mit hoher Wahrscheinlichkeit von einer Auszahlung auszugehen.

Inwiefern *variations*, *claims* und *incentive payments* in die Auftragserlöse einzubeziehen sind, ist von deren verlässlicher Ermittlung und der Wahrscheinlichkeit des Generierens von Erlösen abhängig.

Im Falle der angeordneten Abweichung von Leistungen durch den Auftraggeber bildet der ursprüngliche Vertragspreis die Grundlage für Vergütungsanpassungen. Beispiele hierfür sind Nachträge für geänderte Leistungen oder vom Auftraggeber im Vertrag des Auftragnehmers zwar ausbedungene, im nachhinein jedoch selbst übernommene Leistungen. Für die Einbeziehung derartiger Nachträge in die Auftragserlöse ist es gemäß IAS 11.13 erforderlich, dass

---

[406] So zum Beispiel Adler/Düring/Schmaltz (2002), Abschnitt 16: Fertigungsaufträge, Rn. 48.

[407] Vgl. dazu grundsätzlich auch bereits Wagner (1989), S. 134.

[408] Vgl. dazu zum Beispiel Adler/Düring/Schmaltz (2002), Abschnitt 16: Fertigungsaufträge, Rn. 66.

die Vergütungsänderung durch den Kunden wahrscheinlich akzeptiert wird und der Erlös verlässlich ermittelt werden kann.

Bei der Vergütung von Leistungen, die im ursprünglichen Vertragspreis nicht enthalten sind, bestehen zwischen Auftragnehmer und Auftraggeber Verhandlungspotentiale, da die Akzeptanz des grundsätzlichen Vergütungsanspruches unsicherer sein kann und sich der Preis nicht an der Urkalkulation des Auftragnehmers orientieren muss. Die Verhandlungen müssen gemäß IAS 11.14 so weit fortgeschritten sein, dass der Auftraggeber den Nachtrag wahrscheinlich akzeptieren wird. Außerdem ist erforderlich, dass die vom Auftraggeber wahrscheinlich akzeptierte Nachtragshöhe verlässlich bestimmt werden kann. Beispiele für derartige Nachträge sind zusätzliche Leistungen und Beschleunigungsmaßnahmen auf Anordnung des Auftraggebers. In jedem Fall kommt der Dokumentation des Verhandlungsstandes eine große Bedeutung zu.[409]

Ermittlung der Auftragskosten

Bei den Auftragskosten ist zu differenzieren zwischen Kosten, die bis zum Bilanzstichtag angefallen sind und Kosten, die bis zum Bauvertragsende voraussichtlich noch anfallen werden. Zur Schätzung von Kosten auf den Fertigstellungszeitpunkt hin enthält IAS 11 keine konkreten Anweisungen.[410]

Die Auftragskosten dürfen grundsätzlich nur Kosten enthalten, die auf den Herstellungszeitraum entfallen.[411] Im IFRS-Rechnungslegungssystem gilt weiterhin die Regel, dass kalkulatorische Kosten nicht einbezogen werden dürfen.[412]

Die Auftragskosten umfassen in Anlehnung an IAS 11.16:

- die dem Bauvorhaben direkt zurechenbaren Kosten (Einzelkosten),[413]

---

[409] Brune/Mielicki (2003), S. 33.

[410] Zur praktischen Handhabung vgl. Epstein/Mirza (2005), S. 187, die bei ihren Ausführungen auf andere internationale Rechnungslegungsstandards zurückgreifen.

[411] Adler/Düring/Schmaltz (2002), Abschnitt 16: Fertigungsaufträge, Rn. 96 und Seeberg (2003), Rn. 35. Zur Berücksichtigung vorvertraglicher Kosten vgl. Richter (2000), S. 159 f.; Adler/Düring/Schmaltz (2002), Abschnitt 16: Fertigungsaufträge, Rn. 96-99; Epstein/Mirza (2005), S. 186 f. und Lüdenbach (2006 a), Rn. 62 f.

[412] Adler/Düring/Schmaltz (2002), Abschnitt 16: Fertigungsaufträge, Rn. 83.

[413] Vgl. dazu ausführlicher IAS 11.17. Hierzu gehören zum Beispiel Kosten für Baumaterialien, Lohneinzelkosten, erwarteter Gewährleistungsaufwand oder Kosten für Nachunternehmer. Zu letzteren vgl. auch Riese (2006), Rn. 39 mit Bezug auf Epstein/Mirza (2005), S. 187.

- die dem Bauvorhaben indirekt zurechenbaren Kosten (projekt- und bestimmte unternehmensbezogene Gemeinkosten), wobei gemäß IAS 11.18 eine normale Kapazitätsauslastung zugrunde zu legen ist,[414]
- sämtliche weitere, dem Kunden auf vertraglicher Basis gesondert in Rechnung zu stellende Kosten.[415]

Fremdkapitalkosten können unter bestimmten Bedingungen berücksichtigt werden.[416] Für Kosten, die dem Bauauftrag nicht zugeordnet werden können, besteht ein Einbeziehungsverbot.

Änderungen von Schätzungen, die sich während der Abwicklung des Bauvorhabens bei der Schätzung der Auftragserlöse und Auftragskosten ergeben, und die daraus resultierenden Effekte sind im IFRS-Abschluss prospektiv zu berücksichtigen, eine Anpassung vergangener Berichtszeiträume ist nicht möglich.[417] Die Auswirkungen der Änderung von Schätzungen sind gemäß IAS 8.38 (revised 2003) in der Periode ergebniswirksam zu erfassen, in der die Änderung auftritt, und – soweit die Änderung weitere Perioden berührt – ebenfalls in zukünftigen Berichtsperioden. In IAS 11.38 wird diese Vorgehensweise speziell für *construction contracts* noch einmal explizit hervorgehoben.[418]

---

[414] Leerkosten sind nicht in die Auftragskosten einzubeziehen, sondern in der Periode ihres Anfallens aufwandswirksam zu berücksichtigen, vgl. dazu auch Institut der Wirtschaftsprüfer in Deutschland e. V. (1999), S. 594. Beispiele für dem Vertrag indirekt zurechenbare Kosten sind die Baustelleneinrichtungskosten, die Bauüberwachungskosten oder Kosten für Werkzeuge, die auf mehreren Baustellen zum Einsatz kommen. Vgl. dazu auch IAS 11.18.

[415] Vgl. dazu IAS 11.19. Hierzu gehören beispielsweise Entwicklungskosten.

[416] Vgl. dazu zum Beispiel Adler/Düring/Schmaltz (2002), Abschnitt 16: Fertigungsaufträge, Rn. 92 und Lüdenbach (2006 a), Rn. 61.

[417] Vgl. dazu Adler/Düring/Schmaltz (2002), Abschnitt 3: Erstmalige Anwendung, Änderung von Rechnungslegungsmethoden, Änderung von Schätzungen und Korrektur grundlegender Fehler, Rn. 4, Rn. 114 und Rn. 116 sowie Riese (2006), Rn. 71.

[418] Diese Vorgehensweise entspricht der *cumulative catch-up method*. Die international ebenfalls anzutreffende *reallocation method*, bei der die Änderungen nicht in der aktuellen Periode erfasst, sondern zeitanteilig auf die Folgejahre verteilt werden, steht nicht im Einklang mit IAS 8.38 und ist daher auch nicht zulässig, vgl. dazu Adler/Düring/Schmaltz (2002), Abschnitt 3: Erstmalige Anwendung, Änderung von Rechnungslegungsmethoden, Änderung von Schätzungen und Korrektur grundlegender Fehler, Rn. 117 f. m. w. N.; Adler/Düring/Schmaltz (2002), Abschnitt 16: Fertigungsaufträge, Rn. 139-141 und Seeberg (2003), Rn. 41.

Ermittlung des Fertigstellungsgrades

Ein konkretes Verfahren zur Ermittlung des Fertigstellungsgrades (*stage of completion*) schreibt IAS 11 nicht vor, vielmehr liegt gemäß IAS 11.30 die Anwendung einer Methode, mit der die erbrachte Leistung verlässlich bewertet werden kann, im Ermessen des Auftragnehmers.[419] Insofern ist es möglich, dass in einem Unternehmen mehrere Methoden angewendet werden, wobei im Zeitablauf und bei gleichartigen Aufträgen der Grundsatz der Stetigkeit zu beachten ist.[420] In IAS 11.30 werden drei mögliche Methoden aufgeführt:[421]

1. Anteil der bis zum Stichtag angefallenen Kosten des Auftrages zu den am Stichtag geschätzten gesamten Kosten des Auftrages (*cost-to-cost method*),
2. Anteil des bis zum Stichtag verbrauchten Faktoreinsatzes am geschätzten Gesamtfaktoreinsatz (*effort-expended method*) und
3. Fertigstellung eines Anteils am Gesamtwerk (zum Beispiel *units-of-work-performed method*, *milestone method*, *value-added method*).[422]

Die Methoden eins und zwei sind inputorientierte Messmethoden, bei denen der Baufortschritt auf Basis wert- oder mengenmäßiger Inputfaktoren, das heißt durch Kostenvergleichsmethoden oder auf der Grundlage von Einsatzverbrauchsmengen im Verhältnis zum erwarteten Gesamtverbrauch ermittelt wird. Als mengenmäßiger Input kommen in Abhängigkeit von der Bausparte beispielsweise in Betracht:

---

[419] Vgl. dazu auch Adler/Düring/Schmaltz (2002), Abschnitt 16: Fertigungsaufträge, Rn. 104. Bei der Ermittlung des Fertigstellungsgrades ist von einer Schätzung denn von einer Bewertung auszugehen, vgl. dazu ebenda, Rn. 103. Die Methoden sind nicht zuletzt auch infolge langjähriger praktischer Erfahrung qualitativ so weit ausgebildet, dass sich die Annahme verfestigt hat, dass sie zu zuverlässigen Schätzergebnissen führen, vgl. dazu Wenk (1997), S. 135 f. m. w. N.

[420] Institut der Wirtschaftsprüfer in Deutschland e. V. (1999), S. 594 und Adler/Düring/Schmaltz (2002), Abschnitt 16: Fertigungsaufträge, Rn. 102.

[421] Vgl. dazu und zu weiteren Verfahren zur Bestimmung des Fertigstellungsgrades mit Beispielrechnungen Schindlbeck (1988), S. 178-188; Wenk (1997), S. 128-135; Kümpel (2000), S. 128-141; Adler/Düring/Schmaltz (2002), Abschnitt 16: Fertigungsaufträge, Rn. 105-108; Lüdenbach (2006 a), Rn. 27-35 und Riese (2006), Rn. 57-60, wobei sich die Ausführungen teilweise auf die US-amerikanische Rechnungslegung beziehen, grundsätzlich jedoch auch für die IFRS zutreffend sind. Eine Fallstudie zu den Varianten der Ermittlung des Projektfertigstellungsgrades bei Anwendung der *cost-to-cost method* ist bei Kirsch (2006), S. 54-58 aufgeführt.

[422] Vgl. zum Beispiel Pottgießer/Velte/Weber (2005), S. 315.

- Arbeitsstunden (einschließlich der Arbeitsstunden der Nachunternehmer)[423] im Hochbau,
- Maschinenstunden im Spezialtiefbau oder maschinellen Tunnel- und Straßenbau,
- Materialmengen im Straßenbau.

Methode drei gehört zu den outputorientierten Messmethoden, bei denen der Anteil der zum Stichtag erreichten physischen Bauleistung an der Gesamtbauleistung ermittelt wird. Aus baubetriebswirtschaftlicher Sicht sollten diese den inputorientierten Verfahren vorgezogen werden – sofern eine zuverlässige Schätzung des Baufortschritts bei vertretbaren Kosten möglich ist – weil sie ineffiziente Produktionsfaktorverbräuche mit berücksichtigen.[424] Voraus- und Abschlagszahlungen sind gemäß IAS 11.30 im Regelfall nicht zur Ermittlung des Fertigstellungsgrades geeignet.

Der zutreffenden Bestimmung des Baufortschritts kommt eine nicht zu unterschätzende Bedeutung zu, da diese Größe der Maßstab ist, nach dem die Auftragserlöse und Auftragskosten den einzelnen Rechnungslegungsperioden zugeordnet werden. Bei Anwendung der in der Praxis gebräuchlichen *cost-to-cost method* werden die in der Gewinn- und Verlustrechnung erfassten Auftragskosten der Bestimmung des Baufortschritts zugrunde gelegt und entsprechen somit dem Anteil an den Gesamtkosten, der sich auf der Grundlage des Fertigstellungsgrades ergibt.[425] Bei Messmethoden, die sich nicht an den als Aufwand erfassten Auftragskosten orientieren, wird für die Differenz zwischen den in der Periode gebuchten Auftragskosten und den auf Basis des Baufortschritts der Periode zuzurechnenden Kosten eine Abgrenzung erforderlich.

Sofern die gebuchten Auftragskosten einer Periode die Kosten übersteigen, die nach Maßgabe des Fertigstellungsgrades zu verrechnen sind, führt dies zu

---

[423] Diese Methode wird auch als *labour-hours method* bezeichnet. Sofern das Stundenvolumen der Subunternehmer nicht ermittelt werden kann, ist eine zuverlässige Schätzung des Fertigstellungsgrades nicht möglich, was zu einem Ausschluss der Methode führt, vgl. Adler/Düring/Schmaltz (2002), Abschnitt 16: Fertigungsaufträge, Rn. 107 m. w. N.

[424] Vgl. dazu Jacob (1988), S. 191; Adler/Düring/Schmaltz (2002), Abschnitt 16: Fertigungsaufträge, Rn. 110 f. und Jacob/Heinzelmann/Klinke (2003), Rn. 461. Anderer Ansicht Epstein/Mirza (2005), S. 190. Zu Vor- und Nachteilen von Input- und Output-Messmethoden vgl. Seeberg (2003), Rn. 39 und Pottgießer/Velte/Weber (2005), S. 315 f.

[425] Adler/Düring/Schmaltz (2002), Abschnitt 16: Fertigungsaufträge, Rn. 158 f.

einer aktiven Anpassung, im umgekehrten Fall zu einer passiven.[426] Somit wird der Buchungsstand kostenseitig an den Baufortschritt angepasst. In der Gewinn- und Verlustrechnung werden nur die Auftragserlöse und Auftragskosten ausgewiesen, die dem Baufortschritt entsprechen. Dieser, mit IAS 11 vereinbare Ansatz wird als *revenue-cost approach* bezeichnet.[427] Wie derartig erforderliche Abgrenzungsposten ausgewiesen werden sollen, ist in IAS 11 nicht festgeschrieben, eine Zusammenfassung mit den künftigen Forderungen aus Fertigungsaufträgen oder dem korrespondierenden Passivposten wird als zulässig erachtet.[428]

Eine zweite Alternative besteht darin, die Umsatzerlöse auf der Grundlage der tatsächlichen Auftragskosten der Periode zuzüglich des dem Fertigstellungsgrad entsprechenden Periodengewinns zu ermitteln und die tatsächlich gebuchten Umsatzerlöse an diese Größe anzupassen. Ob diese als *gross-profit approach* bezeichnete Methode jedoch mit IAS 11 vereinbar ist, wird in der Literatur strittig behandelt.[429]

Zero Profit Margin-Methode

Kann das Ergebnis des Fertigungsauftrages nicht verlässlich bestimmt werden, trifft also zumindest eines der in Tabelle 4 aufgeführten Kriterien nicht zu,[430] und decken die erwarteten gesamten Auftragserlöse die gesamten Auftragskosten, ist die Zero Profit Margin-Methode[431] anzuwenden, die im Schrifttum weniger als eigenständige Methode, sondern eher als Sonderfall der Percentage of Completion-Methode oder „verkürzte" Percentage of Completion-

---

[426] Adler/Düring/Schmaltz (2002), Abschnitt 16: Fertigungsaufträge, Rn. 159 und Riese (2006), Rn. 90 f. mit einem Beispiel.

[427] Riese (2006), Rn. 92.

[428] Adler/Düring/Schmaltz (2002), Abschnitt 16: Fertigungsaufträge, Rn. 159.

[429] Adler/Düring/Schmaltz (2002), Abschnitt 16: Fertigungsaufträge, Rn. 161 und Riese (2006), Rn. 92 sehen diese Methode als nicht mit IAS 11 vereinbar an. Anderer Auffassung ist Seeberg (2003), Rn. 43. Laut Statement of Position SOP 81-1 sind in den USA bei Anwendung der US-GAAP beide Ansätze zulässig, vgl. American Institute of Certified Public Accountants (2002), SOP 81-1, Rn. 79-81 und das Berechnungsbeispiel für beide Varianten in ebenda, S. 127-130.

[430] Vgl. Adler/Düring/Schmaltz (2002), Abschnitt 16: Fertigungsaufträge, Rn. 120.

[431] Auch als Recoverable-cost-Methode bezeichnet, vgl. Königsmaier/Pirchegger (2001), S. 349 f.

Methode betrachtet wird.[432] Der Erlös darf gemäß IAS 11.32 lediglich in Höhe der in der Periode angefallenen, wahrscheinlich einbringbaren Auftragskosten erfasst werden, und die Auftragskosten sind in der Periode ihres Anfallens als Aufwand zu erfassen. Die bereits in früheren Perioden ausgewiesenen Gewinne sind zu stornieren, was zum Ausweis eines Verlustes führt.[433] Sofern das Ergebnis des Fertigungsauftrages wieder verlässlich geschätzt werden kann und die Gründe für die Nichtanwendung der Percentage of Completion-Methode somit entfallen sind, sind gemäß IAS 11.35 wieder Teilgewinne zu realisieren. Dabei sind die Teilgewinne aus den Perioden, in denen die Percentage of Completion-Methode nicht angewendet werden durfte, ergebniswirksam in der Periode nachzuholen, in der die Percentage of Completion-Methode erstmals wieder angewendet werden darf.[434]

Berücksichtigung von Verlusten

Sofern es wahrscheinlich ist, dass die gesamten Auftragskosten höher als die gesamten Auftragserlöse sein werden, sind die erwarteten Verluste gemäß IAS 11.36 sofort in voller Höhe als Aufwand zu erfassen.[435] Über den bilanziellen Ausweis gehen in der Literatur die Meinungen auseinander. Strittig ist, ob die Verluste mit dem Sammelposten aus der Abrechnung von Fertigungsaufträgen zu verrechnen und dort auszuweisen sind oder ob eine Rückstellung zu bilden ist.[436]

Der Verlust wird nicht auf zukünftige Perioden verteilt, insoweit werden Gewinne und Verluste imparitätisch behandelt.[437] Die Verlustberücksichtigung ist unabhängig davon durchzuführen, ob der Fertigungsauftrag bisher nach der Per-

---

432 Krawitz (1997), S. 893 und Adler/Düring/Schmaltz (2002), Abschnitt 16: Fertigungsaufträge, Rn. 41 und Rn. 120.

433 Vgl. dazu das Berechnungsbeispiel bei Adler/Düring/Schmaltz (2002), Abschnitt 16: Fertigungsaufträge, Rn. 123-125.

434 Richter (2000), S. 159; Adler/Düring/Schmaltz (2002), Abschnitt 16: Fertigungsaufträge, Rn. 121 und Wagenhofer (2005), S. 275.

435 Ein Verlust ist dann sofort zu erfassen, wenn damit gerechnet werden muss, dass er zu mehr als 50 Prozent eintritt, Adler/Düring/Schmaltz (2002), Abschnitt 16: Fertigungsaufträge, Rn. 128.

436 Für die erste Variante sind Adler/Düring/Schmaltz (2002), Abschnitt 16: Fertigungsaufträge, Rn. 133; Seeberg (2003), Rn. 21 und Lüdenbach (2006 a), Rn. 40 und Rn. 71. Für die zweite Variante sind Epstein/Mirza (2005), S. 192, die im Falle eines Übersteigens der Auftragserlöse durch die Auftragskosten von der Bildung einer Rückstellung sprechen.

437 Heuser/Theile (2005), Rn. 834.

centage of Completion-Methode oder der Zero Profit Margin-Methode bilanziert wurde.[438] Ebenso unerheblich ist es gemäß IAS 11.37, ob der Auftrag bereits angearbeitet wurde, wie weit er fortgeschritten ist oder ob bei anderen, unabhängigen Aufträgen Gewinne zu erwarten sind. Demnach sind drohende Verluste bereits zu dem Zeitpunkt zu berücksichtigen, zu dem ein bindendes Angebot abgegeben wurde, das wahrscheinlich vom Auftraggeber angenommen wird.[439] Die Bemessung der Verlusthöhe erfolgt unter Einbeziehung der dem Bauauftrag direkt und indirekt zurechenbaren Bestandteile der Auftragskosten.[440]

In Abbildung 30 ist die Behandlung von Gewinn- und Verlustaufträgen nach IAS 11 in Form eines Prüfschemas zusammenfassend dargestellt.

[438] Dies ergibt sich aus den Verweisen in IAS 11.22 (Percentage of Completion-Methode) und IAS 11.32 (verkürzte Percentage of Completion-Methode) auf IAS 11.36. Die Berücksichtigung erwarteter Verluste impliziert kein Abweichen von der Anwendung der Percentage of Completion-Methode, vgl. dazu die in der Literatur vorhandenen, voneinander abweichenden Verfahrensweisen und die Diskussion der Alternativen und Beispiele bei Königsmaier/Pirchegger (2001), S. 345-371. Anderer Ansicht sind Selchert/Lorchheim (1998), S. 75, die als Fußnotenvermerk ausführen, dass die Percentage of Completion-Methode nicht mehr angewendet wird, sobald ein Verlust erwartet wird.

[439] Adler/Düring/Schmaltz (2002), Abschnitt 16: Fertigungsaufträge, Rn. 127.

[440] Vgl. ebenda, Rn. 132. Ähnlich Lüdenbach (2006 a), Rn. 40.

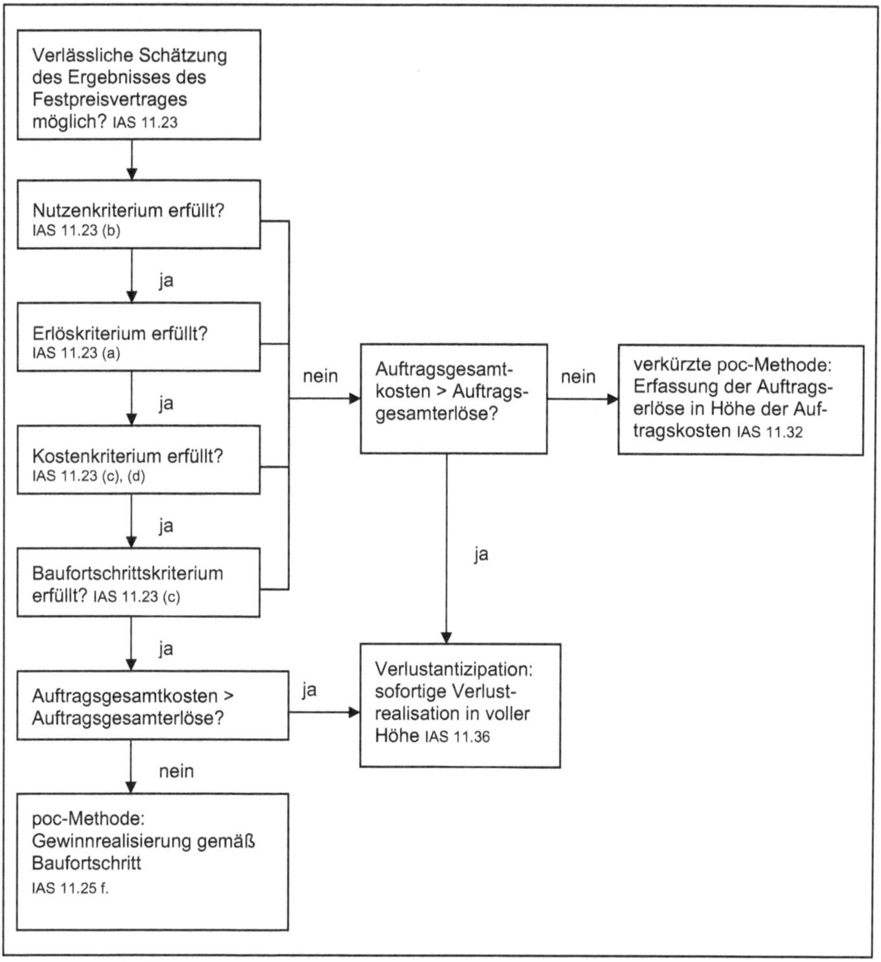

Abbildung 30: Gewinn- und Verlustrealisation bei angearbeiteten Festpreisaufträgen nach IAS 11

Quelle: Eigene Darstellung in Anlehnung an und Erweiterung zu Marx/Löffler (2004), Rn. 106

4.4 Bilanzierungsweisen der in Kooperation erbrachten Wertschöpfungsleistung

Eine Kooperation ist eine auf vertraglicher Vereinbarung beruhende, in der Regel längerfristig orientierte Zusammenarbeit zwischen Unternehmen unter Wahrung der rechtlichen Selbständigkeit der an der Kooperation beteiligten Partner.[441] In der Bauwirtschaft sind Kooperationen in Form von Arbeitsgemeinschaften typisch.[442]

Tabelle 5 veranschaulicht die Beteiligung von Unternehmen des Bauhauptgewerbes an Arbeitsgemeinschaften und den Anteil der in Argen erbrachten Bauleistung an der Jahresbauleistung im Jahr 2003. Daraus ist ersichtlich, dass mit zunehmender Beschäftigtenzahl die Quote der Beteiligung an Argen steigt. Unternehmen ab 500 Beschäftigten haben im Jahr 2003 mehr als ein Zehntel ihrer Bauleistung in Kooperation mit anderen Unternehmen erbracht.

Beschäftigte von ... bis ...	**Unternehmen**	**davon an Argen beteiligt**	**Anteil von Spalte 3 an Spalte 2 in Prozent**	**in Argen erbrachte Bauleistung an Gesamtbauleistung in Prozent**
1	2	3	4	5
20-49	5.284	71	1,3	0,6
50-99	1.444	100	6,9	1,4
100-249	599	103	17,2	2,6
250-499	113	41	36,3	6,0
500-999	35	17	48,6	13,1
>/= 1000	20	16	80,0	11,8
gesamt	7.495	348	4,6	4,7

Tabelle 5: Arge-Beteiligung und in Argen erbrachte Jahresbauleistung der Unternehmen des Bauhauptgewerbes 2003

Quelle: Eigene Zusammenstellung und teilweise eigene Berechnungen auf der Datengrundlage des Statistischen Bundesamtes (2005 b), S. 17

Zu einer Bauarbeitsgemeinschaft schließen sich zwei oder mehrere selbständige Unternehmen auf vertraglicher Basis zusammen, um zeitlich befristet oder auf unbestimmte Dauer horizontal oder vertikal zu kooperieren, wobei die gemeinsame Durchführung eines bestimmten Bauauftrages den Regelfall dar-

[441] In Anlehnung an Picot/Dietl/Franck (2005), S. 173.

[442] Zu weiteren Unternehmereinsatzformen in der Bauwirtschaft vgl. zum Beispiel Weitze (2003), S. 92-97.

stellt.[443] Daneben bestehen weitere typische Kooperationen in Form von Beihilfegemeinschaften, Konsortien und Bietergemeinschaften.[444] Durch die Entwicklungen im Bereich von Public Private Partnerships in Deutschland nehmen Kooperationen in Form von eigenständigen Joint Venture-Gesellschaften wie beispielsweise PPP-Projektgesellschaften an Bedeutung zu. Diese Unternehmenszusammenschlüsse werden für den gesamten Lebenszyklus eines Bauwerkes gebildet und verfügen in der Regel über eine eigene Rechtspersönlichkeit.

Auf horizontaler Ebene kooperieren Bauunternehmen, deren Kerngeschäftsfelder nah beieinander liegen, beispielsweise um einzelne größere Gewerke gemeinschaftlich auszuführen. Vertikale Kooperationen zielen darauf ab, vor- und nachgelagerte Stufen der Wertschöpfungskette in die Arge zu integrieren, um den gesamten Lebenszyklus eines Bauwerkes oder zumindest weite Teile davon angebotsseitig abdecken zu können.[445] Eine dritte Möglichkeit stellen Unternehmenszusammenschlüsse sowohl auf horizontaler als auch auf vertikaler Ebene dar. Ein Beispiel hierfür sind Unternehmen, die unter der Holdingkonzeption einer Dach-Arbeitsgemeinschaft kooperieren.

Arbeitsgemeinschaften, die für die zeitlich befristete Ausführung eines Bauauftrages gebildet werden, sind rechtlich betrachtet BGB-Gesellschaften gemäß §§ 705 ff. BGB. Bei diesen Gesellschaften treten die beteiligten Gesellschafter nach außen in Erscheinung.[446] Bauarbeitsgemeinschaften liegen daher in der Form einer Außengesellschaft mit Gesamthandsvermögen vor.[447] Sie sind rechtsfähig, soweit eigene Rechten und Pflichten durch die Teilnahme am Rechtsverkehr durch die Arge begründet werden können.[448] Als BGB-Gesellschaften sind sie selbständig insolvenzfähig gemäß § 11 Absatz 2 Nummer 1 InsO.

---

[443] Vgl. Neuweiler (1994), S. 1; Wallau/Stephan (1999), S. 11; Burchardt (2003), Rn. 4; Weitze (2003), S. 1 und S. 7 f. m. w. N. und Burchardt/Pfülb et alli (2006), Einführung Rn. 8.

[444] Zur Begrifflichkeit dieser Kooperationsformen vgl. Koeble/Schwärzel-Peters (1996), S. 1734; Burchardt (2003), Rn. 6-9 und Burchardt/Pfülb et alli (2006), Einführung Rn. 11-15.

[445] Vgl. zu vertikalen Kooperationsformen Jacob/Stuhr (2006), S. 130-135.

[446] Mielicki/Burchardt (2003), S. 41.

[447] Koeble/Schwärzel-Peters (1996), S. 1734 f.; Vaubel (2001), S. 45 mit einem weiteren Nachweis; Burchardt (2003), Rn. 4 und Burchardt/Pfülb et alli (2006), Einführung Rn. 8.

[448] Vgl. dazu das BGH-Urteil vom 29.1.2001, AZ II ZR 331/00.

Im Außenverhältnis haften sämtliche Gesellschafter gesamtschuldnerisch (vgl. §§ 421 ff. BGB).[449] Im Innenverhältnis ist zu differenzieren, in welcher Form die Gesellschafterleistungen erbracht werden. Sogenannte Ausführungs-Argen oder Beistell-Argen werden von den Arge-Partnern mit den vertraglich vereinbarten Beistellungen in Form von Beiträgen und Leistungen wie beispielsweise Personal, Geräte, Stoffe, finanzielle Mittel oder Bürgschaften der Gesellschafter gespeist[450] und führen die mit dem Auftraggeber vereinbarten Bauleistungen gemeinschaftlich aus (vgl. Abbildung 31).

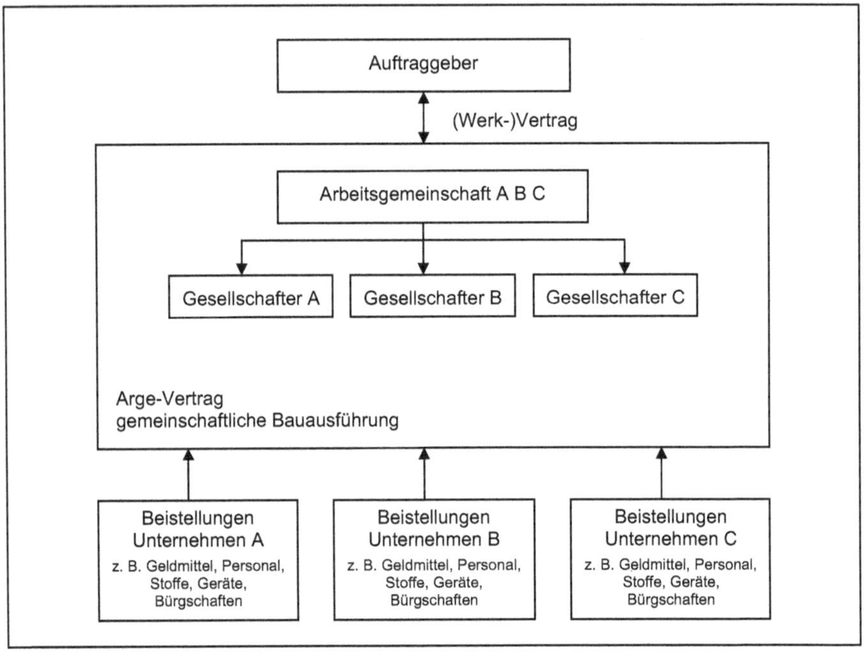

Abbildung 31: Funktionsprinzip einer Ausführungs-Arge

Quelle: Eigene Darstellung in Anlehnung an Mielicki/Burchardt (2003), S. 42

Beim Typus der Dach-Arbeitsgemeinschaft leisten die Gesellschafter ihre Beiträge in erster Linie in Form von eigenverantwortlichen Bauleistungen als Nachunternehmer der Dach-Arge. Die Gesellschafter führen somit die Baulei-

[449] Zu Möglichkeiten der Einschränkung der gesamtschuldnerischen Haftung bei Dach-Argen vgl. die Diskussion denkbarer Alternativen bei Wallau/Kayser/Stephan (1999), S. 93-100.

[450] Vgl. dazu Hauptverband der Deutschen Bauindustrie e. V. (Hrsg.) (2005 a), § 4 Nummer 1.

stungen nicht gemeinschaftlich aus (vgl. Abbildung 32).[451] Der Dach-Arge kommt daher vorrangig Verwaltungsfunktion zu. Diese Form der Arge ist im Innenverhältnis im Vergleich zur Ausführungs-Arge risikoärmer, weil jeder Gesellschafter für seinen Leistungsanteil die Chancen und Risiken allein trägt. Somit werden die Gewinne und Verluste in der Regel auf der Ebene der Nachunternehmer realisiert. Im Außenverhältnis bleibt es jedoch bei der gesamtschuldnerischen Haftung gegenüber dem Auftraggeber der Arge.

Auf der Ebene der Dach-Arge wird der Gesamtauftrag in Einzellose aufgeteilt. Diese werden an die Arge-Partner im Rahmen selbständiger Nachunternehmerverträge vergeben (Alternative eins in Abbildung 32). Damit sind sie in Form des Gesellschafters zum einen anteilig Auftraggeber und als Nachunternehmer zum anderen Auftragnehmer der Dach-Arge. Besteht ein Einzellos beispielsweise aus mehreren Gewerken und wird dieses Los an mehrere Gesellschafter vergeben, würden diese Gesellschafter wiederum eine Arge oder Dach-Arge bilden (Alternative zwei in Abbildung 32). Kann der Leistungsumfang des Bauauftrages nicht vollständig durch die an der Dach-Arge beteiligten Gesellschafter abgedeckt werden, müssen Teile des Auftrages an fremde Drittunternehmen vergeben werden. Soll die ergebnisneutrale Holdingfunktion der Dach-Arge erhalten bleiben, wird sie die auszuführenden Arbeiten einem Einzellos zuweisen, und der mit diesem Los beauftragte Gesellschafter wird die betreffenden Leistungen an einen Nachunternehmer vergeben (Alternative drei in Abbildung 32). Die Dach-Arge kann auch einen eigenständigen Nachunternehmervertrag mit dem Dritten abschließen. Auf der Ebene der Dach-Arge entsteht dann ein Ergebnis in Form eines Gewinnes oder Verlustes, das an die Gesellschafter zu verteilen ist. Mithin tragen in diesem Fall sämtliche Gesellschafter der Arge das mit der Nachunternehmervergabe verbundene Risiko, sind aber auch an den positiven Ergebnissen beteiligt.

[451] Vgl. zu den nachfolgenden Ausführungen Wallau/Kayser/Stephan (1999), S. 22-30 sowie Wallau/Stephan (1999), S. 12-14 und S. 17 f.

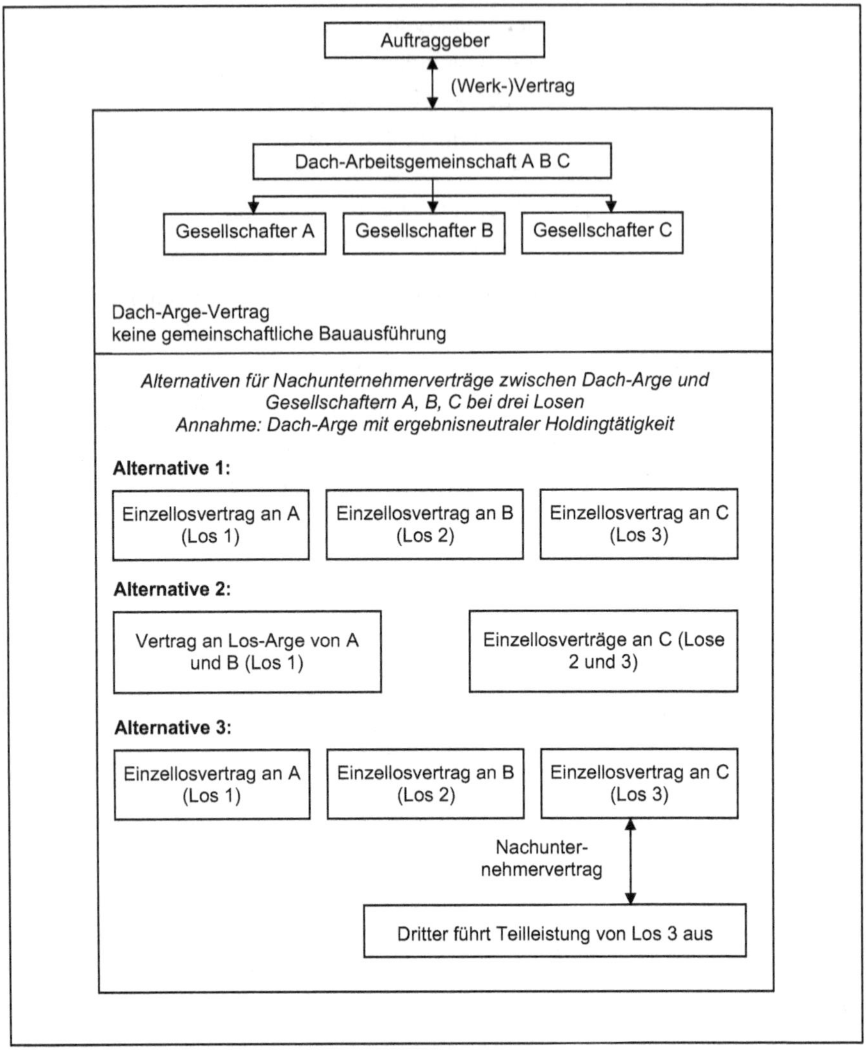

Abbildung 32: Funktionsprinzip einer Dach-Arge

Quelle: Eigene Darstellung in Anlehnung an Wallau/Kayser/Stephan (1999), S. 24 f. und S. 30 respektive Wallau/Stephan (1999), S. 13 f. und S. 18

Die Beurteilung der Beteiligung an Bauarbeitsgemeinschaften ist aus externer Sicht per se als schwierig einzuschätzen, insbesondere dann, wenn die Arge eine BGB-Gesellschaft ist. Aufgrund der gesamtschuldnerischen Haftung im Außenverhältnis bilden die an ihr beteiligten Unternehmen eine Risikogemeinschaft. Wirtschaftliche Schwierigkeiten bei der Arge oder die Insolvenz eines Partners beispielsweise können zu den anderen Arge-Partnern durchdringen.

4.4.1 Bilanzielle Unterscheidung von Bauarbeitsgemeinschaften

4.4.1.1 Überblick

Abbildung 33 gibt einen Überblick über die bilanzielle Unterscheidung von Bauarbeitsgemeinschaften in Deutschland und international nach den IFRS-Rechnungslegungsvorschriften. Für die nachfolgenden Ausführungen wird die Bilanzierung bei den Gesellschaftern der Arbeitsgemeinschaft und nicht bei der Arbeitsgemeinschaft selbst betrachtet.

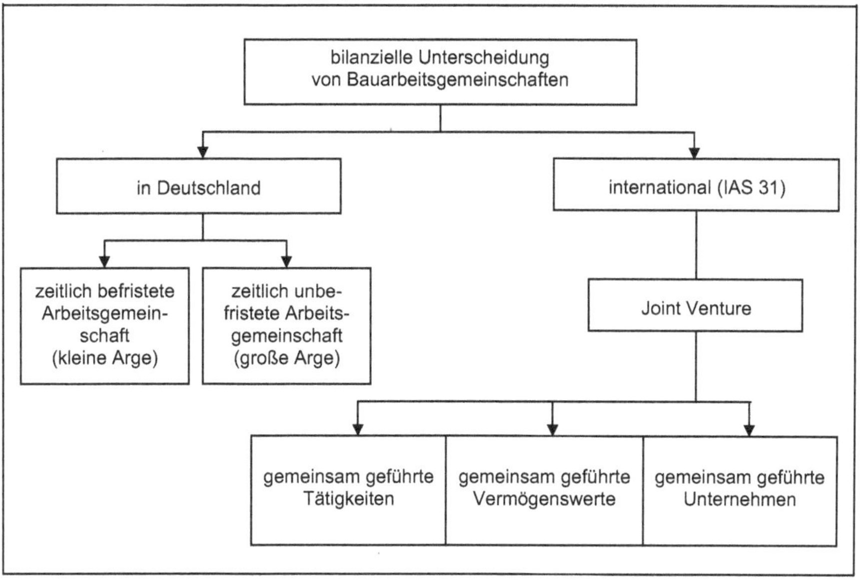

Abbildung 33: Bilanzielle Unterscheidung von Bauarbeitsgemeinschaften

Quelle:Eigene Darstellung

Im deutschen Handelsgesetzbuch sind keine spezifischen Rechnungslegungsvorschriften für Bauarbeitsgemeinschaften verankert. Der Hauptfachausschuss des Institutes der Wirtschaftsprüfer in Deutschland e. V. (IDW) hat im Jahr 1993 eine Stellungnahme „Zur Bilanzierung von Joint Ventures" verabschiedet, in der insbesondere auf Joint Ventures in der Rechtsform einer BGB-Gesellschaft eingegangen wird.[452] Aus der bisherigen Bilanzierungspraxis in Deutschland folgt eine Differenzierung in sogenannte kleine und große Bauar-

[452] Institut der Wirtschaftsprüfer in Deutschland e. V. (1993), S. 441-444.

beitsgemeinschaften.[453] Die Bezeichnung kleine und große Arbeitsgemeinschaft wirkt dabei etwas irritierend, da das Hauptunterscheidungsmerkmal zwischen beiden Formen weniger in der Größe besteht. Mit kleinen Argen sind vielmehr Kooperationen gemeint, die für die Dauer eines bestimmten Auftrages gegründet werden und somit zeitlich befristet sind. Sie stellen die typische Form der Bauarbeitsgemeinschaft dar. Unter großen Argen sind Zusammenschlüsse zu verstehen, die auf die wiederholte gemeinschaftliche Auftragsausführung angelegt sind. Sie sind daher als zeitlich unbefristet zu klassifizieren.[454]

Für die nachfolgenden Betrachtungen zur Bilanzierung von Bauarbeitsgemeinschaften im HGB-Abschluss wird in erster Linie auf die Rechtsform der BGB-Gesellschaft abgestellt, weil

- sich auf diese Form die wesentlichen Bilanzierungsfragen und -probleme konzentrieren.[455] Die Bilanzierung von Personen- und Kapitalgesellschaften ist durch das HGB normiert und bereitet vergleichsweise weniger Schwierigkeiten.
- der überwiegende Teil der Bauarbeitsgemeinschaften zeitlich befristet nur für ein bestimmtes Projekt in der Rechtsform der BGB-Gesellschaft gegründet wird.

Im Kontext der IFRS existieren ebenfalls keine spezifischen Rechnungslegungsvorschriften für Bauarbeitsgemeinschaften. Das International Accounting Standards Board hat jedoch mit IAS 31 einen Standard zur Bilanzierung von Joint Ventures verabschiedet. Die letzte Überarbeitung dieses Standards ist spätestens für Geschäftsjahre, die am 1. Januar 2005 oder danach beginnen, anzuwenden (IAS 31.58). IAS 31 beschäftigt sich mit der Bilanzierung im Abschluss eines am Joint Venture beteiligten Gesellschafters.[456]

Gemäß IAS 31.3 ist ein Joint Venture eine vertragliche Vereinbarung, die eine wirtschaftliche Tätigkeit unter gemeinschaftlicher Führung von zwei oder mehr Partnern beinhaltet. Die Definition enthält die beiden Kriterien beziehungs-

[453] Vgl. Jacob/Heinzelmann/Klinke (2003), Rn. 439.

[454] Zu den weiteren Merkmalen kleiner und großer Argen vgl. Kapitel 4.4.1.2 und 4.4.1.3 der Arbeit.

[455] Gleicher Ansicht Focke (1998), S. 24. Ähnlich Institut der Wirtschaftsprüfer in Deutschland e. V. (1993), S. 441.

[456] Die Bilanzierung beim Joint Venture selbst wird von IAS 31 nicht abgedeckt.

weise Merkmale von Joint Ventures. Sie sind nach IAS 31.7 dadurch gekennzeichnet, dass sich zwei oder mehrere Partnerunternehmen durch eine vertragliche Vereinbarung binden und diese Vereinbarung eine gemeinschaftliche Führung begründet.[457] Unter einem Partnerunternehmen wird gemäß IAS 31.3 ein Unternehmen verstanden, das an der gemeinschaftlichen Führung des Joint Venture beteiligt ist. Davon zu unterscheiden sind Gesellschafter, die als bloße Investoren fungieren und nicht in Entscheidungen einbezogen werden, die für die Zielstellung des Joint Venture von grundlegender Bedeutung sind.[458]

Die Regelungen in IAS 31 sind grundsätzlich für sämtliche Arten von Joint Ventures anzuwenden.[459] IAS 31 differenziert jedoch im Hinblick auf die Erscheinungsformen zwischen drei Haupttypen:

- gemeinsam geführte Tätigkeiten (*jointly controlled operations*)
- gemeinsam geführte Vermögenswerte (*jointly controlled assets*) und
- gemeinsam geführte Unternehmen (*jointly controlled entities*).

Die Hauptunterscheidungsmerkmale dieser drei Typen betreffen die Rechtsform und den rechtlichen Vermögensstatus.[460] Sie werden in Kapitel 4.4.1.4 näher ausgeführt.

Im Schrifttum besteht Einigkeit darüber, dass Arbeitsgemeinschaften der Bauwirtschaft grundsätzlich die Merkmale eines Joint Venture erfüllen und daher IAS 31 die relevante Vorschrift zur Bilanzierung im Abschluss des Arge-Gesellschafters darstellt.[461]

---

[457] Vgl. ausführlicher Lüdenbach (2006 e), Rn. 18-23.

[458] Vgl. dazu ebenda, Rn. 22 und auch die bei Kleber (2003), Rn. 13 aufgeführten charakteristischen Merkmale. Die Bilanzierung im Abschluss eines einfachen Investors ist nicht Gegenstand der weiteren Ausführungen, vgl. dazu zum Beispiel Lüdenbach (2006 e), Rn. 85.

[459] Kleber (2003), Rn. 8.

[460] Ebenda, Rn. 24.

[461] Vgl. dazu zum Beispiel Brune/Mielicki (2003), S. 34 f.; Kleber (2003), Rn. 11; Pähz (2005), S. 122 f. und S. 159 sowie Lüdenbach (2006 e), Rn. 5.

4.4.1.2 Zeitlich befristete Arbeitsgemeinschaften

Die typische deutsche Bauarbeitsgemeinschaft ist durch nachfolgende Merkmale gekennzeichnet.[462] Die Arge wird von den Gesellschaftern mit kurzfristig zur Verfügung gestellten finanziellen Mitteln gespeist, feste Kapitaleinlagen respektive eine kapitalmäßige Beteiligung sind vertraglich regelmäßig nicht vorgesehen.[463] Maschinen, Geräte, Material und Personal werden von den Gesellschaftern auf schuldrechtlicher und nicht auf gesellschaftsrechtlicher Basis zur Verfügung gestellt. Alle wesentlichen Entscheidungen werden auf der Gesellschafterebene über das Organ der Aufsichtsstelle beziehungsweise der Gesellschafterversammlung[464] getroffen, bei der jeder Gesellschafter in der Regel eine Stimme hat.[465] Somit hat die Arbeitsgemeinschaft keine eigenständigen Leitungsorgane.

Die Unternehmenseigenschaft der zeitlich befristeten Bauarbeitsgemeinschaften ist umstritten.[466] Häufig wird sie mit dem Argument der fehlenden Zweckbestimmung beziehungsweise der fehlenden Dauerhaftigkeit abgelehnt.[467] Die Stellungnahme des Betriebswirtschaftlichen Ausschusses des Hauptverbandes der Deutschen Bauindustrie verneint die Unternehmenseigenschaft der kleinen Arge mit einem anderen Argument. Die Arge-Partner lagern lediglich einen Teil ihrer gewöhnlichen Geschäftstätigkeit in die Arge aus. Somit sei die typische Bauarge nicht auf die Verfolgung eigenständiger erwerbswirtschaftlicher Ziele ausgerichtet und besitze daher keine Unternehmenseigenschaft.[468]

---

[462] Vgl. zu den Merkmalen kleiner Argen das Schreiben des betriebswirtschaftlichen Ausschusses im Hauptverband der Deutschen Bauindustrie vom 25.11.1993, zum Beispiel abgedruckt in Weitze (2003), S. 281 f. sowie Lindken/Mielicki (2002), S. 37.

[463] Vgl. dazu auch Hebestreit (1994 a), S. 834.

[464] Zu den Organen von Bauarbeitsgemeinschaften vgl. Burchardt (2003), Rn. 22-46 und speziell zur Aufsichtsstelle ebenda, Rn. 36-43.

[465] Ebenda, Rn. 40.

[466] Befürwortend zum Beispiel Dill (1987), S. 754 mit einem weiteren Nachweis; Vaubel (2001), S. 45 f. und Institut der Wirtschaftsprüfer in Deutschland e. V. (Hrsg.) (2006), T Rn. 48. Ablehnend zum Beispiel Pähz (2005), S. 87-92.

[467] Vgl. dazu die bei Vaubel (2001), S. 45 f. aufgeführte Literatur.

[468] Vgl. Schreiben des betriebswirtschaftlichen Ausschusses im Hauptverband der Deutschen Bauindustrie vom 25.11.1993, zum Beispiel abgedruckt in Weitze (2003), S. 281 f.

4.4.1.3 Zeitlich unbefristete Arbeitsgemeinschaften

Erfüllt eine Bauarbeitsgemeinschaft die Merkmale der zeitlich befristeten respektive kleinen Arge nicht, dann liegt eine sogenannte große Arge beziehungsweise eine Arge mit Wiederholungsabsicht vor. Diese Kooperationen können als Personen- oder Kapitalgesellschaft, aber auch als BGB-Gesellschaft ausgestaltet sein.

Während für die ersten beiden Rechtsformen die Unternehmenseigenschaft zweifelsfrei gegeben ist, müssen bei einer großen BGB-Arge bestimmte Bedingungen erfüllt sein. Da das Vermögen der Arge gesamthänderisch gebunden ist, die Arge erwerbswirtschaftliche Interessen verfolgt, mittels einer Organisation nach außen in Erscheinung tritt und Rechtsbeziehungen zu Dritten oder zu den Partnerunternehmen unterhält, erfüllt sie die geforderten Kriterien und besitzt somit Unternehmenseigenschaft.[469] Die Dauer der Zusammenarbeit oder die Anzahl der gemeinsam zu bearbeitenden Aufträge sind für die Unternehmenseigenschaft unerheblich.[470]

Für die Frage der Konsolidierung großer Bauarbeitsgemeinschaften ist zu prüfen, ob es sich bei dieser Kooperationsform um ein Tochterunternehmen, ein Gemeinschaftsunternehmen oder ein assoziiertes Unternehmen handelt.

Eine Klassifizierung der Arge als voll zu konsolidierendes Tochterunternehmen kommt nicht in Betracht. Die Gründe dafür bestehen in der fehlenden einheitlichen Leitung, die gemäß § 290 Absatz 1 HGB gefordert ist. Kaufmännische und technische Federführung werden regelmäßig nicht an ein und dasselbe Partnerunternehmen übertragen. Zudem wird dem Control-Konzept nach § 290 Absatz 2 HGB nicht entsprochen, da

- in der Regel keinem Gesellschafter die Mehrheit der Stimmrechte zusteht,[471]
- kein Gesellschafter die Mehrheit der Mitglieder des Verwaltungs-, Leitungs- oder Aufsichtsorgans bestellen oder abberufen kann,

---

[469] Vgl. zu diesen Kriterien Institut der Wirtschaftsprüfer in Deutschland e. V. (1993), S. 441; Siebourg (1998), § 290 HGB Rn. 15 und Hoyos/Gutike (2006), § 271 HGB Rn. 12. Vgl. zur Unternehmenseigenschaft von BGB-Joint Ventures auch Focke (1998), S. 147 und Vaubel (2001), S. 42-45 m. w. N.

[470] Institut der Wirtschaftsprüfer in Deutschland e. V. (1993), S. 441 und Siebourg (1998), § 290 HGB Rn. 15.

[471] Vgl. dazu Burchardt (2003), Rn. 40-43.

– keinem Gesellschafter das Recht zusteht, einen beherrschenden Einfluss durch Beherrschungsvertrag oder Satzungsbestimmung auszuüben.

Demnach ist zu prüfen, ob auf Dauer angelegte Arbeitsgemeinschaften als Gemeinschaftsunternehmen oder assoziierte Unternehmen zu klassifizieren sind.

Ein Gemeinschaftsunternehmen ist ein rechtlich selbständiges Unternehmen, das von mindestens zwei Gesellschaftern geführt wird, die wirtschaftlich voneinander unabhängig sind.[472] Das bedeutet, dass ein in den Konzernabschluss einbezogenes Unternehmen gemeinsam mit einem oder mehreren nicht einbezogenen Unternehmen ein anderes Unternehmen führt.[473]

Gemeinschaftsunternehmen müssen den Tatbestand der Unternehmenseigenschaft erfüllen,[474] was für Argen mit Wiederholungsabsicht bereits bejaht wurde. Eine weitere Voraussetzung ist die gemeinschaftliche Führung des Joint Venture durch die Gesellschafter.[475] Der Nachweis einer gemeinsamen Führung wird für einen Anteil der Gesellschafterunternehmen am Joint Venture zwischen 20 und 50 Prozent als unproblematisch angesehen.[476] Anteile von mehr als 50 Prozent begründen in der Regel einen beherrschenden Einfluss beziehungsweise eine einheitliche Leitung und damit ein voll zu konsolidierendes Tochterunternehmen. Für Anteile unter 20 Prozent wird der Nachweis nur in Ausnahmefällen gelingen. Grundsätzlich ist davon auszugehen, dass die Nachweisführung mit zunehmender Gesellschafterzahl schwieriger wird.

Die für die Bauarbeitsgemeinschaft typische Aufteilung der kaufmännischen und technischen Geschäftsführung auf zwei unterschiedliche Gesellschafter ist für das Vorliegen des Tatbestandes der gemeinsamen Führung nicht hinderlich; es kommt vielmehr darauf an, dass die wesentlichen Grundsätze der

---

472 Küting/Köthner/Zündorf (1998), § 311 HGB Rn. 97. Ähnlich Siebourg (1998), § 290 HGB Rn. 38 und Sigle (1998), § 310 HGB Rn. 12.

473 Ähnlich Sigle (1998), § 310 HGB Rn. 24.

474 Adler/Düring/Schmaltz (1998), § 310 HGB Rn. 11 m. w. N. und Sigle (1998), § 310 HGB Rn. 15.

475 Sigle (1998), § 310 HGB Rn. 21.

476 Adler/Düring/Schmaltz (1998), § 310 HGB Rn. 15, die vom Stimmrechtsanteil ausgehen. Ähnlich Sigle (1998), § 310 HGB Rn. 26 und Rn. 36, der sich jedoch auf den Kapitalanteil bezieht.

Geschäftsführung von den Gesellschaftern gemeinsam festgelegt werden,[477] was bei der großen Arge regelmäßig der Fall ist.

Die gemeinsame Führung muss zudem tatsächlich ausgeführt werden. Das bedeutet, dass die wesentlichen Entscheidungsbereiche des Gemeinschaftsunternehmens von den Gesellschaftern beeinflussbar sein sollen.[478] Dieses Merkmal wird bei der zeitlich unbefristeten Bauarge in der Regel durch den Gesellschaftsvertrag erfüllt.[479] Sie sollte weiterhin dauerhaft und nicht nur für einen vorab festgelegten Zeitraum sein, was bei einer großen Arge unproblematisch ist. Die Voraussetzung der wirtschaftlichen Unabhängigkeit der Arge-Partner bedeutet, dass sie nicht alle zu einem Konzern gehören dürfen.

Ein assoziiertes Unternehmen liegt gemäß § 311 Absatz 1 HGB dann vor, wenn[480]

- ein in den Konzernabschluss einbezogenes Unternehmen an dem anderen, nicht einbezogenen Unternehmen im Sinne von § 271 Absatz 1 HGB beteiligt ist und
- ein maßgeblicher Einfluss auf die Geschäfts- und Finanzpolitik des anderen Unternehmens ausgeübt wird.

Als Negativmerkmal darf das assoziierte Unternehmen weder Tochter- noch Gemeinschaftsunternehmen sein.

Unter einer Beteiligung im Sinne von § 271 Absatz 1 Satz 1 HGB werden Anteile an einem anderen Unternehmen verstanden, die zur Herstellung einer dauernden Verbindung bestimmt sind.[481] Der Anteilsbegriff beinhaltet die Gewährung von Mitgliedschaftsrechten, genauer Vermögensrechten wie zum Beispiel die Teilhabe am Gewinn und am Liquidationserlös und Verwaltungsrechten in Form von Mitsprache-, Kontroll- und Informationsrechten.[482] Für Kapital- und Personengesellschaften ist das Vorliegen von Anteilen grundsätz-

---

[477] Adler/Düring/Schmaltz (1998), § 310 HGB Rn. 23. Vgl. auch Sigle (1987), S. 325; Focke (1998), S. 217-219 und Sigle (1998), § 310 HGB Rn. 29. Diese Form der Geschäftsführung wird als geteilte Geschäftsführung bezeichnet, Focke (1998), S. 189.

[478] Siebourg (1998), § 290 HGB Rn. 40 und ausführlicher Sigle (1998), § 310 HGB Rn. 24.

[479] Vgl. Hauptverband der Deutschen Bauindustrie e. V. (Hrsg.) (2005 a), § 6; Hauptverband der Deutschen Bauindustrie e. V. (Hrsg.) (2005 b), § 6.

[480] Vgl. dazu auch Adler/Düring/Schmaltz (1998), § 311 HGB Rn. 8 und Rn. 13 und Küting/Köthner/Zündorf (1998), § 311 HGB Rn. 5.

[481] Vgl. zum Beispiel Adler/Düring/Schmaltz (1998), § 271 HGB Rn. 1.

[482] Ebenda, § 271 HGB Rn. 6 und Focke (1998), S. 144 m. w. N.

lich zu bejahen, auch wenn nicht bei allen Rechtsformen dem Gesellschafter formalrechtliche Anteile zustehen. Bei BGB-Gesellschaften ist der Anteilsbegriff dann erfüllt, sofern Gesamthandsvermögen besteht.[483] Dieses Merkmal erfüllen große BGB-Argen.

Die Anteile sind an einem anderen Unternehmen zu halten. Dass die Unternehmenseigenschaft der großen Arbeitsgemeinschaft zu bejahen ist, wurde bereits erörtert. Demnach verfügt der Arge-Gesellschafter auch über bilanzierungsfähige Anteile. Das Merkmal der Herstellung einer dauerhaften Verbindung ist ebenfalls erfüllt.

Der Begriff des maßgeblichen Einflusses auf die Geschäfts- und Finanzpolitik kann keiner eindeutigen Definition zugeführt werden; es wurden in der Literatur jedoch Indizien herausgebildet, die auf einen maßgeblichen Einfluss schließen lassen, wie zum Beispiel die Teilnahme an unternehmenspolitischen Entscheidungen, die Einflussnahme auf die Zusammensetzung der Geschäftsleitung oder die Teilnahme an Entscheidungen zum Kapitalbedarf und zur Kapitalverwendung.[484]

Der Gesetzgeber vermutet einen maßgeblichen Einfluss, wenn das Unternehmen bei dem anderen Unternehmen mindestens 20 Prozent der Stimmrechte der Gesellschafter innehat (§ 311 Absatz 1 Satz 2 HGB). Diese Vermutung ist allerdings widerlegbar. Wie bei Gemeinschaftsunternehmen kommt es auch hier auf die tatsächliche Ausübung des Einflusses an. Grundsätzlich wird der maßgebliche Einfluss der Arge-Partner auf die Arge zu bejahen sein.

Eine große Arge erfüllt somit sowohl die Kriterien eines Gemeinschaftsunternehmens als auch eines assoziierten Unternehmens. In diesem Fall geht gemäß der Konzeption des HGB die Einstufung als Gemeinschaftsunternehmen der Zuordnung zum Kreis der assoziierten Unternehmen vor. Im Ergebnis ist somit festzuhalten, dass es sich bei der zeitlich unbefristeten Bauarbeitsgemeinschaft im Regelfall um ein Gemeinschaftsunternehmen handelt.

---

[483] Früh/Klar (1993), S. 496; Institut der Wirtschaftsprüfer in Deutschland e. V. (1993), S. 442 und Adler/Düring/Schmaltz (1998), § 271 HGB Rn. 6 und Rn. 9.

[484] Vgl. auch Kirsch (1990), S. 120 f. m. w. N. und Küting/Köthner/Zündorf (1998), § 311 HGB Rn. 23 f.

4.4.1.4 Arbeitsgemeinschaften als Joint Ventures nach IAS 31

Für die bilanzielle Behandlung einer Bauarbeitsgemeinschaft ist es maßgebend, welchem der drei Haupttypen die Arge zuzuordnen ist. Grundsätzlich können Arbeitsgemeinschaften in allen drei aufgeführten Typen vorkommen,[485] so dass eine einzelfallbezogene Würdigung vorzunehmen ist. Im Hinblick auf Rechtsform und rechtlichen Vermögensstatus der drei Typen wurden idealtypische Merkmale herausgearbeitet, um eine Vergleichbarkeit mit den Merkmalen im deutschen Recht herzustellen (vgl. Tabelle 6). Diese sind jedoch nicht zwingend für die Zuordnung zu einem der drei Haupttypen.

Typus	Rechtsform	Vermögensstatus	Klassifizierung
gemeinsam geführte Tätigkeiten	BGB-Innengesellschaft, kein rechtlich selbständiges Unternehmen	kein (relevantes) gemeinsames Vermögen, eigenes Vermögen der Arge-Partner	unechte Arbeitsgemeinschaft, Arbeitsgemeinschaft ohne Bildung von Gesellschaftsvermögen
gemeinsam geführte Vermögenswerte	BGB-Außengesellschaft	Gesamthandsvermögen, (Bruchteilseigentum)	echte Arbeitsgemeinschaft -> kleine Arge
gemeinsam geführte Unternehmen	BGB-Außengesellschaft, Personen- oder Kapitalgesellschaft	Gesamthandsvermögen	Begründung einer eigenen Gesellschaft -> große Arge

Tabelle 6: Regelerscheinungsformen der drei Haupttypen von Joint Ventures nach IFRS

Quelle: Eigene Zusammenstellung in Anlehnung an Kleber (2003), Rn. 21 f. und Rn. 24 und Lüdenbach (2006 e), Rn. 11

Bei der gemeinsam geführten Tätigkeit werden die Ressourcen der Partnerunternehmen im Joint Venture gebündelt und gemeinsam auf der Grundlage einer vertraglichen Vereinbarung im Innenverhältnis genutzt. Die typische Rechtsform ist die einer BGB-Innengesellschaft, der in der Regel keine Unternehmenseigenschaft zukommt, da es ihr an einer nach außen in Erscheinung tretenden Organisation mangelt, die kaufmännische oder gewerbliche Interessen wahrnimmt.[486] Die Kooperation besitzt zumeist kein gemeinschaftliches Vermögen.[487] Es handelt sich somit um reine Innengesellschaften ohne Ge-

[485] Kleber (2003), Rn. 24.

[486] Vgl. Vaubel (2001), S. 30 f. und S. 44 m. w. N. Ähnlich Sigle (1998), § 310 HGB Rn. 15 und Kleber (2003), Rn. 19.

[487] Kleber (2003), Rn. 21 und Lüdenbach (2006 e), Rn. 11 und Rn. 25.

sellschaftsvermögen.[488] Diese Form wird in der Literatur daher auch als unechte Arbeitsgemeinschaft bezeichnet.[489]

Auf der Ebene der Partnerunternehmen ist die gemeinsame Tätigkeit hauptsächlich durch nachfolgende Merkmale gekennzeichnet (IAS 31.13 f.):

- Verwendung der eigenen Vermögenswerte,
- Verursachung eigener Aufwendungen und Eingehen eigener Verbindlichkeiten,
- Aufbringen einer eigenen Finanzierung,
- Einsatz von eigenem Personal für das Joint Venture.

Die Erlöse aus dem Verkauf des gemeinschaftlich erstellten Produktes und die gemeinschaftlich angefallenen Aufwendungen werden auf vertraglicher Basis zwischen den beteiligten Partnerunternehmen aufgeteilt.

Die Bildung einer Bauarbeitsgemeinschaft als Typ der gemeinschaftlich geführten Tätigkeit ist denkbar. Dach-Argen beispielsweise könnten in dieser Form ausgestaltet sein.[490] Dem stünde jedoch entgegen, dass sie zumeist keine reinen BGB-Innengesellschaften darstellen. An dieser Stelle wird deutlich, dass eine pauschale Zuordnung schwierig ist und daher stets der konkrete Einzelfall zu beurteilen ist.

Beim zweiten Haupttyp werden Vermögenswerte, die die Partnerunternehmen selbst in das Joint Venture eingebracht haben oder die für das Joint Venture erworben wurden, zum Nutzen der Partner eingesetzt und gemeinschaftlich geführt (IAS 31.18). Es besteht gemeinsames Eigentum an diesen Vermögenswerten.[491] Ein bilanzierungsfähiger Anteil existiert dahingegen nicht,[492] obwohl idealtypisch Gesamthandsvermögen vorliegt. Jedes Partnerunternehmen ist auf der Grundlage seines Anteiles an den Vermögenswerten auch anteilig an den durch das Joint Venture erzielten Erträgen und verursachten Auf-

---

[488] Kleber (2003), Rn. 23.

[489] So zum Beispiel bei ebenda, Rn. 22-24 und Heuser/Theile (2005), Rn. 1527.

[490] Pähz (2005), S. 167 f. ordnet Dach-Argen beispielsweise als gemeinsame Tätigkeiten ein. Vaubel (2001), S. 178 führt als Beispiel für gemeinsame Tätigkeiten an, „wenn Partnerunternehmen ihr Know-how zur Produktion, Vermarktung sowie zum Vertrieb eines neuen Produktes verbinden, dabei aber auf den verschiedenen Stufen der Produktionskette selbständig tätig sind." Lüdenbach (2006 e), Rn. 11 und Rn. 26 nennt Argen der Bauindustrie ohne Bildung von Gesellschaftsvermögen als Beispiel für gemeinsame Tätigkeiten.

[491] Wagenhofer (2005), S. 418.

[492] Lüdenbach (2006 e), Rn. 16.

wendungen beteiligt. Das gemeinsame Führen lediglich von abrechnungstechnisch bedingten Bank- und Finanzierungskonten stellt keinen Vermögenswert unter gemeinschaftlicher Führung dar.[493] In IAS 31.19 wird darauf hingewiesen, dass es keiner Kapital- oder Personengesellschaft für diese Art von Joint Venture bedarf. Die Partnerunternehmen können sich somit als BGB-Außengesellschaft oder im Ausnahmefall als Bruchteilsgemeinschaft zusammenschließen.[494]

Die Bildung einer BGB-Außengesellschaft entspricht der rechtlichen Einordnung der typischen deutschen Bauarbeitsgemeinschaft in Form der kleinen Arge. In Kombination mit den in IAS 31.18 verankerten Merkmalen der gemeinschaftlich geführten Vermögenswerte kommt dieser Joint Venture-Haupttyp der kleinen Arge daher auch am nächsten.[495] Diese Form wird in der Literatur auch als echte Arbeitsgemeinschaft bezeichnet.[496]

Gemeinschaftlich geführte Unternehmen sind dadurch gekennzeichnet, dass

- ein rechtlich selbständiges Unternehmen in Form einer Personengesellschaft, Kapitalgesellschaft oder anderen rechtlichen Einheit gegründet wird und jedes Partnerunternehmen an diesem Joint Venture beteiligt ist (IAS 31.24),
- das Joint Venture seine Vermögenswerte beherrscht, Schulden eingeht, Aufwendungen trägt, Erträge erzielt, Verträge in eigenem Namen eingeht, Finanzierungen durchführt (IAS 31.25) und
- die Partnerunternehmen einen Anteil am Ergebnis des Joint Venture erhalten oder die erbrachten Leistungen gemeinsam nutzen (IAS 31.25).

---

[493] Lüdenbach (2006 e), Rn. 12 und Rn. 38.

[494] Ähnlich ebenda, Rn. 10 f.

[495] BRUNE und MIELICKI ordnen die typische deutsche Bauarbeitsgemeinschaft unter diese Kategorie ein, Brune/Mielicki (2003), S. 35 und Mielicki (2004), S. 18. PÄHZ leitet her, dass die reine (Beistell-)Arge in der Regel als Vermögenswerte unter gemeinschaftlicher Führung einzuordnen ist, Pähz (2005), S. 162.

[496] So zum Beispiel bei Kleber (2003), Rn. 38 in Verbindung mit Rn. 35 und Heuser/Theile (2005), Rn. 1527, jedoch im Sinne von Bruchteilseigentum. Vaubel (2001), S. 188 f. ist der Ansicht, dass echte Arbeitsgemeinschaften als gemeinschaftlich geführte Unternehmen einzuordnen sind.

Im Gegensatz zu den ersten beiden Haupttypen von Joint Ventures haben gemeinschaftlich geführte Unternehmen eigene Bücher zu führen und IFRS-Abschlüsse zu erstellen und vorzulegen, da sie rechtlich selbständige Einheiten sind (IAS 31.28).

Die Bildung einer Arbeitsgemeinschaft als gemeinschaftlich geführtes Unternehmen trifft auf die in der deutschen Terminologie als große Bauarbeitsgemeinschaften klassifizierten Kooperationen zu, die nicht nur für die Dauer eines Bauauftrages gegründet werden.[497] Grundsätzlich ist jede Rechtsform denkbar. IAS 31.24 spricht explizit Kapitalgesellschaften, Personengesellschaften oder andere rechtliche Einheiten an, zu denen beispielsweise auch BGB-Gesellschaften mit Gesamthandsvermögen zählen.

4.4.2 HGB-Einzelbilanz

4.4.2.1 Zeitlich befristete Arbeitsgemeinschaften

Joint Ventures in der Rechtsform einer BGB-Gesellschaft wie Arbeitsgemeinschaften der Bauwirtschaft mit Gesamthandsvermögen haben nach Vorstellung des Institutes der Wirtschaftsprüfer in Deutschland e. V. ihre Mitgliedschaft in ihrem Jahresabschluss als Anteil an dem Joint Venture zu bilanzieren.[498]

Die Zuordnung dieses Anteiles zum Anlagevermögen hängt gemäß § 247 Absatz 2 HGB davon ab, ob dieser dazu bestimmt ist, dem Geschäftsbetrieb dauernd zu dienen. Dabei kommt es weniger auf die tatsächliche Zeitspanne an, sondern vielmehr darauf, dass der Vermögensgegenstand im Sinne einer Zweckbestimmung dem Geschäftsbetrieb dauernd dient.[499]

Das IDW hat speziell für BGB-Gesellschaften für die Frage der Zuordnung zum Anlage- oder Umlaufvermögen eine Vereinfachungsregel aufgestellt. Sofern die Dauer der Kooperation unbestimmt ist und ihr Gegenstand auf Wiederholungsabsicht angelegt ist, plädiert es für einen Ansatz des Anteils im An-

---

[497] Gleicher Ansicht Pähz (2005), S. 163.

[498] Institut der Wirtschaftsprüfer in Deutschland e. V. (1993), S. 442 und Früh/Klar (1993), S. 496 f. Zur Herleitung der abstrakten und konkreten Aktivierungsfähigkeit vgl. Focke (1998), S. 25-28.

[499] Adler/Düring/Schmaltz (1998), § 247 HGB Rn. 107. Die tatsächliche Dauer wird allenfalls als Anhaltspunkt betrachtet, ebenda, § 247 HGB Rn. 108.

lagevermögen. Für die Zuordnung zum Umlaufvermögen gilt dann, dass die Teilnahme an der Bauarbeitsgemeinschaft nicht dazu dient, dem Geschäftsbetrieb des Gesellschafters dauerhaft zur Verfügung zu stehen, mithin die Dauer bestimmt ist und Wiederholungsabsicht nicht vorliegt.[500] Das IDW führt weiter aus, dass die Zusammenarbeit im Joint Venture nicht über mehr als zwei Abschlussstichtage beim Partnerunternehmen hinausgehen darf.[501] Insofern wären Bauarbeitsgemeinschaften, die zwar für einen einzigen Bauauftrag gegründet werden, deren voraussichtliche Dauer sich aber über mehr als zwei Bilanzstichtage des Arge-Partners erstreckt, dem Anlagevermögen zuzuordnen.

Mit dieser Regelung sind zwei praktische Probleme verbunden. Das erste Problem ist die Bestimmung der voraussichtlichen Dauer und damit die Frage, ob die ursprünglich vertraglich vereinbarte Bauzeit oder die am ersten Bilanzstichtag erwartete Restlaufzeit des Joint Venture zugrunde zu legen ist und welchen Einfluss Bauzeitverlängerungen auf die Zuordnung haben.[502] Das zweite Problem ist mit dem Kriterium der Erstreckung über mehr als zwei Abschlussstichtage verbunden. Demnach spielt nicht nur die Bauzeit, sondern auch der Baubeginn bei der Arge und dessen Verhältnis zum Bilanzstichtag beim Partnerunternehmen eine Rolle. Da die Bilanzierungspraxis diese Probleme – wie später gezeigt wird – umgangen hat, soll an dieser Stelle nicht näher darauf eingegangen werden.

Bei Betrachtung der Merkmale, anhand derer kleine Argen in dieser Arbeit charakterisiert wurden, wird deutlich, dass diese Form der Kooperation für den einzelnen Arge-Partner keinen bilanzierungsfähigen Anteil darstellt. Das Erbringen von Bauleistungen in Form von auf ein konkretes Projekt bezogenen Argen gehört im Ergebnis zum typischen *operating cycle* von Bauunternehmen – ähnlich der Erstellung von Bauwerken in Eigenregie.

Daher sind kleine Argen im Umlaufvermögen zu erfassen. Das IDW plädiert in diesem Zusammenhang für einen Ausweis als sonstiger Vermögensgegen-

---

[500] Institut der Wirtschaftsprüfer in Deutschland e. V. (1993), S. 442 und Hebestreit (1994 a), S. 835. Vgl. auch die diesbezügliche Kritik bei Früh/Klar (1993), S. 497.

[501] In der Literatur wird zum Teil auch in Abweichung dazu eine Dauer über weniger als drei Bilanzstichtage als Abgrenzungsmerkmal betrachtet, dies geht auf das Gewerbesteuergesetz zurück, vgl. Niehus (2005), Rn. 42.

[502] Vgl. dazu die zwischen Hebestreit (1994 a)/(1994 b) und Früh/Klar (1994) geführte Diskussion.

stand (Bilanzposten B.II.4., vgl. § 266 Absatz 2 HGB) oder gegebenenfalls unter einem gesonderten Posten.[503]

In der Bilanzierungspraxis der Baubranche hat sich zumindest für den Fall der typischen Bauarge die Bilanzierung auf der Grundlage eines Arge-Verrechnungskontos etabliert,[504] auf dem der gesamte laufende Austausch zwischen dem jeweiligen Arge-Partner und der Arge erfasst wird. Dieser beinhaltet nicht nur die Ein- und Auszahlungen aufgrund gesellschaftsrechtlicher Vereinbarungen, sondern auch schuldrechtliche Lieferungs- und Leistungsbeziehungen. Letztere entstehen, wenn das Partnerunternehmen der Arge zum Beispiel Geräte und Maschinen oder Personal gegen ein gesondertes, vom Ergebnis der Arge unabhängiges Entgelt zur Verfügung stellt.[505]

Der Saldo, den das Verrechnungskonto zum Bilanzstichtag aufweist, wird in die Bilanz des Arge-Partners übernommen und unter den Forderungen als „Forderungen an Arbeitsgemeinschaften" beziehungsweise unter den Verbindlichkeiten als „Verbindlichkeiten gegenüber Arbeitsgemeinschaften" ausgewiesen.[506] Die Gegenposition in der Gewinn- und Verlustrechnung sind die Umsatzerlöse beziehungsweise die sonstigen Aufwendungen. Kleine Argen werden somit in den Einzelabschluss des Kooperationspartners wie fremde Dritte einbezogen. Zudem erfolgt der Ausweis nicht getrennt nach gesellschafts- und schuldrechtlicher Ebene. Diese Vorgehensweise wird in der Branche damit begründet, dass bis auf die Finanzeinschüsse keine Leistungen auf gesellschaftsrechtlicher Grundlage erfolgen und der überwiegende Teil der Lieferungs- und Leistungsbeziehungen der schuldrechtlichen Ebene zuzuordnen ist.[507] Die Vermengung von gesellschafts- und schuldrechtlichen Beziehungen kann zu Beeinträchtigungen bei der externen Jahresabschluss-

---

[503] Institut der Wirtschaftsprüfer in Deutschland e. V. (1993), S. 442 und Früh/Klar (1993), S. 497. Vgl. dazu auch Focke (1998), S. 154.

[504] Vgl. bereits Dill (1987), S. 752.

[505] Vgl. dazu ausführlicher Früh/Klar (1993), S. 499 f.

[506] Vgl. Schreiben des betriebswirtschaftlichen Ausschusses im Hauptverband der Deutschen Bauindustrie vom 25.11.1993, zum Beispiel abgedruckt in Weitze (2003), S. 281 f. sowie Lindken/Mielicki (2002), S. 38.

[507] Vgl. zu dieser Argumentation Betriebswirtschaftliches Institut der Bauindustrie (1993), Nummer 1. Ähnlich auch Burchardt/Pfülb et alli (2006), § 4 Rn. 67.

analyse führen.[508] Sie steht zudem nicht im Einklang mit der Stellungnahme des IDW.[509]

Die auf das Partnerunternehmen entfallenden gesellschaftsrechtlichen Gewinnanteile werden bei einer Bilanzierung nach dem strengen Realisationsprinzip mit der Arge-Schlussbilanz nach Beendigung der Hauptleistungsverpflichtung als Einmalbetrag und bei Bilanzierung nach den Grundsätzen der Teilgewinnrealisierung ratierlich in den Abschluss des Partnerunternehmens übernommen. Ihr Ausweis erfolgt unter den Umsatzerlösen.[510]

Sich während der Laufzeit der Arge abzeichnende Verluste sind im Gegensatz zu den Gewinnen sofort zu antizipieren. Da der Ausweis des Saldos des Arge-Verrechnungskontos unter den Forderungen im Umlaufvermögen erfolgt, gilt das strenge Niederstwertprinzip. Bei sich abzeichnenden Verlusten ist die Forderung nach dem Prinzip der Einzelbewertung abzuwerten. Ist keine Forderung vorhanden oder reicht der Forderungsbetrag zur Verlustkompensation nicht aus, muss in der Handelsbilanz eine Rückstellung für drohende Verluste aus schwebenden Geschäften gebildet werden.[511] Wird der Saldo unter den Verbindlichkeiten ausgewiesen, dann ist für den zu erwartenden Verlust eine Drohverlustrückstellung zu bilden, eine Erhöhung der Verbindlichkeit ist nicht zulässig.[512] In der Gewinn- und Verlustrechnung sind die Verluste in die sonstigen betrieblichen Aufwendungen einzubeziehen.[513]

Erträge aus dem schuldrechtlichen Leistungsaustausch sind unter den Umsatzerlösen auszuweisen.[514] Die Realisierung von Gewinnen und Berücksichti-

---

[508] Focke (1998), S. 155 f. geht noch weiter, indem er den zusammengefassten Ausweis gesellschafts- und schuldrechtlicher Beziehungen ablehnt, weil er dem Grundsatz der Klarheit entgegensteht.

[509] Vgl. dazu Institut der Wirtschaftsprüfer in Deutschland e. V. (1993), S. 443.

[510] Ähnlich Adler/Düring/Schmaltz (1998), § 277 HGB Rn. 24 und Förschle (2006), § 275 HGB Rn. 58. Dies steht im Einklang mit der Verlautbarung des Hauptfachausschusses des IDW: Für die typische Form der Bauarbeitsgemeinschaft, in die ein Teil der gewöhnlichen Geschäftstätigkeit des Partnerunternehmens rechtlich ausgelagert und in die keine Einlagen geleistet wurden, kann der Ausweis des anteiligen Ergebnisses unter den Umsatzerlösen erfolgen, Institut der Wirtschaftsprüfer in Deutschland e. V. (1993), S. 443 und Früh/Klar (1993), S. 499. Ablehnend Focke (1998), S. 158 f. und Vaubel (2001), S. 135.

[511] Vgl. zum Beispiel Lindken/Mielicki (2002), S. 38.

[512] Vgl. Hauptverband der Deutschen Bauindustrie e. V./Zentralverband des Deutschen Baugewerbes e. V. (Hrsg.) (1987), S. 126.

[513] Adler/Düring/Schmaltz (1998), § 277 HGB Rn. 24.

[514] Vgl. zum Beispiel Adler/Düring/Schmaltz (1998), § 277 HGB Rn. 23 und Förschle (2006), § 275 HGB Rn. 58.

gung von Verlusten aus diesen schuldrechtlichen Vereinbarungen erfolgt wie bei Lieferungen und Leistungen im Zusammenhang mit fremden Dritten nach den allgemeinen Grundsätzen und somit nach dem Realisations- und Imparitätsprinzip. Aufgrund des zum Teil kurzfristigen Charakters dieser Geschäfte können die entsprechenden schuldrechtlichen Gewinne zu einem früheren Zeitpunkt als die gesellschaftsrechtlichen beim Arge-Partner realisiert werden. Um einer vorzeitigen Gewinnverlagerung von der Arge an die Partnerunternehmen entgegenzuwirken, sind die schuldrechtlichen Vereinbarungen vor allem im Hinblick auf die Preise „unter Berücksichtigung der Gesellschafterstellung des Partnerunternehmens ergänzend zu würdigen"[515]. Die Folge von unangemessenen Leistungsverrechnungssätzen sind Interdependenzen zwischen schuld- und gesellschaftsrechtlicher Ebene, da die zwischen Arge und Arge-Partner vereinbarten Preise aus schuldrechtlichen Liefer- und Leistungsbeziehungen das Ergebnis der Arge und somit auch die Höhe des zu übernehmenden anteiligen Arge-Ergebnisses beeinflussen.[516] Eine vorzeitige Verlagerung von Gewinnen der Arge an einzelne Partner ist somit möglich. Wenn sowohl Arge als auch Arge-Gesellschafter in ein und denselben Konzernabschluss einbezogen werden, sind diese Zwischenergebnisse zu eliminieren.

Im Anhang des Partnerunternehmens ist der Anteil der in Arbeitsgemeinschaften abgewickelten Aufträge am Gesamtvolumen der in der Berichtsperiode abgewickelten Aufträge anzugeben und auf die Einbeziehung der anteiligen Arbeitsgemeinschaftsergebnisse in die Umsatzerlöse hinzuweisen.[517]

[515] Institut der Wirtschaftsprüfer in Deutschland e. V. (1993), S. 443. Vgl. zu dieser Problematik auch Früh/Klar (1993), S. 500.

[516] Vgl. dazu auch Früh/Klar (1993), S. 500 und Hebestreit (1994 a), S. 836.

[517] Institut der Wirtschaftsprüfer in Deutschland e. V. (1993), S. 443 und Schreiben des betriebswirtschaftlichen Ausschusses im Hauptverband der Deutschen Bauindustrie vom 25.11.1993, zum Beispiel abgedruckt in Weitze (2003), S. 281 f.

4.4.2.2 Zeitlich unbefristete Arbeitsgemeinschaften

Kooperationen mit unbestimmter Dauer und Wiederholungsabsicht wie große Argen stellen für den Gesellschafter bilanzierungsfähige Anteile dar, die dazu bestimmt sind, dauernd dem Geschäftsbetrieb zu dienen. Sie sind daher dem Anlagevermögen zuzuordnen. Das zur Verfügung gestellte Eigenkapital ist im Finanzanlagevermögen regelmäßig als Beteiligung gemäß § 271 Absatz 1 HGB auszuweisen (Bilanzposten A.III.3., vgl. § 266 Absatz 2 HGB).[518] Die Bewertung erfolgt zu Anschaffungskosten, die in den Folgeperioden fortgeschrieben werden.[519] Die auf gesellschaftsvertraglicher Ebene entstehenden anteiligen Gewinne im Rahmen von Gewinnausschüttungen werden in der Gewinn- und Verlustrechnung als „Erträge aus Beteiligungen" und somit im Finanzergebnis erfasst.

Bei BGB-Argen, die gesetzlich zu keiner handelsrechtlichen Buchführung verpflichtet sind, ist in besonderem Maße zu berücksichtigen, dass nur hinreichend sichere Gewinne der Bauarbeitsgemeinschaft von den Gesellschaftern vereinnahmt werden dürfen; für in der Ergebnisrechnung der Arbeitsgemeinschaft nicht berücksichtigte Risiken wie beispielsweise das Insolvenzrisiko der Arge-Partner ist eine Drohverlustrückstellung (§ 249 Absatz 1 Satz 1 HGB) zu bilden.[520] Sollte der kaufmännisch federführende Arge-Partner im heimischen Unternehmen nach IFRS bilanzieren und dies auch bei der Arge vornehmen, kommt es insbesondere bei großen BGB-Bauargen zu einer Kollision zwischen der Percentage of Completion-Methode im Arge-Abschluss und der Einhaltung des Realisationsprinzips, falls andere Arge-Partner nach HGB bilanzieren. In diesem Fall müssen diese Partner ihren Gewinnanteil anpassen beziehungsweise sämtliche erkennbare Risiken durch entsprechende Rückstellungen in ihrem Abschluss berücksichtigen.[521]

---

[518] Vgl. Jacob/Heinzelmann/Klinke (2003), Rn. 442. Dies gilt auch für Argen in der Rechtsform einer BGB-Gesellschaft, vgl. dazu Früh/Klar (1993), S. 497 und Institut der Wirtschaftsprüfer in Deutschland e. V. (1993), S. 442. Ähnlich Dusemond/Heusinger/Knop (2006), § 266 HGB Rn. 186.

[519] Dies gilt auch für Anteile an BGB-Joint Ventures mit Gesamthandsvermögen, vgl. Früh/Klar (1993), S. 498; Institut der Wirtschaftsprüfer in Deutschland e. V. (1993), S. 442 und Focke (1998), S. 91. Zu außerplanmäßigen Abschreibungen bei Anteilen des Anlagevermögens vgl. Focke (1998), S. 124-126.

[520] Institut der Wirtschaftsprüfer in Deutschland e. V. (1993), S. 443.

[521] Früh/Klar (1993), S. 498 f. und Institut der Wirtschaftsprüfer in Deutschland e. V. (1993), S. 443.

Bei Verlusten aus großen Argen ist – da der Ausweis im Anlagevermögen erfolgt – das gemilderte Niederstwertprinzip zu beachten. Es gelten die allgemeinen Grundsätze zur Abschreibung von Beteiligungsbuchwerten.

Ist ein Unternehmen an mehreren Bauarbeitsgemeinschaften gleichzeitig beteiligt, ist das Prinzip der Einzelbewertung zu berücksichtigen.

4.4.3 IFRS-Einzelbilanz

4.4.3.1 Gemeinsam geführte Tätigkeiten

Bei gemeinsamen Tätigkeiten entstehen gesellschaftsrechtlich keine Anteile an der Kooperation. Die Aktiva und Passiva, die der einzelne Kooperationspartner einsetzt, bleiben Aktiva und Passiva des Kooperationspartners.[522] Demzufolge hat das Partnerunternehmen in seinem Einzelabschluss die mit der Kooperation zusammenhängenden eigenen Vermögenswerte, selbst eingegangenen Schulden, angefallenen Aufwendungen sowie anteiligen Erträge aus dem Absatz der Güter und Leistungen des Joint Venture zu zeigen (IAS 31.15).[523]

4.4.3.2 Gemeinsam geführte Vermögenswerte

Der Arge-Partner bilanziert gemäß IAS 31.21 f. seinen Anteil an den gemeinsam geführten Vermögenswerten, klassifiziert nach der Art des Vermögens,[524] und seinen Anteil an den gemeinschaftlich eingegangenen Schulden des Joint Venture sowie die Schulden, die im eigenen Namen im Zusammenhang mit der Kooperation eingegangen wurden.[525] In der Gewinn- und Verlustrechnung erscheinen die eigenen Aufwendungen, die für das Joint Venture angefallen

---

522 Vgl. Vaubel (2001), S. 34.

523 Vgl. auch Scheffler (2004), Rn. 211 und Lüdenbach (2006 e), Rn. 15 und Rn. 27. Zu der Möglichkeit, dass der Vertrag keine Erlös-, sondern eine Ergebnisteilung enthält, vgl. Lüdenbach (2006 e), Rn. 30 f.

524 Es wird jedoch keine Beteiligung ausgewiesen. Der Anteil an einer gemeinschaftlich geführten Ölpipeline beispielsweise wird als Sachanlage und nicht als Finanzinvestition gezeigt (IAS 31.22).

525 Dazu gehören zum Beispiel Verpflichtungen, die aus der Finanzierung des Anteils an den Vermögenswerten entstehen, vgl. IAS 31.22 b. Zum Sonderproblem einer überproportionalen Finanzierung durch einen Partner beispielsweise aus Bonitätsgründen vgl. Lüdenbach (2006 e), Rn. 41 f.

sind, sowie die anteiligen Aufwendungen und Erträge aus der Kooperation.[526] Aufgrund des fehlenden bilanzierungsfähigen Gesellschaftsanteils kommt es nicht zum Ausweis von Beteiligungserträgen.[527]

4.4.3.3 Gemeinsam geführte Unternehmen

Die in das Gemeinschaftsunternehmen eingebrachten finanziellen Mittel oder anderen Ressourcen werden im Abschluss des Partnerunternehmens als Anteile am gemeinschaftlich geführten Unternehmen bilanziert (IAS 31.29). Die Bewertung dieser Anteile erfolgt beim Kooperationspartner wahlweise zu Anschaffungskosten (*at cost*) oder zum *fair value* (IAS 31.46 in Verbindung mit IAS 27.37 bis IAS 27.42).[528] Bei einer Fair value-Bewertung werden die Anteile regelmäßig als *financial assets at profit or loss* oder als *available-for-sale assets* eingeordnet. Werden die Anteile am Gemeinschaftsunternehmen lediglich zum Zweck der Weiterveräußerung erworben und gehalten, sind besondere Regeln zu beachten.[529] Da dies bei Bauargen jedoch keine primäre Rolle spielt, soll an dieser Stelle nicht näher darauf eingegangen werden.

Neben der Darstellung des Joint Venture im Einzelabschluss des Partnerunternehmens kommt eine weitere Änderung gegenüber dem HGB-Einzelabschluss hinzu. Die langfristige Auftragsfertigung der Bauarbeitsgemeinschaft ist nach den Grundsätzen von IAS 11 und damit mittels der Percentage of Completion-Methode oder der Zero Profit Margin-Methode abzubilden. Die Regelungen für die Antizipation von Verlusten gelten entsprechend. Insoweit wird auf die Ausführungen zur Bilanzierung langfristiger Fertigungsaufträge nach IAS 11 in Kapitel 4.3.2 verwiesen.

---

[526] Vgl. auch Scheffler (2004), Rn. 212 und Lüdenbach (2006 e), Rn. 15 und Rn. 39.

[527] Lüdenbach (2006 e), Rn. 16.

[528] Vgl. auch ebenda, Rn. 15, Rn. 17 und Rn. 58. Der einzelbilanzielle Begriff der Anschaffungskosten gemäß IAS 27.37 ist nicht mit dem des deutschen Handelsrechts identisch, Lüdenbach (2006 c), Rn. 155. Die Einbeziehung von Anteilen in den Einzelabschluss mittels der Equity-Methode ist nicht mehr zulässig, Heuser/Theile (2005), Rn. 1750 und Lüdenbach (2006 d), Rn. 5

[529] Vgl. dazu Lüdenbach (2006 e), Rn. 58.

4.4.4 HGB-Konzernbilanz

Die Berücksichtigung von kleinen Argen erfolgt in der Konzernbilanz analog zur Einzelbilanz, eine Konsolidierung findet somit nicht statt. Die Einbeziehung von großen Bauarbeitsgemeinschaften im Sinne von Gemeinschaftsunternehmen kann mittels der Quotenkonsolidierung erfolgen (§ 310 Absatz 1 HGB). Wird von dieser Methode kein Gebrauch gemacht, ist eine Einbeziehung *at equity* vorzunehmen. Diese Schlussfolgerung ergibt sich aus der Systematik des Gesetzes, denn Gemeinschaftsunternehmen erfüllen in der Regel auch die Anforderungen an ein Assoziierungsverhältnis, und assoziierte Unternehmen sind nach der Equity-Methode im Konzernabschluss zu berücksichtigen.[530] Im Ergebnis besteht demnach ein Wahlrecht zwischen Quotenkonsolidierung und Equity-Methode.[531] Dieses kann zwar für jedes Gemeinschaftsunternehmen gesondert ausgeübt werden, unterliegt dann jedoch dem Stetigkeitsgebot nach § 297 Absatz 3 HGB.[532] In DRS 9.4 ist dieses Wahlrecht explizit verankert. Eine Ausnahme von der Anwendung der Equity-Methode besteht, wenn es sich um eine Beteiligung von untergeordneter Bedeutung handelt.[533] In diesem Fall ist die Beteiligung nach der Anschaffungskostenmethode in den konsolidierten Abschluss einzubeziehen. Auf diese Methode soll bei den weiteren Ausführungen jedoch nicht eingegangen werden, da sie nur in Ausnahmefällen relevant sein dürfte.

Vorbedingung für die quotale oder *at equity* vorzunehmende Einbeziehung von Gemeinschaftsunternehmen in den Konzernabschluss ist, dass ein konsolidierter Abschluss erstellt wird, in den neben dem Mutterunternehmen mindestens ein voll zu konsolidierendes Tochterunternehmen einbezogen wird; ein Gemeinschaftsunternehmen begründet somit für sich betrachtet keine Aufstellungspflicht für einen Konzernabschluss.[534]

---

[530] Vgl. dazu zum Beispiel Kirsch (1990), S. 45-47 und S. 137 und Schmidt (1996), S. 233 mit einem weiteren Nachweis.

[531] Vgl. dazu Adler/Düring/Schmaltz (1998), § 310 HGB Rn. 5-7 und § 311 HGB Rn. 68. Ähnlich Ruhnke/Kluge (1996), S. 577 und Schmidt (1996), S. 237.

[532] Winkeljohann/Böcker (2006), § 310 HGB Rn. 8. Vgl. auch Sigle (1998), § 310 HGB Rn. 8, Rn. 33 f. und Rn. 53.

[533] Vgl. dazu ausführlicher zum Beispiel Adler/Düring/Schmaltz (1998), § 311 HGB Rn. 74-78. Vgl. auch Schmidt (1996), S. 243.

[534] Vgl. zum Beispiel Adler/Düring/Schmaltz (1998), § 311 HGB Rn. 3; Küting/Köthner/Zündorf (1998), § 311 HGB Rn. 108 und Rn. 110; Siebourg (1998), § 290 HGB Rn. 7 und Sigle (1998), § 310 HGB Rn. 16 und Rn. 35.

Sofern der Abschlussstichtag des Gemeinschaftsunternehmens mehr als drei Monate vor dem Stichtag des Konzernabschlusses liegt und eine quotale Konsolidierung vorgesehen ist, muss das Gemeinschaftsunternehmen einen Zwischenabschluss erstellen. Die Bilanzierungs- und Bewertungsansätze sind vor der eigentlichen Konsolidierung an die des Konzerns anzupassen. Für die Einbeziehung *at equity* ist der jeweils letzte Abschluss der Arge zugrunde zu legen. Das Aufstellen von Zwischenabschlüssen ist somit nicht erforderlich. Nach § 312 Absatz 5 HGB bestehen außerdem Erleichterungen im Hinblick auf die Anpassung der Bewertungsmethoden.

4.4.4.1 Quotenkonsolidierung

Die in § 310 HGB verankerte quotale Konsolidierung lehnt sich stark an die Vollkonsolidierung an. Aktiva und Passiva, Aufwendungen und Erträge werden entsprechend der Höhe des Kapitalanteils des Gesellschafters in dessen Konzernabschluss übernommen. Für die Anteile der anderen Gesellschafter wird jedoch kein Ausgleichsposten wie bei der Vollkonsolidierung gebildet, so dass eine Einordnung der Bedeutung anderer Gesellschafter nicht möglich ist und Veränderungen des Einflusses anderer Gesellschafter, die sich in Veränderungen des Ausgleichspostens zeigen, nicht ersichtlich sind.[535]

Im Hinblick auf das Berichtsformat zur Darstellung der anteiligen Posten des Gemeinschaftsunternehmens wird in § 310 HGB keine Festlegung getroffen. Grundsätzlich können diese Posten mit denen der anderen konsolidierten Unternehmen zusammen oder getrennt davon bei den jeweiligen Posten der Bilanz und Gewinn- und Verlustrechnung ausgewiesen werden. Die erste Alternative wird im Schrifttum präferiert.[536] In DRS 9.19 wird ebenfalls ein *line-by-line* Ausweis gefordert.

Die Verrechnung des Beteiligungsbuchwertes mit dem anteiligen Eigenkapital des Gemeinschaftsunternehmens, die im Rahmen der Kapitalkonsolidierung stattfindet, ist nach der Erwerbsmethode vorzunehmen. Gemäß § 301 Absatz 2 Satz 1 HGB in Verbindung mit § 310 Absatz 2 HGB sind die „Wertansätze zum Zeitpunkt des Erwerbes der Anteile oder der erstmaligen Einbeziehung [...] in den Konzernabschluss" maßgebend. Dabei kann zwischen der

[535] Küting/Weber (2006 b), S. 450.
[536] Ruhnke/Kluge (1996), S. 579 m. w. N.

Buchwertmethode (§ 301 Absatz 1 Satz 2 Nummer 1 HGB) oder der Neubewertungsmethode (§ 301 Absatz 1 Satz 2 Nummer 2 HGB) gewählt werden.[537]

Bei beiden Methoden werden im Rahmen der Erstkonsolidierung der Beteiligungsbuchwert des Gesellschafters gegen das anteilige Eigenkapital des Gemeinschaftsunternehmens aufgerechnet und stille Reserven beziehungsweise Lasten aufgedeckt sowie ein sich möglicherweise ergebender aktivischer oder passivischer Unterschiedsbetrag ausgewiesen. Bei der Folgekonsolidierung erfolgt eine Fortführung der festgestellten Differenzbeträge entsprechend deren jeweiligem Charakter.

Auf die detaillierte Darstellung der unterschiedlichen Methoden im Zusammenhang mit der Kapitalkonsolidierung kann an dieser Stelle verzichtet werden. Zum einen führen Buchwert- und Neubewertungsmethode bei der quotalen Konsolidierung grundsätzlich zum selben Konzernbilanzbild.[538] Zum anderen werden Bauarbeitsgemeinschaften von den an ihnen beteiligten Gesellschaftern gegründet. Ein Gesellschafterwechsel ist unüblich. Bei der erstmaligen Einbeziehung in den Konzernabschluss müssen daher keine stillen Reserven und Lasten aufgedeckt werden. Es entstehen auch keine positiven oder negativen Unterschiedsbeträge. Die Anschaffungskosten der Beteiligung des Arge-Partners entsprechen vielmehr seinem Anteil am Eigenkapital der Arge. Somit ist ein wesentlicher Problembereich der Konsolidierung, die Kapitalkonsolidierung, bei der Berücksichtigung von Bauargen im Konzernabschluss entschärft.

Die Konsolidierung von Forderungen und Verbindlichkeiten sowie die Zwischenergebniseliminierung erfolgen ebenfalls quotal. Bei der Zwischenergebniseliminierung ist es unerheblich, ob es sich um Lieferungen oder Leistungen des Gemeinschaftsunternehmens an den Arge-Gesellschafter (Upstream-Geschäfte) oder des Arge-Partners an das Gemeinschaftsunternehmen (Downstream-Geschäfte) handelt. Erfolge aus Downstream-Geschäften können nur

[537] Vgl. zu beiden Methoden grundlegend zum Beispiel Zündorf (1987) und Küting/Weber (2006 b), S. 232-239 und S. 444 f.

[538] Während bei der Buchwertmethode stille Reserven beziehungsweise stille Lasten anteilig aufgedeckt werden, wird bei der Neubewertungsmethode eine Neubewertung der Bilanzposten des Gemeinschaftsunternehmens unter Aufdeckung stiller Reserven und Lasten in voller Höhe vorgenommen. Da diese Posten jedoch nur in Höhe des Kapitalanteils in den Konzernabschluss des Gesellschafters übernommen werden, führen beide Methoden grundsätzlich zum selben Konzernbilanzbild respektive zum selben Ergebnis, Adler/Düring/Schmaltz (1998), § 310 HGB Rn. 35; Sigle (1998), § 310 HGB Rn. 76 f. mit einem Berechnungsbeispiel und Küting/Weber (2006 b), S. 445.

in Höhe des Anteils der anderen Gesellschafter realisiert werden. Eine Zwischenergebniseliminierung ist entbehrlich, sofern sie für die Erfüllung der Einblicksforderung nur von untergeordneter Bedeutung ist (§ 304 Absatz 2 HGB in Verbindung mit § 310 Absatz 2 HGB).

4.4.4.2 Equity-Methode

Die Equity-Methode ist in § 312 HGB verankert. Aus den gesetzlichen Vorschriften geht nicht hervor, ob sie im deutschen Konzernabschluss den Charakter einer Konsolidierungs- oder einer Bewertungsmethode hat. Diese Frage wird in der Literatur strittig behandelt.[539]

Der Ausweis der Equity-Beteiligung erfolgt im Anlagevermögen unter den Finanzanlagen als eigenständiger Posten „Beteiligung an assoziierten Unternehmen" oder als gleichlautender Unterposten der Position Beteiligung (Bilanzposten A.III.3., § 266 Absatz 2 HGB).[540] Der Ergebnisausweis wird in der Gewinn- und Verlustrechnung unter den Erträgen aus assoziierten Unternehmen vorgenommen.[541] Dies gilt auch für *at equity* in den Konzernabschluss einbezogene Gemeinschaftsunternehmen.

Die Equity-Methode zeichnet sich dadurch aus, dass im Konzernabschluss des Gesellschafters nur dessen anteiliger Beteiligungswert gezeigt und unter Berücksichtigung der den Gesellschafter betreffenden Veränderungen des Eigenkapitals des Gemeinschaftsunternehmens fortgeschrieben wird. Der erstmalige Ansatz dieses Wertes kann gemäß § 312 Absatz 1 Satz 1 HGB entweder mit dem Buchwert oder dem anteiligen Eigenkapital erfolgen.[542]

Bei der erstmaligen Aufrechnung des Beteiligungsbuchwertes gegen das anteilige Eigenkapital werden keine Differenzen entstehen, da die Bauarbeitsgemeinschaft von den Arge-Gesellschaftern neu gegründet wird und Gesellschafterwechsel unüblich sind. Insofern entfällt auch die Notwendigkeit der Fortschreibung der bei der erstmaligen Einbeziehung festgestellten Differen-

---

[539] Vgl. dazu Zündorf (1987), S. 21 und ausführlich Kirsch (1990), insbesondere S. 61-67 und die von ihm vorgeschlagene sachverhaltsorientierte Lösung auf S. 156-164. In DRS 8.3 wird von einer Konsolidierungsmethode gesprochen.

[540] Focke (1998), S. 240 und Vaubel (2001), S. 242. Ähnlich Küting/Köthner/Zündorf (1998), § 311 HGB Rn. 130.

[541] Vgl. dazu auch Vaubel (2001), S. 132 und S. 242.

[542] Vgl. zu beiden Methoden grundlegend zum Beispiel Zündorf (1987); Kirsch (1990), S. 55-61; Schmidt (1996), S. 313-323 und Küting/Weber (2006 b), S. 457 f.

zen zwischen Beteiligungsbuchwert und Wert des anteiligen Eigenkapitals in Form von stillen Rücklagen und Lasten, eines *goodwill* oder passivischen Unterschiedsbetrags.

In den Folgejahren wird der Beteiligungsbuchwert jedoch entsprechend der anteilig auf den Arge-Partner entfallenden Veränderungen des Eigenkapitals, also auf der Grundlage des Periodenergebnisses und der Gewinnverwendungspolitik beim Gemeinschaftsunternehmen, fortgeschrieben. Darin besteht auch ein wesentlicher Unterschied der Equity-Methode zum Wertansatz einer Beteiligung im Einzelabschluss, da letztere zu (gegebenenfalls fortgeführten) Anschaffungskosten bewertet wird und nicht *at equity*.

Für die Behandlung von Zwischenergebnissen verweist § 312 Absatz 5 Satz 3 HGB auf die entsprechende, für die Vollkonsolidierung gültige Vorschrift in § 304 HGB.[543] Eine Eliminierung ist jedoch nur vorzunehmen, sofern die erforderlichen Daten bekannt oder zugänglich sind. Sie kann in dem in § 304 Absatz 2 HGB aufgeführten Ausnahmetatbestand unterbleiben.

Die Frage, ob Zwischenergebnisse nur aus Upstream-Geschäften oder sowohl aus Upstream- als auch aus Downstream-Geschäften eliminierungspflichtig sind, wird von den Bilanzkommentaren uneinheitlich betrachtet.[544] In DRS 8.30 wird klar ausgesagt, dass in beiden Fällen eine Eliminierung vorzunehmen ist. Nach § 312 Absatz 5 Satz 4 HGB besteht die Wahl zwischen der vollständigen oder beteiligungsproportionalen Ausschaltung der zwischen Gemeinschaftsunternehmen und Gesellschafter entstandenen Zwischenergebnisse. DRS 8.30 sieht eine anteilige Eliminierung vor.

---

[543] Zur Durchführung der Zwischenerfolgseliminierung bei *at equity* einbezogenen Unternehmen vgl. ausführlich Schmidt (1996), S. 412-427.

[544] Für eine Eliminierungspflicht nur für Upstream-Geschäfte Adler/Düring/Schmaltz (1998), § 312 HGB Rn. 156 f. m. w. N. Für eine Eliminierungspflicht sowohl für Upstream- als auch Downstream-Geschäfte Winkeljohann/Böcker (2006), § 312 HGB Rn. 95-100 m. w. N. Vgl. auch die diesbezügliche Diskussion unterschiedlicher Meinungen bei Kirsch (1990), S. 52-54.

4.4.5 IFRS-Konzernbilanz

Für gemeinschaftlich geführte Tätigkeiten und Vermögenswerte ergeben sich für den Konzernabschluss keine materiellen Änderungen, das heißt, die Bilanzierung wird analog zur Einzelbilanz vorgenommen.[545] Für Anteile an gemeinschaftlich geführten Unternehmen gilt – sofern Materiality-Gesichtspunkte nicht entgegenstehen – für die Einbeziehung in den konsolidierten Abschluss beim Partnerunternehmen die Quotenkonsolidierung als Benchmarkmethode (IAS 31.30). Die alternativ zulässige Methode ist die Equity-Bewertungsmethode (IAS 31.38). Sie wird jedoch ausdrücklich nicht empfohlen, „da eine Quotenkonsolidierung den tatsächlichen wirtschaftlichen Gehalt der Anteile eines Partnerunternehmens an einem gemeinschaftlich geführten Unternehmen, also die Beherrschung über den Anteil des Partnerunternehmens am künftigen wirtschaftlichen Nutzen, besser abbildet."[546] Das Recht der Wahl zwischen beiden Alternativen ist vom Arge-Partner grundsätzlich einheitlich und stetig auszuüben.[547] Sofern Materiality-Gesichtspunkte einer Einbeziehung in den Konzernabschluss entgegenstehen, werden die Anteile analog zur Einzelbilanz zu Anschaffungskosten oder zum *fair value* bewertet.[548]

Gemeinschaftlich geführte Unternehmen begründen für sich allein betrachtet keine Pflicht zur Erstellung eines Konzernabschlusses, das heißt, sie sind nur dann in den Konzernabschluss einzubeziehen, wenn dieser aufgrund mindestens eines vollständig zu konsolidierenden Tochterunternehmens aufgestellt wird.[549]

Ansatz- und Bewertungsvorschriften sind an die des Konzerns anzupassen. Das Aufstellen eines Zwischenabschlusses kann unterbleiben, sofern die Abschlussstichtage von Gemeinschaftsunternehmen und Gesellschafter nicht mehr als drei Monate voneinander abweichen, die Erstellung eines Zwischen-

---

545 Vgl. IAS 31.16 für gemeinsame Tätigkeiten und IAS 31.22 für Vermögenswerte unter gemeinschaftlicher Führung: „Da die Vermögenswerte, Schulden, Erträge und Aufwendungen bereits im Abschluss des Partnerunternehmens angesetzt wurden, sind bei der Vorlage des Konzernabschlusses des Partnerunternehmens keine Berichtigungen oder andere Konsolidierungsverfahren in Bezug auf diese Posten notwendig."

546 IAS 31.40.

547 Vgl. dazu auch die Vorschrift zur Stetigkeit der Bilanzierungs- und Bewertungsmethoden in IAS 8.13; Heuser/Theile (2005), Rn. 1525 und Wagenhofer (2005), S. 419.

548 Lüdenbach (2005 b), Rn. 102.

549 Vgl. auch Lüdenbach (2006 c), Rn. 2 und Rn. 88.

abschlusses unpraktikabel ist und für bedeutende Geschäftsvorfälle zwischen beiden Bilanzstichtagen Anpassungen vorgenommen werden. Weichen beide Bilanzstichtage um mehr als drei Monate voneinander ab, ist ein Zwischenabschluss zu erstellen.[550]

4.4.5.1 Quotenkonsolidierung

Bei der Quotenkonsolidierung hat das Partnerunternehmen Vermögen, Schulden, Aufwendungen und Erträge anteilig zu erfassen und im Konzernabschluss auszuweisen. Grundlage bildet in der Regel der Kapitalanteil des Gesellschafters.[551]

Für den Ausweis kann gemäß IAS 31.34 zwischen zwei Berichtsformaten gewählt werden. Die erste Alternative besteht darin, dass die anteilig aus der Arbeitsgemeinschaft herrührenden Vermögenswerte, Schulden, Aufwendungen und Erträge mit den entsprechenden eigenen Posten im Konzernabschluss zusammen ausgewiesen werden (*line-by-line reporting*). Die zweite Möglichkeit besteht in einem getrennten Ausweis der eigenen und anteiligen Posten (*separate-line-items, separate-line reporting*).[552] Das *line-by-line reporting* ist die in der Praxis übliche Variante.[553]

Die Konsolidierungsmethodik beziehungsweise -technik lehnt sich an die Regelungen zur Vollkonsolidierung nach IAS 27 an, so dass die Konsolidierung der Abschlussposten sowie die Zwischenergebniseliminierung analog vorzunehmen sind.[554]

Die Kapitalkonsolidierung ist gesondert in IFRS 3 „Unternehmenszusammenschlüsse“ geregelt und in analoger Weise bei der Quotenkonsolidierung von Joint Ventures anzuwenden. Dieser Standard, der IAS 22 ersetzt, wurde am 31.03.2004 veröffentlicht und am 21.12.2004 von der Europäischen Union an-

---

550 Vgl. dazu Heuser/Theile (2005), Rn. 1752 und Lüdenbach (2006 e), Rn. 61 mit Verweis auf Lüdenbach (2006 c), Rn. 89-92.

551 Heuser/Theile (2005), Rn. 1732. Zu alternativen Vorgehensweisen bei einem Abweichen von Kapital- und vertraglich vereinbartem Gewinnanteil vgl. Kleber (2003), Rn. 62-67 und Lüdenbach (2006 e), Rn. 71-73.

552 Vgl. dazu ausführlicher Vaubel (2001), S. 201 f. und S. 204 f. sowie den Überblick auf S. 243.

553 Heuser/Theile (2005), Rn. 1736.

554 Vgl. dazu zum Beispiel Institut der Wirtschaftsprüfer in Deutschland e. V. (Hrsg.) (2006), N Rn. 728 f.

erkannt.[555] Für Unternehmenszusammenschlüsse ab dem 31.03.2004 (*agreement date*) muss die Erwerbsmethode angewendet werden, die Interessenzusammenführungsmethode ist nicht mehr zulässig.[556] Da bei Bauarbeitsgemeinschaften in der Regel kein Erwerb von Anteilen stattfindet, sondern eine Neugründung vorgenommen wird und Gesellschafterwechsel unüblich sind, wird die Thematik der Kapitalkonsolidierung einschließlich der damit zusammenhängenden Probleme an dieser Stelle nicht weiter vertieft.

Geschäftsvorfälle zwischen Partnerunternehmen und Joint Venture unterliegen der Zwischenergebniseliminierung. Bei Einlagen oder Verkäufen des Partnerunternehmens an das Joint Venture (Downstream-Lieferungen) gilt IAS 31.48 in Verbindung mit SIC 13. SIC 13 befasst sich mit der Übertragung von nicht monetären Vermögenswerten als Einlage in ein gemeinschaftlich geführtes Unternehmen im Tausch gegen Kapitalanteile an diesem Unternehmen. Nach SIC 13.5 hat das Partnerunternehmen – abgesehen von drei Ausnahmetatbeständen[557] – den Gewinn oder Verlust nur in Höhe des den anderen Partnerunternehmen zuzurechnenden Kapitalanteils zu erfassen und somit im Ausmaß des eigenen Gewinn- oder Verlustanteils zu eliminieren. Verluste sind nur dann in voller Höhe beim Partnerunternehmen zu berücksichtigen, wenn substanzielle Hinweise für eine Wertminderung bei den Vermögenswerten vorliegen (IAS 31.48).

Beim Kauf von Vermögenswerten des Joint Venture durch das Partnerunternehmen (Upstream-Lieferungen) darf der auf den eigenen Anteil entfallende Gewinn oder Verlust erst bei einer Weiterveräußerung an einen unabhängigen Dritten realisiert werden (IAS 31.49). Ein Verlust ist jedoch dann sofort zu erfassen, wenn eine Wertminderung bei den Vermögenswerten gegeben ist.

---

[555] Zu den Änderungen von IFRS 3 gegenüber IAS 22 vgl. zum Beispiel überblicksartig Heuser/Theile (2005), Rn. 1600 f.

[556] Lüdenbach (2006 b), Rn. 7.

[557] Vgl. dazu SIC 13.5 a bis c; Kleber (2003), Rn. 50 und Lüdenbach (2006 e), Rn. 65.

4.4.5.2 Equity-Methode

Die Equity-Methode wird nicht in IAS 31, sondern in IAS 28 beschrieben. Aufgrund des Verweises in IAS 31.40 besitzt sie auch für gemeinschaftlich geführte Unternehmen Gültigkeit.[558]

Die Anteile an Gemeinschaftsunternehmen, die *at equity* in den Konzernabschluss einbezogen werden, sind gesondert im Anlagevermögen auszuweisen; Beteiligungen, die unter Materiality-Gesichtspunkten von untergeordneter Bedeutung sind und daher nicht in der Bilanz erfasst werden, sind im Anhang anzugeben.[559] Die Ergebnisbeiträge werden in Analogie hierzu gesondert in der Gewinn- und Verlustrechnung oder im Anhang ausgewiesen.[560]

Für die Bestimmung des Equity-Wertes ist auf die Vorschriften in IFRS 3 zurückzugreifen. Bei der erstmaligen Einbeziehung in den Konzernabschluss entspricht der Anteil am Buchwert des Reinvermögens dem Anteil am beizulegenden Zeitwert, da die Bauarbeitsgemeinschaft neu gegründet wird. Insofern sind keine anteiligen stillen Reserven und Lasten aufzudecken und in einer außerbilanziellen Nebenrechnung zu erfassen.[561] Bei der Folgekonsolidierung erfolgt eine Fortschreibung des Wertes.[562] Sollte der anteilig zu übernehmende Jahresfehlbetrag dem Beteiligungsansatz entsprechen oder ihn übersteigen, werden die Anteile mit einem Buchwert von Null im konsolidierten Abschluss des Arge-Gesellschafters ausgewiesen (IAS 28.29 f.). Die überschießenden Verluste sind in einer Nebenrechnung zu führen. Gewinne aus zukünftigen Rechnungslegungsperioden werden zunächst mit diesen Verlusten verrechnet und erst dann dem Beteiligungswert wieder zugeschrieben, wenn die Verluste aus der Nebenrechnung vollständig abgebaut sind.[563] Im Anhang sind die überschießenden Verluste für die jeweilige Periode und kumuliert anzugeben (IAS 28.37 g).

Zwischenergebnisse aus Transaktionen zwischen Partner- und Gemeinschaftsunternehmen sind in Höhe der Beteiligungsquote zu eliminieren, dies

---

[558] Lüdenbach (2006 d), Rn. 3.

[559] Heuser/Theile (2005), Rn. 239 und Rn. 1771. Ähnlich Lüdenbach (2005 b), Rn. 166.

[560] Vgl. hierzu näher Heuser/Theile (2005), Rn. 257 f. und Rn. 1771.

[561] Vgl. zu diesem Vorgang zum Beispiel ebenda, Rn. 1754.

[562] Vgl. dazu näher Lüdenbach (2005 a), Rn. 33.

[563] Heuser/Theile (2005), Rn. 1767 und Lüdenbach (2006 d), Rn. 68.

gilt sowohl für Upstream- als auch für Downstream-Lieferungen.[564] Materiality-Aspekten und Kosten-Nutzen-Erwägungen kommt in diesem Zusammenhang eine tragende Rolle zu.[565]

564 Heuser/Theile (2005), Rn. 1762 und Rn. 1902 sowie Lüdenbach (2006 d), Rn. 61.

565 Lüdenbach (2006 d), Rn. 63.

5 Beurteilung der Informationsgewinnung aus Kreditgebersicht

5.1 In Eigenregie erbrachte Bauleistung

5.1.1 Synoptische Darstellung der Bilanzierungsweisen

In Abbildung 34 ist die Bilanzierung der für fremde Dritte in Eigenregie erstellten Bauten von Baubeginn bis Abnahme nach HGB den Vorschriften nach IFRS gegenübergestellt. In dieser Phase treten die Abweichungen zwischen beiden Rechnungslegungssystemen am deutlichsten in Erscheinung.

Im HGB sind die Halbfabrikate nach herrschender Meinung im Umlaufvermögen unter den Vorräten auszuweisen. Die vom Kunden erhaltenen Vorauszahlungen werden passiviert und Abschlagszahlungen aktivisch vom Wert der unfertigen Bauten offen in der Bilanz abgesetzt beziehungsweise – sofern sie den Wert des aktivierten Halbfabrikates übersteigen – zusammen mit den Vorauszahlungen passivisch ausgewiesen. In der Gewinn- und Verlustrechnung, die in der Branche nach dem Gesamtkostenverfahren erstellt wird, wird bis zum Zeitpunkt der Abnahme die in der Periode erfolgte Änderung des Bestandes gezeigt. Ein Ausweis von Umsatzerlösen erfolgt erst nach der Abnahme. Die mit dem Bauauftrag verbundenen berücksichtigungsfähigen Kosten sind in den entsprechenden Aufwandspositionen der Gewinn- und Verlustrechnung enthalten.

HGB

Bilanzierung dem Grunde nach

- **Bilanz:** Ausweis unter Vorräten im Umlaufvermögen (herrschende Meinung), offenes Absetzen der Abschlagszahlungen vom Halbfabrikat
- **GuV:** Bestandsänderung (Gesamtkostenverfahren), Auftragskosten unter entsprechenden Aufwandspositionen

Bilanzierung der Höhe nach

- Realisationsprinzip, das heißt Completed Contract-Methode, vorzeitige Teilgewinnrealisierung als Ausnahme
- niedrigerer Wert aus Herstellungskosten und niedrigerem beizulegendem Wert, gegebenenfalls Bildung einer Rückstellung für drohende Verluste aus schwebenden Geschäften
- Nachtragsansprüche nur nach Genehmigung durch Kunden und sofern bereits pagatorische Kosten verursacht

IFRS

Bilanzierung dem Grunde nach

- **Bilanz:** Ausweis eines positiven (negativen) Saldos gegenüber Kunden unter Vorräten oder Forderungen im Umlaufvermögen (erhaltenen Anzahlungen)
- **GuV:** Umsatzerlöse, Auftragskosten unter entsprechenden Aufwandspositionen

Bilanzierung der Höhe nach

<u>Ergebnis des Fertigungsauftrages kann verlässlich geschätzt werden:</u>

- Teilgewinnrealisierung nach der Percentage of Completion-Methode: Umsatzerlöse und Auftragskosten gemäß Baufortschritt
- Auftragskosten plus Teilgewinne minus Verluste minus Abschlagsrechnungen
- Nachträge in Abhängigkeit vom Verhandlungsstand mit dem Kunden

<u>Ergebnis des Fertigungsauftrages kann nicht verlässlich geschätzt werden:</u>

- keine Teilgewinnrealisierung: Umsatzerlöse in Höhe der wahrscheinlich einbringbaren Auftragskosten (Zero Profit Margin-Methode)

Abbildung 34: Synopse zur Bilanzierung unfertiger, für fremde Dritte erstellter Bauten nach HGB und IFRS

Quelle: Eigene Zusammenstellung

Die Bewertung der unfertigen Bauten erfolgt zum niedrigeren Wert aus Herstellungskosten und niedrigerem beizulegendem Wert, bis das Bauwerk vom Auftraggeber abgenommen wurde und die vertragliche Hauptleistung somit erfüllt ist (Completed Contract-Methode). Eine vorzeitige Teilgewinnrealisierung findet aufgrund der strengen Anwendungsvoraussetzungen im Zusammenhang mit dem Realisationsprinzip nur in ganz seltenen Fällen statt, wenn beispielsweise eigenständige Teilabnahmen vereinbart wurden. Verluste, die den Wert des aktivierten Halbfabrikates übersteigen, sind in eine Rückstellung für drohende Verluste aus schwebenden Geschäften einzustellen.

An die Berücksichtigung von Nachträgen beispielsweise in Form von geänderten oder zusätzlichen Leistungen werden handelsrechtlich vergleichsweise strenge Anforderungen gestellt. Sie dürfen nur nach Genehmigung durch den Auftraggeber in den Abschluss einbezogen werden. Bis zur Abnahme fließen sie im Rahmen der Herstellungskosten in die Bilanz ein, sofern für die Nachtragsarbeiten bereits pagatorische Kosten angefallen sind.

Für den Ausweis von Fertigungsaufträgen nach IAS 11 hat sich in der Theorie und der Baubilanzierungspraxis noch kein einheitliches Vorgehen herausgebildet. Mangels einer konkreten Vorgabe in IAS 11 ist der Ausweis eines positiven Saldos gegenüber Kunden im Umlaufvermögen sowohl unter den Vorräten als auch unter den Forderungen möglich. Ein negativer Saldo sollte passivisch unter einem gesonderten Posten bei den erhaltenen Anzahlungen gezeigt werden. Der Ausweis der auf die Periode entfallenden Erträge erfolgt in der Gewinn- und Verlustrechnung bereits vor der Abnahme unter den Umsatzerlösen. Die Auftragskosten werden unter den entsprechenden Aufwandspositionen erfasst.

Die Bewertung hängt davon ab, ob das Ergebnis des Fertigungsauftrages verlässlich geschätzt werden kann, wobei an die Erfüllung dieser Bedingung keine übermäßig strengen und praktisch nicht erfüllbaren Anforderungen geknüpft sind. Sofern das Ergebnis verlässlich geschätzt werden kann, wird die Zurechnung der Erträge und Aufwendungen zu den einzelnen Rechnungslegungsperioden gemäß Baufortschritt vorgenommen (Percentage of Completion-Methode). Während der Bauphase werden Teilgewinne realisiert. Sie fließen zusammen mit den Auftragskosten in den Vermögenswert ein. Verluste sind sofort zu antizipieren und in Abzug zu bringen. Abschlagsrechnungen werden ebenfalls abgezogen. An die Einbeziehung von Nachträgen werden nicht so strenge Anforderungen wie nach HGB gestellt. Ein hinreichend verlässlicher Verhandlungsstand reicht in der Regel aus. Kann die Höhe des Nachtrages verlässlich ermittelt werden, erfolgt eine Berücksichtigung bei den Auftragserlösen.

Sofern die Anwendungsvoraussetzungen nicht erfüllt sind, was insbesondere in frühen Projektstadien vorkommen kann, dürfen Umsatzerlöse nur in Höhe der wahrscheinlich einbringbaren Auftragskosten ausgewiesen werden. Es findet in diesem Fall keine Teilgewinnrealisierung statt (Zero Profit Margin-Methode).

5.1.2 Anknüpfungspunkte zwischen Completed Contract-Methode und Percentage of Completion-Methode

Abbildung 35 verdeutlicht die alternativen Bilanzierungsweisen langfristiger Auftragsfertigung nach HGB[566] und Ansatzpunkte für deren Verbindung zu den Formen der Percentage of Completion-Methode.

Eine Verknüpfung besteht zwischen Completed Contract-Methode und Percentage of Completion-Methode über die Zero Profit Margin-Methode.[567] Allerdings existieren Unterschiede bei Ausweis und Bewertung. Bei der modifizierten Form der Percentage of Completion-Methode werden beispielsweise die der Periode zuzurechnenden Auftragserlöse in der Gewinn- und Verlustrechnung nicht als Bestandsänderung, sondern als Umsatzerlöse ausgewiesen. Im Hinblick auf die Bestimmung des Wertes des unfertigen Bauauftrages sind bei der Completed Contract-Methode die Herstellungskosten nach § 255 Absatz 2 und 3 HGB und bei der Zero Profit Margin-Methode die wahrscheinlich einbringbaren Auftragskosten nach IAS 11.16 relevant, wobei sich beide hauptsächlich durch die Spielräume bei ansatzpflichtigen und ansatzfähigen Kostenbestandteilen unterscheiden.[568]

Eine weitere Verknüpfung zwischen beiden Rechnungslegungssystemen besteht zwischen der reinen Form der Percentage of Completion-Methode und der Teilgewinnrealisierung ohne gesonderte Teilabnahme. Allerdings existieren in beiden Rechnungslegungssystemen unterschiedliche Anwendungsprämissen, so dass die Teilgewinnrealisierung ohne qualifizierte Teilleistung aufgrund der strengen Anwendungsvoraussetzungen des deutschen Handelsrechts in der Baubranche kaum praktische Relevanz besitzt.

---

[566] Vgl. dazu auch Kapitel 4.3.1.4 der Arbeit.

[567] Gleicher Ansicht Wagenhofer (2005), S. 275. Anderer Auffassung Krawitz (1997), S. 893; Kümpel (2000), S. 169 Fußnote 2 und Marx/Löffler (2004), Rn. 114, die ausführen, dass die Zero Profit Margin-Methode im wirtschaftlichen Ergebnis (nicht im Ausweis) dem Selbstkostenansatz beziehungsweise der Aktivierung zu vollen Selbstkosten entspricht.

[568] Vgl. dazu auch Tabelle 7 in Kapitel 5.1.5 der Arbeit.

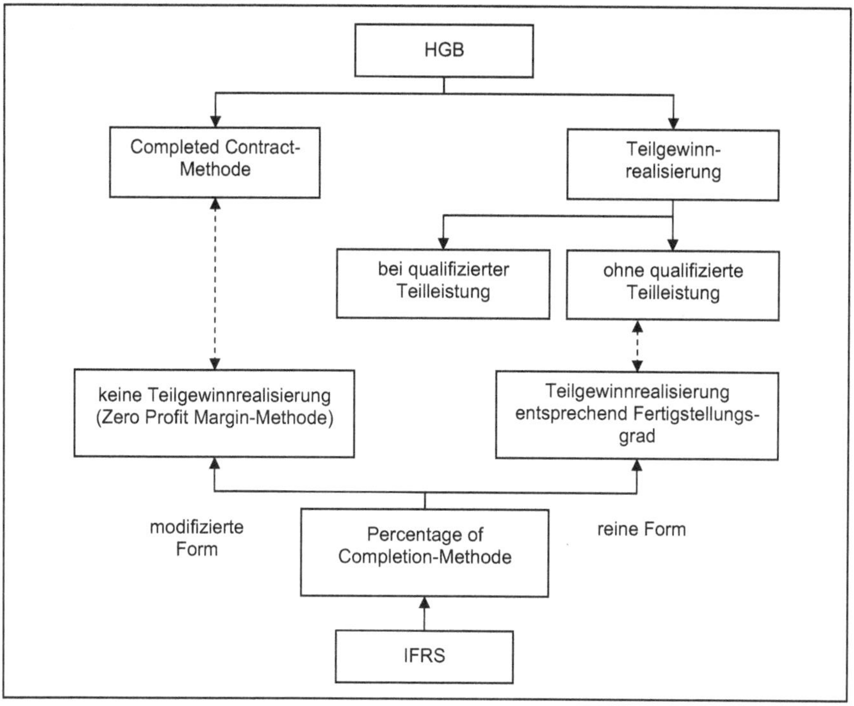

Abbildung 35: Zusammenhänge der Bilanzierung langfristiger Auftragsfertigung nach HGB und IFRS in qualitativem Sinn

Quelle: Eigene Darstellung

5.1.3 Gewinnung von Informationen unter dem Gesichtspunkt der Bildung und Auflösung stiller Reserven

Die Ausführungen zur Principal-Agent-Problematik haben verdeutlicht, dass aus der asymmetrischen Informationsverteilung zwischen Kreditgeber und Kreditnehmer Nachteile für den Kreditgeber erwachsen. Im Zeitpunkt der erstmaligen Prüfung des Kreditantrages besteht die Gefahr, dass der potentielle Kreditnehmer den Kreditgeber über bonitätsrelevante Eigenschaften täuscht oder seine Vorzüge nicht kommunizieren kann und die Informationsinstrumente die wahren Eigenschaften des Kreditnehmers nicht sichtbar machen können. Der Kreditgeber läuft somit Gefahr, unerwünschte Vertragspartner auszuwählen.

Die bankenaufsichtsrechtlichen Empfehlungen des Baseler Rahmenwerkes bieten ökonomisch betrachtet zwei Alternativen, um diesen Qualitätsunsicherheiten von Seiten des Kreditgebers zu begegnen. Im Rahmen des Standardansatzes wird versucht, die gewünschten Informationen über den Markt zu generieren. Dafür ist es erforderlich, dass ein Markt für das Rating von Unternehmen existiert, dass die Transaktionskosten bei der Inanspruchnahme des Marktes nicht prohibitiv sind und dass der Markt Informationseffizienz aufweist, dass also ein hinreichend genauer Zusammenhang zwischen Ratingnote und Bonität besteht.[569] Bei den IRB-Ansätzen kommt es zur Reduzierung der Informationsasymmetrie vor Vertragsabschluss darauf an, effiziente Anreizsysteme zu gestalten, um den Kreditnehmer zu Transparenz sowie Offenlegung seiner wirtschaftlichen Verhältnisse und Qualifikationen anzuregen. Über die Koppelung der Kreditkonditionen an die individuelle Kreditnehmerbonität kann von einem grundlegenden, durch das Baseler Rahmenwerk induzierten Anreizmechanismus ausgegangen werden. Ein Großteil der Unternehmen wird von den Erleichterungen für Retailkredite und den größenabhängigen Abschlägen im IRB-Ansatz profitieren.[570] Dies gilt aufgrund der mittelständisch geprägten Branchenstruktur in besonderem Maße für die Unternehmen der Bauwirtschaft.

Vor diesem Hintergrund ist es um so bedeutender, dass die Hauptinstrumente der Bonitätsanalyse wie der Jahresabschluss transparente Informationen liefern. Die Transparenz der Jahresabschlussdaten wird in entscheidendem Maße durch die Möglichkeiten der Bildung und Auflösung stiller Reserven beeinflusst, die das jeweilige Rechnungslegungssystem gewährt.

Der Begriff stille Reserven wird im neueren Schrifttum mit dem Begriff stille Rücklagen zumeist synonym verwendet.[571] Darunter werden Abweichungen zwischen den Buchwerten und den höheren (tatsächlichen) Werten von aktiven beziehungsweise den niedrigeren (tatsächlichen) Werten von passiven Bilanzposten verstanden.[572] Anders ausgedrückt, wird unter diesem Begriff die Differenz zwischen dem maximal möglichen Gewinnausweis der Rechnungs-

---

[569] Vgl. dazu in verallgemeinerter Form Spremann (1990), S. 568.

[570] Schätzungen zufolge könnten 95 Prozent aller Kredite an Unternehmen dem aufsichtlichen Retail-Portfolio zugeordnet werden, zum Beispiel Paul/Stein/Kaltofen (2004 b), S. 112 und Paul/Stein/Kaltofen (2004 c), S. 342. Ähnlich Paul/Stein (2003), S. 39; Deutsche Bundesbank (2004), S. 77 und Paul (2004), S. 26.

[571] Vgl. zum Beispiel Küting (1995), S. 2; Schneider (1997), S. 195; Heinhold (1998), S. 674 und Thiele (1999), S. 7 m. w. N.

[572] Ähnlich Heinen (1986), S. 323 und Küting (1995), S. 2.

legungsperiode und dem tatsächlichen beziehungsweise rechtlich zulässigem verstanden.[573] Stille Rücklagen gehören zum Eigenkapital des Unternehmens. Es handelt sich jedoch um Eigenkapitalteile, die im Gegensatz zu den offenen Rücklagen aus der Bilanz nicht unmittelbar ersichtlich sind.[574]

Grundsätzlich wird im Hinblick auf das Verhältnis stiller Rücklagen zu den gesetzlichen Ansatz- und Bewertungsvorschriften unterschieden zwischen[575]

- stillen Zwangsrücklagen,
- stillen Ermessensrücklagen,
- stillen Schätzungsrücklagen sowie
- stillen Willkürrücklagen.

Während stille Zwangsrücklagen vom Bilanzierenden regelmäßig nicht beeinflussbar sind und quasi automatisch entstehen, stellen die Bildung und Auflösung von Ermessens-, Schätzungs- und Willkürrücklagen bilanzpolitisch motivierte Vorgänge dar.[576]

Die Entstehung stiller Zwangsrücklagen hängt eng mit den Bewertungsvorschriften zusammen. Beispielsweise limitiert das im deutschen Handelsrecht in § 253 Absatz 1 Satz 1 HGB verankerte Anschaffungswertprinzip den bilanziellen Wertansatz von Vermögensgegenständen auf die (gegebenenfalls fortgeführten) Anschaffungs- beziehungsweise Herstellungskosten. Der Ansatz höherer Zeitwerte oder der Wiederbeschaffungskosten ist verboten. Die Differenz aus den maximal zulässigen Anschaffungs- beziehungsweise Herstellungskosten und den höheren Zeitwerten führt zur zwangsläufigen Bildung stiller Rücklagen aufgrund gesetzlicher Bestimmungen.

Die Einräumung von gesetzlichen Ansatz- und Bewertungswahlrechten begründet die Entstehung stiller Ermessensrücklagen. Sie beruhen somit auf einer bewussten Ermessensentscheidung des Bilanzerstellers.[577] Exemplarisch sollen an dieser Stelle die alternativen Wertansätze bei den Herstel-

---

[573] Schneider (1997), S. 195.

[574] Lachnit (1993), S. 193; Küting (1995), S. 2; Wöhe (1997), S. 602 und Coenenberg (2005), S. 321.

[575] Vgl. dazu Lachnit (1993), S. 194 m. w. N.; Schneider (1997), S. 195-197; Wöhe (1997), S. 607; Heinhold (1998), S. 674 und Thiele (1999), S. 11 f.

[576] Vgl. Seicht (1986), S. 283 f. und auch Küting (1995), S. 3-5. Zum Zusammenhang zwischen stillen Rücklagen und Bilanzpolitik vgl. Küting (1995), S. 8 f.

[577] Lachnit (1993), S. 194.

lungskosten nach HGB angeführt werden. Ob der Unternehmer die handelsrechtliche Wertuntergrenze oder einen Wert zwischen Wertunter- und Wertobergrenze wählt, liegt in seinem Ermessen und wird lediglich durch den Grundsatz der Stetigkeit eingeschränkt.

Schätzungsrücklagen treten auf, wenn mangelnde menschliche Voraussicht und unvollkommene Informationen zu Spielräumen bei der Festlegung von Wertansätzen führen. Schätzungen beim Bewertungsvorgang spielen beispielsweise bei der Ermittlung der Höhe des niedrigeren beizulegenden Wertes oder der Ermittlung von Rückstellungsbeträgen eine Rolle.

Im Gegensatz dazu führen absichtlich vorgenommene fehlerhafte Schätzungen beziehungsweise ökonomisch unbegründete und gesetzlich nicht gedeckte willkürliche Unterbewertungen von Aktivposten und Überbewertungen von Passivposten zur Bildung von Willkürreserven.[578] Die Grenzen zwischen Schätzungs- und Willkürreserven sind mitunter fließend. Ein Beispiel für stille Willkürreserven sind nach § 253 Absatz 4 HGB von einer Personengesellschaft vorgenommene zusätzliche Abschreibungen bei Gegenständen des Anlage- oder Umlaufvermögens, die mit dem Rahmen vernünftiger kaufmännischer Beurteilung nicht vereinbar und damit gesetzlich nicht gedeckt sind.[579]

Eine andere Möglichkeit stellt die Unterteilung stiller Reserven in Bilanzierungs- und Bewertungsreserven dar.[580] Unter den Begriff der Bilanzierungsreserven werden dabei Aktivierungsverbote und Ansatzwahlrechte subsumiert wie zum Beispiel das Verbot der Aktivierung von selbst erstellten immateriellen Vermögensgegenständen des Anlagevermögens gemäß § 248 Absatz 2 HGB oder das in § 249 HGB verankerte Wahlrecht im Hinblick auf die Passivierung von Aufwandsrückstellungen für Instandhaltung und Großreparaturen. Stille Bilanzierungsreserven sind somit auf der Ebene der Bilanzierung dem Grunde nach angesiedelt.

Bewertungsreserven sind mit der Bilanzierung der Höhe nach verknüpft. Sie werden häufig durch das im deutschen Handelsrecht vorgeschriebene Anschaffungswertprinzip und damit durch einen gesetzlichen Zwang verursacht.

---

[578] Lachnit (1993), S. 194 f. und Wöhe (1997), S. 609-611. Die Bildung von stillen Willkürrücklagen ist gesetzlich verboten.

[579] Für Kapitalgesellschaften gilt diese Vorschrift gemäß § 279 Absatz 1 Satz 1 HGB allerdings nicht.

[580] Vgl. dazu Küting (1995), S. 6 und ausführlich Thiele (1999), S. 13-43.

Die handelsrechtlichen Wahlrechte im Zusammenhang mit der Auf- und Abwertung von Vermögensgegenständen begründen ebenfalls Bewertungsreserven. Diese sind eng mit Ermessensentscheidungen des Bilanzierenden verknüpft. Eine weitere Quelle liegt in dem Erfordernis der Vornahme von Schätzungen, beispielsweise bei der Bewertung von Rückstellungen. Wie die Beispiele zeigen, können Bewertungsreserven auf gesetzliche Zwänge, Ermessensentscheidungen oder das Erfordernis der Vornahme von Schätzungen zurückgehen.

Da sowohl nach HGB als auch nach IFRS eine Ansatzpflicht für unfertige Bauten besteht, ist für Bilanzierungsreserven kein Raum. Eine weitaus größere Bedeutung nehmen dahingegen die Bewertungsreserven ein.

5.1.4 Stille Bewertungsreserven bei Anwendung der Completed Contract-Methode

Die Bewertungsreserven resultieren zum einen aus dem gesetzlich vorgeschriebenen Anschaffungswertprinzip. Zwangsrücklagen sind somit bei der Completed Contract-Methode unvermeidbar.

Zum anderen entfällt ein Großteil der stillen Reserven auf Ermessensrücklagen, da die Bewertung unfertiger Bauten nach HGB die Möglichkeit der Nutzung nicht unerheblicher bilanzpolitischer Spielräume impliziert.[581] In diesem Zusammenhang ist zwischen echten und unechten Bewertungswahlrechten bei der Ermittlung der Herstellungskosten zu differenzieren.[582] Erstere betreffen die Entscheidung über die Einbeziehung von aktivierungsfähigen Kostenarten, das heißt von Kosten, die zwischen Wertunter- und Wertobergrenze angesiedelt sind. Die Wahl des Umfanges der Herstellungskosten stellt eine Ermessensentscheidung dar, die lediglich durch den Grundsatz der Bewertungsstetigkeit eingeschränkt wird. Bei unechten Bewertungswahlrechten handelt es sich um Entscheidungen über die Zuschläge zur Ermittlung der projektbezogenen Gemeinkosten und Umlagesätze für die im Rahmen der Wertobergrenze zulässigen unternehmensbezogenen Kosten.

---

[581] Knop/Küting (2006), § 255 HGB Rn. 344. Vgl. auch Drees (1985), S. 498 f. mit einem Beispiel und Bischof (1997), S. 44 m. w. N.

[582] Vgl. dazu Riebell (2006), S. 64.

Eine weitere Möglichkeit für die Legung stiller Reserven infolge der Unterbewertung von aktiven Bilanzposten besteht im Rahmen der Anwendung des strengen Niederstwertprinzips bei der Ermittlung des niedrigeren beizulegenden Wertes,[583] wenn beispielsweise die Erlösschmälerungen oder die noch anfallenden Selbstkosten zu hoch angesetzt beziehungsweise geschätzt werden. Stille Reserven können zudem durch die Überbewertung einer Rückstellung für drohende Verluste aus schwebenden Geschäften entstehen.

Die Bildung von Bewertungsreserven ist aus dem Blickwinkel des kreditgewährenden Institutes zunächst grundsätzlich positiv zu werten, stellen doch die stillen Reserven Verlustabsorptionspotential dar. Die Problematik besteht darin, dass dem externen Analytiker die im Jahresabschluss enthaltenen stillen Reserven und Lasten nicht bekannt sind und er auch im Regelfall nicht oder zumindest erst zu spät bemerkt, wenn eine scheinbar gute Bilanzbonität durch die Auflösung stiller Reserven erreicht wird. Stille Rücklagen rufen damit grundsätzlich keine Sicherheit hervor, sondern verursachen genau genommen Unsicherheit. Diese Behauptung soll nachfolgend konkretisiert werden.

Die gebildeten Bewertungsreserven führen bei der Betrachtung eines einzelnen Bauvorhabens zur Entstehung eines projektbezogenen Verlustes, auch wenn die Baustelle voraussichtlich mit Gewinn beziehungsweise einem positiven Deckungsbeitrag abschließen wird. Sofern sich die Verluste aus laufenden Bauvorhaben nicht mit den Gewinnen bei anderen, bereits abgeschlossenen Projekten ausgleichen, entsteht auch auf Unternehmensebene ein Verlust, der sich dann negativ auf das Periodenergebnis des Unternehmens auswirkt. Nach Abnahme und Schlussabrechnung des Bauvorhabens geht der auftragsbezogene Gewinnbeitrag, unter Berücksichtigung der in den Vorperioden ausgewiesenen Auftragszwischenverluste, in das Periodenergebnis ein.

Das bedeutet, dass mit der Completed Contract-Methode tendenziell ein zu niedriger sowie unstetiger Umsatz- und Ergebnisausweis verbunden ist. „Die Schwankungen sind um so ausgeprägter,

- je größer der Anteil der Langfristfertigung an der Geschäftstätigkeit des Unternehmens ist,

---

583 Ähnlich Heinen (1986), S. 324.

- je größer das Volumen des einzelnen Auftrags ist, weil dann die Wahrscheinlichkeit sinkt, dass sich die einzelnen Aufträge in ihren Jahresabschlusswirkungen kompensieren,
- je größer der Anteil der nicht aktivierungsfähigen Vorlauf- und Vertriebskosten ist und
- je mehr das Unternehmen sich an der Untergrenze der zulässigen Bewertung (Einzelkosten) orientiert."[584]

Aufgrund des nicht der wirtschaftlichen Realität entsprechenden Umsatz- und Ergebnisausweises muss das Management mit negativen Auswirkungen auf die Kreditwürdigkeit des Unternehmens rechnen. Daher wird es bestrebt sein, geglättete Umsätze und Unternehmensergebnisse zu erzielen, weil die damit verbundene Kontinuität eine vertrauensbildende Maßnahme in der Kreditbeziehung darstellt.[585]

5.1.5 Stille Bewertungsreserven bei Anwendung der Percentage of Completion-Methode

Bilanzpolitisch motivierte Entscheidungen des Managements bei der Bewertung unfertiger Bauten nach den Vorschriften der IFRS und damit Potentiale für stille Reserven könnten in der Einschätzung bestehen, ob das Ergebnis des Fertigungsauftrages verlässlich geschätzt werden kann und demzufolge die Percentage of Completion-Methode oder die Zero Profit Margin-Methode anzuwenden ist.[586] Es ist jedoch davon auszugehen, dass die Unternehmen der Branche ein Interesse an der Anwendung der Percentage of Completion-Methode haben werden, da sie einen der erbrachten Bauleistung adäquaten Ausweis von Umsatz und Ergebnis intendiert und sich somit vordergründig an einer wirtschaftlichen Betrachtungsweise der Bauleistung orientiert. Zudem sind mit dem Ausweichen auf die Zero Profit Margin-Methode unter Umständen negative Signale gegenüber dem Kreditgeber verbunden. Die Anwendung dieser Methode wird daher nur in einem frühen Projektstadium rechtfertigbar sein, das heißt in einer Phase, in der die Prognose der mit dem Auftrag ver-

---

[584] Richter (2000), S. 148.

[585] Einem stetigen Gewinnausweis wird in der Regel ein höheres Maß an Vertrauen entgegengebracht als einem stark volatilen Jahresergebnis, vgl. dazu Pottgießer/Velte/Weber (2005), S. 313 m. w. N. Zur Ergebnisglättung vgl. Fischer/Haller (1993), S. 35-59.

[586] Gleicher Ansicht Heuser/Theile (2005), Rn. 842.

bundenen Erlöse und der noch anfallenden Auftragskosten ein hohes Maß an Unsicherheit beinhaltet.

Im Hinblick auf die stillen Reserven könnte aufgrund der Ähnlichkeit der Zero Profit Margin-Methode zur Completed Contract-Methode vermutet werden, dass das stille Reservepotential grundsätzlich vergleichbar sein müsste. Für die Bildung stiller Zwangsrücklagen trifft dies auch zu, da die Höhe des Wertansatzes in Anlehnung an IAS 11.32 auf die Auftragskosten begrenzt ist. Schätzungsrücklagen treten ebenfalls im Rahmen des Bewertungsvorganges auf, da die wahrscheinlich einbringbaren Kosten des Fertigungsauftrages zu prognostizieren sind.

Die Ermessensrücklagen dahingegen, die bei der handelsrechtlichen Bewertung zu Herstellungskosten hohe bilanzpolitische Spielräume eröffnen, entfallen fast vollständig im Zusammenhang mit den Auftragskosten bei Fertigungsaufträgen nach IAS 11.16. Die Gegenüberstellung in Tabelle 7 verdeutlicht, dass bei den Auftragskosten Einbeziehungspflichten und -verbote, aber kaum Wahlrechte vorhanden sind.

	Herstellungskosten (§ 255 HGB)			**Auftragskosten (IAS 11.16)**		
	P	W	V	P	W	V
Einzelkosten						
Material	•			•		
Fertigung	•			•		
Sondereinzelkosten	•			•		
Fremdkapitalkosten		•			•	
Gemeinkosten						
Material		•		•		
Fertigung		•		•		
Abschreibung auf Fertigungsanlagen		•		•		
fertigungsbezogene Verwaltungskosten		•		•		
nicht fertigungsbezogene Verwaltungskosten		•				•
Vertriebskosten			•			•
P: Pflicht, W: Wahlrecht, V: Verbot						

Tabelle 7: Gegenüberstellung von Herstellungs- und Auftragskostenbestandteilen

Quelle: In Anlehnung an und Erweiterung zu Mielicki (2004), S. 15

Bei der Percentage of Completion-Methode werden stille Zwangsrücklagen weitgehend unterbunden, da die Fertigungsaufträge einschließlich des auf die Rechnungslegungsperiode entfallenden Teilgewinns zu bilanzieren sind.

Ermessensrücklagen können bei der Wahl der Methode zur Bestimmung des Baufortschritts gebildet werden. Da die einzelnen Methoden zu unterschiedlichen Fertigstellungsgraden führen, hängt die Höhe des Projektfortschritts von dem eingesetzten Verfahren ab. Dies begründet sich schon allein aus der Tatsache, dass outputorientierte Verfahren Faktoreinsatzinsuffizienzen berücksichtigen, inputorientierte dahingegen nicht. Da der Fertigstellungsgrad der Maßstab ist, nach dem die Auftragserlöse und -kosten den einzelnen Rechnungslegungsperioden zugeordnet werden, beeinflusst er auch die Höhe des auf die Periode entfallenden Projektgewinns. Bei der Ermittlung der Auftragskosten bestehen kaum Ermessensspielräume, wie Tabelle 7 verdeutlicht. Gleiches gilt für die Auftragserlöse.

Schätzungsrücklagen spielen bei der Percentage of Completion-Methode generell eine große Rolle. Diese Methode basiert geradezu auf dem Erfordernis der Vornahme von Schätzungen für die drei Komponenten Auftragserlöse, Auftragskosten und Baufortschritt. In der Regel müssen beispielsweise die durch Nachträge oder Prämien verursachten Vergütungen für Leistungen und die bis Bauende anfallenden Auftragskosten geschätzt werden. In die Berechnung des Fertigstellungsgrades fließen ebenfalls auf Prognosen beruhende Werte ein. Weiteres Potential für diese Art von stillen Rücklagen besteht unabhängig von der Methode im Rahmen der Ermittlung von erwarteten Verlusten, bei der die geschätzten Gesamtkosten den geschätzten Gesamterlösen gegenübergestellt werden.

5.1.6 Beurteilung

Bei Anwendung der Completed Contract-Methode entstehen aufgrund des Anschaffungswertprinzips stille Zwangsrücklagen. Durch die Möglichkeit der Wahl eines Wertansatzes zwischen Wertober- und Wertuntergenze ist die Bildung stiller Ermessensreserven möglich. Schätzungsrücklagen spielen bei der Ermittlung des niedrigeren beizulegenden Wertes und bei der Rückstellungsbildung eine Rolle.

Die Anwendung der Zero Profit Margin-Methode führt zur Bildung stiller Zwangsrücklagen. Ermessensreserven spielen aufgrund der stark eingeschränkten Wahlrechte eine untergeordnete Rolle. Schätzungsrücklagen entstehen unter anderem im Rahmen der Ermittlung der wahrscheinlich einbringbaren Auftragskosten.

Bei der Percentage of Completion-Methode werden keine Zwangsreserven gebildet. Ermessensrücklagen kommt keine tragende Rolle zu, weil kaum Wahlrechte eingeräumt werden. Stille Schätzungsrücklagen sind dahingegen unvermeidbar. Beispielsweise muss die Vergütung für Nachtragsleistungen abgeschätzt werden, die bis zum Bauende noch anfallenden Auftragskosten sind ebenfalls zu prognostizieren. Im Rahmen der Verlustbehandlung besteht weiteres Potential für Schätzungsrücklagen.

Als Fazit ist festzuhalten, dass die Bildung und unbemerkte Auflösung stiller Reserven bei der Bilanzierung der langfristigen Auftragsfertigung nach IFRS gegenüber HGB grundsätzlich eingeschränkt wird und eine tendenzielle Verschiebung der Bedeutung von Zwangs- und Ermessensrücklagen hin zu Schätzungsrücklagen stattfindet.

Die gravierendsten Unterschiede bei der Bilanzierung der Bauleistung nach Completed Contract- und Percentage of Completion-Methode treten auf der Ebene eines einzelnen Projektes bis zum Zeitpunkt der Abnahme auf. Spätestens zu diesem Zeitpunkt führen beide Methoden unter Vernachlässigung der noch nicht mit dem Kunden geklärten Nachträge zu identischen Ergebnissen. Somit werden bei beiden Bilanzierungsweisen die stillen Reserven, in welcher Form sie auch vorliegen, automatisch aufgelöst und bestehen lediglich noch im Hinblick auf die Behandlung zweifelhafter oder uneinbringlicher Forderungsbeträge und strittiger Nachträge sowie bei der Bildung von Gewährleistungsrückstellungen.

Abbildung 36 stellt die Entwicklung des Projektergebnisses in den einzelnen Perioden der Projektdurchführung bis zur Abnahme nach der Completed Contract-Methode und der Percentage of Completion-Methode grafisch an einem Beispiel dar. Es verdeutlicht in idealtypischer und stark vereinfachter Form die Ansammlung negativer Erfolgsbeiträge eines im Ergebnis mit Gewinn abschließenden Projektes und den Wertsprung zum Zeitpunkt der Abnahme bei der Bilanzierung nach dem strengen Realisationsprinzip sowie das sich stetig entwickelnde Ergebnis, wenn der Auftrag nach der Percentage of Completion-Methode bilanziert wird.

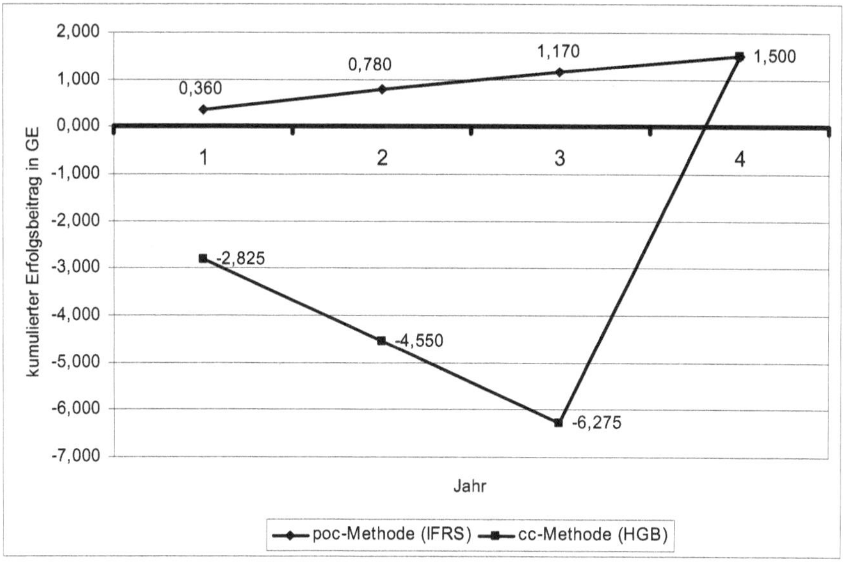

Abbildung 36: Vergleich von Completed Contract-Methode und Percentage of Completion-Methode im Hinblick auf die Erfolgsrealisation

Quelle: Rudolf/Suter (1999), S. 531

5.2 In Kooperation erbrachte Wertschöpfungsleistung

5.2.1 Synoptische Darstellung der Bilanzierungsweisen

In Abbildung 37 ist die Bilanzierung von Bauarbeitsgemeinschaften im Einzelabschluss des Kooperationspartners nach HGB der Bilanzierung nach IFRS gegenübergestellt. Da zeitlich befristete Argen regelmäßig als gemeinsam geführte Vermögenswerte und zeitlich unbefristete Argen zweifelsfrei als gemeinschaftlich geführte Unternehmen zu klassifizieren sind, wird auf die Darstellung der Bilanzierung von gemeinsamen Tätigkeiten verzichtet.

HGB	IFRS
zeitlich befristete Arge (kleine Arge)	gemeinsam geführte Vermögenswerte
• **Bilanz:** Ausweis im Umlaufvermögen (Forderungen) bzw. unter Verbindlichkeiten, Wert entsprechend Saldo Arge-Verrechnungskonto, strenges Niederstwertprinzip für UV • **GuV:** Ergebnisausweis unter Umsatzerlösen (nach Beendigung der Hauptleistungspflicht)	• **Bilanz:** anteilige Vermögenswerte, anteilige und eigene Schulden • **GuV:** anteilige und eigene Aufwendungen, anteilige Erträge
zeitlich unbefristete Arge (große Arge)	gemeinsam geführte Unternehmen
• **Bilanz:** Ausweis im Anlagevermögen (Beteiligung), Bewertung zu (fortgeführten) Anschaffungskosten, gemildertes Niederstwertprinzip für AV • **GuV:** Ergebnisausweis unter Beteiligungserträgen	• **Bilanz:** Ausweis im Anlagevermögen (Beteiligung), Bewertung zu (fortgeführten) Anschaffungskosten oder zum *fair value* • **GuV:** Ergebnisausweis unter Beteiligungserträgen

Abbildung 37: Synopse zur Bilanzierung von Bauarbeitsgemeinschaften im Einzelabschluss nach HGB und IFRS

Quelle: Eigene Zusammenstellung

Für die Bilanzierung von typischen Bauarbeitsgemeinschaften, die zeitlich auf die Durchführung eines Auftrages befristetet sind, haben sich in der deutschen Rechnungslegung branchenspezifische Bilanzierungsgepflogenheiten herausgebildet. Diese Unternehmenskooperationen stellen für den Arge-Partner keinen bilanzierungsfähigen Anteil dar. Sie werden in der Einzelbilanz im Umlaufvermögen als Forderungen an Arbeitsgemeinschaften oder – sofern zum Bilanzstichtag eine Verpflichtung des Arge-Partners gegenüber der Arge besteht – als Verbindlichkeiten gegenüber Arbeitsgemeinschaften ausgewiesen. Die Gegenposition in der Gewinn- und Verlustrechnung sind die Umsatzerlöse respektive die sonstigen Aufwendungen. Die Einbeziehung kleiner Bauargen in den Einzelabschluss des Kooperationspartners erfolgt somit wie unter fremden Dritten.

Die Bilanzierung der Höhe nach richtet sich nach dem Saldo, den das jeweilige Verrechnungskonto des Arge-Partners zum Stichtag aufweist. Da auf diesem Konto sämtliche Beziehungen zwischen kleiner Arge und dem Partnerunternehmen festgehalten werden, kommt es in der Bilanz zum Ausweis der gegenseitigen gesellschafts- und schuldrechtlichen Ansprüche und Verpflichtungen als Wertekonglomerat. Diese Vorgehensweise ist zwar mit den spezifischen Merkmalen der kleinen Arge begründbar, behindert jedoch die externe Analyse.

Aufgrund des Realisationsprinzips wird ein aus der Arge resultierender anteiliger Gewinn erst nach Erstellung und Abnahme des Bauwerkes in den Jahresabschluss des Arge-Partners übernommen und dort unter den Umsatzerlösen ausgewiesen. Sich während der Laufzeit der Arge abzeichnende Verluste sind dahingegen sofort zu berücksichtigen, indem die Forderung gegenüber der Arge unter Beachtung des strengen Niederstwertprinzips einzelwertberichtigt wird. Bei nicht ausreichendem oder fehlendem Forderungsbetrag ist eine Rückstellung für drohende Verluste aus schwebenden Geschäften zu bilden.

Für Erträge aus dem schuldrechtlichen Leistungsaustausch gelten Realisations- und Imparitätsprinzip entsprechend. Aufgrund des kurzfristigen Charakters dieser Beziehungen besteht die Gefahr einer vorzeitigen Verlagerung von Gewinnen der kleinen Arge an bestimmte Arge-Partner.

Kooperationen, die für die wiederholte Ausführung von Aufträgen gegründet werden, besitzen Unternehmenseigenschaft. Die Beteiligung an ihnen führt im Einzelabschluss des Gesellschafters zu bilanzierungsfähigen, im Anlagevermögen auszuweisenden Anteilen. Die Bewertung wird zu (fortgeführten) Anschaffungskosten vorgenommen. Gewinne werden in der Gewinn- und Verlustrechnung unter den Beteiligungserträgen erfasst. Bei Verlusten ist das gemilderte Niederstwertprinzip zu berücksichtigen.

Im IFRS-Einzelabschluss sind im Falle von gemeinschaftlich geführtem Vermögen neben den eigenen Vermögenswerten, Schulden und Aufwendungen im Zusammenhang mit der Kooperation die anteiligen Vermögenswerte und Schulden, Aufwendungen und Erträge, die gemeinsam mit den Kooperationspartnern eingegangen oder erzielt wurden, auszuweisen.

Gemeinschaftlich geführte Unternehmen werden im Einzelabschluss als Beteiligung im Anlagevermögen erfasst. Die Bewertung kann entweder zu Anschaffungskosten oder zum *fair value* vorgenommen werden. Der Ergebnisausweis erfolgt in der Gewinn- und Verlustrechnung unter den Beteiligungserträgen.

Abbildung 38 enthält eine Synopse zur Bilanzierung von Bauarbeitsgemeinschaften im Konzernabschluss des Arge-Partners nach HGB und IFRS.

HGB	IFRS
zeitlich befristete Arge: wie Einzelabschluss	gemeinsam geführte Vermögenswerte: wie Einzelabschluss
zeitlich unbefristete Arge	gemeinsam geführte Unternehmen
Quotenkonsolidierung • Einbeziehung der Abschlussposten der Arge in Höhe des Kapitalanteils • zusammengefasster oder getrennter Ausweis Equity-Methode • Ausweis Beteiligungsbuchwert im AV (Finanzanlagen) • Fortschreibung entsprechend Eigenkapitalveränderung bei der Arge	Quotenkonsolidierung als Benchmarkmethode • Einbeziehung der Abschlussposten der Arge in Höhe des Kapitalanteils • zusammengefasster oder getrennter Ausweis Equity-Methode alternativ zulässig • Ausweis Beteiligungsbuchwert im AV (gesonderter Posten) • Fortschreibung entsprechend Eigenkapitalveränderung bei der Arge

Abbildung 38: Synopse zur Bilanzierung von Bauarbeitsgemeinschaften im Konzernabschluss nach HGB und IFRS

Quelle:Eigene Zusammenstellung

Die Bilanzierung der kleinen Arge erfolgt im HGB-Konzernabschluss analog zum Einzelabschluss. Große Bauarbeitsgemeinschaften sind dahingegen wahlweise nach der Quotenkonsolidierung oder der Equity-Methode einzubeziehen, sofern ein Konzernabschluss aufgrund mindestens eines voll zu konsolidierenden Tochterunternehmens aufzustellen ist.

Bei der gesetzlich in § 310 HGB verankerten Quotenkonsolidierung werden Aktiva und Passiva sowie Aufwendungen und Erträge entsprechend der Höhe des Kapitalanteils des Gesellschafters in dessen Konzernabschluss übernommen. Der Ausweis kann zusammen mit den Posten der anderen konsolidierten Unternehmen oder getrennt davon bei den jeweiligen Posten des Abschlusses erfolgen. Die Problematik der Aufdeckung und Fortführung stiller

Reserven und Lasten sowie sich gegebenenfalls ergebender Unterschiedsbeträge im Rahmen der Kapitalkonsolidierung wird wesentlich entschärft, da Bauargen in der Regel von den an ihnen beteiligten Gesellschaftern gegründet werden und ein späterer Gesellschafterwechsel untypisch ist. Es findet somit kein Erwerb von Anteilen statt. Zwischenergebnisse sind sowohl bei Lieferungen und Leistungen des Gesellschafters an die Arge als auch im umgekehrten Fall zu eliminieren.

Bei der Equity-Methode (§ 312 HGB) wird im Konzernabschluss des Gesellschafters lediglich dessen anteiliger Beteiligungsbuchwert unter den Finanzanlagen gezeigt. Er wird in den Folgeperioden unter Berücksichtigung der den Gesellschafter betreffenden Veränderungen des Eigenkapitals der Arge fortgeschrieben. Die Problematik der Feststellung und Fortschreibung von Differenzen zwischen dem Beteiligungsbuchwert und dem Wert des anteiligen Eigenkapitals wird auch bei dieser Methode bei Vorliegen einer Bauarbeitsgemeinschaft mit Wiederholungsabsicht entschärft. Die Frage, ob Zwischenergebnisse sowohl bei Lieferungen und Leistungen des Gesellschafters an die Arge als auch im umgekehrten Fall zu eliminieren sind, wird uneinheitlich betrachtet.

Gemeinschaftlich geführtes Vermögen wird in den IFRS-Konzernabschluss analog zum Einzelabschluss einbezogen. Für die Konsolidierung gemeinschaftlich geführter Unternehmen ist die Quotenkonsolidierung die Benchmarkmethode. Alternativ zulässig, aber ausdrücklich vom International Accounting Standards Board nicht empfohlen, ist die Equity-Methode. Eine Einbeziehung findet nur statt, wenn ein Konzernabschluss aufgrund mindestens eines voll zu konsolidierenden Tochterunternehmens zu erstellen ist.

Die quotale Konsolidierung der Abschlussposten des Gemeinschaftsunternehmens ist analog zur Vollkonsolidierung regelmäßig in Höhe des Kapitalanteils vorzunehmen. Der Ausweis kann zusammen mit den Posten der anderen konsolidierten Unternehmen oder getrennt davon bei den jeweiligen Posten des Abschlusses erfolgen. Die Kapitalkonsolidierung ist gesondert in IFRS 3 geregelt, spielt jedoch aus den bei der HGB-Bilanzierung bereits aufgeführten Gründen nicht die sonst übliche dominante Rolle. Zwischenergebnisse sind sowohl bei Downstream- als auch bei Upstream-Lieferungen in Höhe der eigenen Beteiligungsquote zu eliminieren.

Bei der Equity-Methode ist der Bilanzausweis des Beteiligungswertes in einem gesonderten Posten im Anlagevermögen vorzunehmen. Für die Ermittlung der thesaurierten Gewinne beziehungsweise die Fortschreibung des Equity-Wertes ist gegebenenfalls auf IFRS 3 zurückzugreifen. Zwischenergebnisse aus Transaktionen zwischen Partner- und Gemeinschaftsunternehmen sind in Höhe der Beteiligungsquote zu eliminieren.

5.2.2 Einzelbilanz und Informationsgewinnung

Zeitlich befristete Argen werden im IFRS-Einzelabschluss unter wirtschaftlichen Aspekten grundsätzlich realitätsnäher abgebildet als nach HGB.[587] Die Beziehungen zur Kooperation werden anteilig in den Jahresabschluss des Arge-Partners übernommen. Eine Vermischung von gesellschafts- und schuldrechtlicher Ebene, die mit dem Ausweis der undifferenzierten Saldogröße des Arge-Verrechnungskontos verbunden ist, findet nicht statt. Dadurch ergeben sich Transparenz- und Informationszuwächse für den externen Beurteiler.

Bauarbeitsgemeinschaften mit Wiederholungsabsicht werden in beiden Rechnungslegungssystemen im Einzelabschluss grundsätzlich ähnlich bilanziert. Eine Abweichung ergibt sich dahingehend, dass nach IFRS die Bewertung nicht nur zu Anschaffungskosten, sondern auch zum *fair value* möglich ist. Zudem können die unterschiedlichen Bilanzierungsweisen unfertiger Bauten nach HGB und IFRS auch den Abschluss des Arge-Partners beeinflussen. Die Bilanzierung noch in Ausführung befindlicher Arge-Bauten kann indirekt beispielsweise über die Höhe der Beteiligungserträge auf den Einzelabschluss des Gesellschafters einwirken. Für die Informationsgewinnung aus externer Betrachtungsperspektive werden sich daher Zuwächse allenfalls in diesem Bereich ergeben.

5.2.3 Konzernbilanz und Informationsgewinnung

Die Bilanzierung kleiner Bauarbeitsgemeinschaften erfolgt in der Konzernbilanz analog zur Einzelbilanz. Daher kann auf die Ausführungen unter 5.2.2 verwiesen werden. Im Folgenden erfolgt somit eine Beschränkung auf die Konsolidierung großer Argen. Diese Unternehmen können im Ergebnis sowohl

---

[587] Vgl. dazu auch Kleber (2003), Rn. 6.

nach HGB als auch nach IFRS mit Hilfe der Quotenkonsolidierung oder *at equity* einbezogen werden.

Die konträren Bilanzierungsweisen für unfertige Arge-Bauten nach beiden Rechnungslegungssystemen beeinflussen den Konzernabschluss des Kooperationspartners. Dies gilt insbesondere im Hinblick auf die Gewinnrealisation. Im Rahmen der Quotenkonsolidierung werden die Auswirkungen in starkem Maße deutlich, da die unfertigen Bauten anteilig in den konsolidierten Abschluss einzubeziehen sind. Daher zeigt die Quotenkonsolidierung im IFRS-Konzernabschluss die Tätigkeit der Arge realitätsnäher und transparenter als im HGB-Abschluss. Bei der Equity-Methode fließen die nach der Percentage of Completion-Methode bei der Arge bilanzierten Teilgewinne über die Veränderungen des Eigenkapitals des Gemeinschaftsunternehmens anteilig in den Konzernabschluss des Kooperationspartners ein.

Quotenkonsolidierung und Equity-Methode stimmen in beiden Rechnungslegungssystemen bis auf einige wenige Abweichungen überein wie beispielsweise die Behandlung stiller Reserven im Rahmen der Kapitalkonsolidierung. Diese Problematik spielt bei Bauarbeitsgemeinschaften nur eine untergeordnete oder gar keine Rolle, da in der Regel kein Erwerb von Anteilen erfolgt, sondern eine Neugründung vorgenommen wird mit der Absicht, sich bis zur Auflösung an der Arge zu beteiligen. Die Thematik der Informationsgewinnung aus Gläubigersicht bezieht sich in diesem Fall auf die Betrachtung der Einbeziehungsalternativen in den Konzernabschluss in Form der Quotenkonsolidierung oder der Equity-Methode.

Mit der Entscheidung für eine der beiden Methoden sind in Abhängigkeit von der Anzahl der Arge-Beteiligungen und deren Bedeutung für den Arge-Partner unterschiedliche Auswirkungen auf die Darstellung der wirtschaftlichen Lage im Konzernabschluss des Kooperationspartners verbunden.[588]

Grundsätzlich ergibt sich im Fall der Quotenkonsolidierung aufgrund der anteiligen Übernahme der Aktiva und Passiva eine höhere Bilanzsumme.[589] Der

---

[588] Harms/Knischewski (1985), S. 1353. Zu Auswirkungen der Quotenkonsolidierung auf die Darstellung der wirtschaftlichen Lage des Konzerns vgl. zum Beispiel Sigle (1987), S. 330-334.

[589] Vgl. dazu und zu weiteren Unterschieden zum Beispiel auch Harms/Knischewski (1985), S. 1357-1359 und Lüdenbach (2006 e), Rn. 82. Zu Auswirkungen der Quotenkonsolidierung auf die Bilanzkennzahlen vgl. Sigle (1998), § 310 HGB Rn. 66.

Umfang der wirtschaftlichen Aktivität ist bei dieser Methode in der Regel besser zu erkennen, daher wird ihr auch ein höherer Informationsgehalt zugesprochen. Die Anforderungen an eine einheitliche Bilanzierung und Bewertung sind im Vergleich zur Equity-Methode strenger, unter Umständen muss ein angepasster Abschluss erstellt werden. An der Quotenkonsolidierung wird hauptsächlich kritisiert, dass durch die Anwendung von Voll- und Quotenkonsolidierung in der Bilanz ein Konglomerat aus vollen und anteiligen Wertansätzen entsteht, die Stellung der anderen Gesellschafter nicht dargestellt wird und der Gesellschafter über die anteilig ausgewiesenen Vermögensgegenstände nicht frei verfügen kann.[590]

Die Equity-Methode ist mit einem geringeren Verwaltungs- und Konsolidierungsaufwand verbunden. Zudem können die Informationen in der Regel leichter beschafft werden. Dahingegen gestaltet sich insbesondere der Ausweis einer undifferenzierten, verdichteten Saldogröße als nachteilig für den externen Analytiker.[591] Damit einher geht auch der Ausweis eines geringeren Fremdkapitals im Vergleich zur quotalen Konsolidierung.

5.3 Weiterer Forschungsbedarf

Die Ergebnisse zur Informationsgewinnung aus externer Betrachtungsperspektive betreffen einen eng abgesteckten Untersuchungsbereich. Es wurden die beiden wichtigsten baubezogenen Bilanzierungssachverhalte unter dem Aspekt der Transparenz der Informationen beziehungsweise des Informationsgehaltes von Einzel- und Konzernbilanz in zwei unterschiedlichen Rechnungslegungssystemen betrachtet. Einige ausgewählte Aspekte, die weiteren Forschungsbedarf begründen, sollen nachfolgend kurz umrissen werden:

- Die Betrachtungen könnten auf weitere Bilanzpositionen ausgedehnt werden, um eine umfassendere Beurteilung vornehmen und gegenläufige Effekte berücksichtigen zu können.

[590] Vgl. zum Beispiel Ruhnke/Kluge (1996), S. 582. Der Vermischung von voll und anteilig einzubeziehenden Vermögensgegenständen und Schulden könnte durch einen Vorspaltenausweis der quotal konsolidierten Teilbeträge begegnet werden, was allerdings die Übersichtlichkeit des Konzernabschlusses einschränken würde.

[591] Ruhnke/Kluge (1996), S. 583. Ähnlich Schäfer (1982), S. 247.

- Neben der Bilanz gibt es weitere Informationsträger des Abschlusses wie beispielsweise den Anhang. Aufgrund der generell umfangreicheren Angabepflichten im IFRS-Rechnungslegungssystem ist mit weiteren Informationspotentialen zu rechnen.
- Die vom Management des Unternehmens durch den Einzel- oder Konzernabschluss zur Verfügung gestellten Informationen hängen in starkem Maße von bilanzpolitischen Zielstellungen ab, die sich wiederum zwischen eigentümer- und managergeführten Unternehmen unterscheiden.[592] Daher sollte eine Differenzierung nach der Rechtsform des Unternehmens vorgenommen werden.
- Eine Unterscheidung nach der Unternehmensgröße bietet sich ebenfalls an, da beispielsweise Kooperationen in Form von Bauarbeitsgemeinschaften für kleine Baufirmen weniger von Bedeutung sind als für mittelständische Unternehmen und Baukonzerne.
- Der Aspekt der Transparenz von Informationen ist einer von vielen. Aus dem Blickfeld eines externen Analysten ist es unter anderem ebenfalls von Bedeutung, dass die Informationen einen definierten Grad an Verlässlichkeit aufweisen.
- Die aus dem Jahresabschluss zu generierenden Informationen sind im Zusammenhang mit bestimmten qualitativen Faktoren zu betrachten, da die Qualität der Daten beispielsweise von der Funktionsfähigkeit des Controlling- und des Risikomanagementsystems abhängt.

[592] Zur Unterstützung der These, dass Unterschiede in der Bilanzpolitik manager- und eigentümergeführter Unternehmen bestehen, vgl. zum Beispiel Haller (1994), S. 597-612. Vgl. dazu auch bereits Coenenberg/Schmidt/Werhand (1983), S. 321-343. In ihrem Beitrag geht es um die Gewinnregulierungspolitik in manager- und eigentümerkontrollierten Unternehmen. Ihre Ergebnisse stützen die Hypothese, dass „die Unternehmensleitung managerkontrollierter Firmen in weitaus stärkerem Maße vom verfügbaren bilanzpolitischen Potential Gebrauch macht, um das auszuweisende Eigenkapital zu glätten, als dies bei Eigentümer-Unternehmen der Fall ist.“, ebenda, S. 342.

6 Zusammenfassung und Ausblick

6.1 Kapitelweise Zusammenfassung

Die vorliegende Arbeit hat sich der Thematik der baubezogenen Kreditprüfung gewidmet, die in Deutschland seit circa 20 Jahren keiner wissenschaftlichen Betrachtung mehr zugeführt wurde, obwohl sich die Bedingungen in der Bau- und Kreditwirtschaft seitdem stark gewandelt haben. Die Thematik wird zum einen durch die Veränderungen bei den rechtlichen Anforderungen an die Kreditvergabe und zum anderen durch die IAS-Verordnung der Europäischen Union tangiert.

In **Kapitel zwei** wurden zunächst die bankwirtschaftlichen Grundlagen erfasst. Kredite spielen in der stark fremd finanzierten Bauwirtschaft insbesondere in Form von klassischen Bank-, Lieferanten- und Avalkrediten eine Rolle. Die Begriffe Kreditprüfung und Rating unterscheiden sich vordergründig darin, dass beim Rating zwingend eine Transformation des Krediturteils in eine Ratingkennzahl beziehungsweise eine Ausfallwahrscheinlichkeit erfolgt und dass Ratingergebnisse im Unterschied zu Krediturteilen nicht nur internen, sondern auch externen Informationscharakter besitzen.

Entscheidungen über die Vergabe von Krediten sind unter Unsicherheit und unvollkommenem Informationsstand zu treffen, wobei sich der Kreditnehmer gegenüber dem Kreditgeber regelmäßig im Informationsvorteil befindet. Unvollkommene Informationen sind der Ausgangspunkt für die Existenz von Kreditrisiken.

Bankenaufsichtsrechtlich sind Kredite Risikoaktiva, die in einer bestimmten Höhe mit Eigenmitteln der Kreditinstitute zu unterlegen sind. Der Baseler Ausschuss für Bankenaufsicht hat in diesem Zusammenhang im Juni 2004 das Rahmenwerk zur „Internationalen Konvergenz der Kapitalmessung und Eigenkapitalanforderungen", kurz Basel II, bekannt gegeben. Kernstück dieses Papiers bilden die Mindesteigenkapitalanforderungen, die mit einer kreditnehmerindividuellen Bonitätsanalyse einhergehen und eine risikoadäquate Unterlegung von Krediten mit regulatorischen Eigenmitteln gewährleisten sollen.

Unterlegungspflichtig sind Kredit-, Marktpreis- und operationelle Risiken. Im Rahmen der Arbeit wurden die Kreditrisiken von Krediten an Unternehmen näher betrachtet. Für deren Messung können die Kreditinstitute zwischen dem Standardansatz und auf internen Ratings basierenden Ansätzen wählen, die mit unterschiedlichen Anforderungen der Bankenaufsicht verbunden sind. Beim Standardansatz bestimmt sich das jeweilige Risikogewicht nach der von einem aufsichtsrechtlich anerkannten externen Bonitätsbeurteilungsinstitut vergebenen Ratingnote. Die IRB-Ansätze unterteilen sich in den IRB-Basisansatz und den fortgeschrittenen IRB-Ansatz. Beide ermitteln den mit Eigenmitteln zu unterlegenden Betrag mit Hilfe von bankinternen Ratingsystemen. Sie unterscheiden sich insbesondere in der Anzahl der durch das Kreditinstitut auf der Grundlage eigener Datenhistorien selbst zu schätzenden Risikokomponenten. Sowohl im externen als auch im internen Ratingansatz besteht im Ergebnis eine tendenziell niedrigere Eigenmittelunterlegung für Retailkredite. Bei den internen Ansätzen ist in der Risikogewichtsfunktion eine Größenanpassung in Abhängigkeit vom Jahresumsatz des Unternehmens vorgesehen. Die Eigenmittelempfehlung des Baseler Ausschusses wurde auf der Basis von EU-Richtlinien vom Grundsatz her in deutsches Recht transformiert.

Kapitel drei befasste sich mit den Unternehmen der Bauwirtschaft im Kontext der Kreditprüfung. Die Branche ist durch eine rückläufige Entwicklung bei Beschäftigung und Umsatz gekennzeichnet. Die Zahl der absoluten Insolvenzen nimmt seit 2003 leicht ab. Die Insolvenzquote stagnierte bereits im Jahr 2000, befindet sich aber dennoch auf einem vergleichsweise hohen Niveau. 2004 entfielen reichlich ein Fünftel der Insolvenzen auf das Baugewerbe. Die Struktur der Branche ist sehr heterogen. Jahresumsätze bis eine Million Euro nehmen ein Drittel des gesamten jährlichen Umsatzes des Baugewerbes ein. Sie werden von 90 Prozent der Unternehmen dieses Wirtschaftszweiges erbracht. Umsätze ab zehn Millionen Euro machen ebenfalls knapp ein Drittel aus, werden aber nur von 0,5 Prozent der Unternehmen erzielt.

Aus den aufgezeigten Branchendaten leitete sich die Fragestellung ab, inwiefern die Unternehmen der Bauwirtschaft zukünftig wettbewerbsfähig sein können und damit ein wichtiges Kriterium der prospektiven Beurteilung der Kreditwürdigkeit erfüllen. Die Betrachtung der fünf Wettbewerbskräfte nach PORTER ergab, dass die Faktoren „Bedrohung durch neue Konkurrenten" und „Rivalität unter den bestehenden Unternehmen" den stärksten Einfluss auf die Unternehmen der Baubranche ausüben. Ihnen kann ressourcenseitig mit dem Aufbau und Erhalt von organisationalen und technologischen Fähigkeiten begegnet werden, um spezialisierte respektive technisch anspruchsvolle Leistungen zu erstellen oder diversifizierte Leistungsbündel anzubieten. Daher haben spezialisierte Unternehmen und Systemanbieter bessere Aussichten auf eine wettbewerbsvorteilstiftende Position innerhalb der Baubranche als klassische Bauunternehmen, die auf die Strategie der Kostenführerschaft abstellen.

Finanzwirtschaftliche Risiken bestehen aus Kreditgebersicht in einer niedrigen Eigenmittelquote, einer verzerrten Darstellung der Liquidität und einem hohen Bürgschaftsbedarf. Eine niedrige Ausstattung mit Eigenkapital ist nicht per se als negativ zu werten, sondern im unternehmerischen Gesamtzusammenhang zu sehen. Bei Unternehmen, deren eigene Fertigungstiefe gering ist, weil sie Bauleistungen „durchhandeln" und ihre Risiken absichern beziehungsweise ein entsprechendes Risikomanagementsystem implementiert haben, kann eine geringere Eigenmittelausstattung durchaus gerechtfertigt sein. Die verzerrte Darstellung der Liquidität hängt vorrangig mit dem hohen Anteil unfertiger Bauten an der Bilanzsumme zusammen. Der hohe Bürgschaftsbedarf der Unternehmen der Branche begründet sich aus der Forderung der Kunden nach Absicherung bestimmter Risiken. Die größte Bedeutung kommt hierbei den Vertragserfüllungs- und den Mängelansprüchebürgschaften zu.

Kapitel vier widmete sich den Informationen aus Jahresabschlüssen bei HGB- und IFRS-Bilanzierung. Der Jahresabschluss nimmt bei der Bonitätsanalyse trotz seiner Mängel nach wie vor einen konstitutiven Stellenwert ein, weil er auf einem verbindlichen Rechenwerk beruhende Informationen bei vergleichsweise niedrigen Transaktionskosten zur Verfügung stellt.

Die aus dem Jahresabschluss zu generierenden Informationen werden in entscheidendem Maße durch das zugrunde liegende Rechnungslegungssystem determiniert. Börsennotierte deutsche Baugesellschaften sind gemäß der IAS-Verordnung der Europäischen Union dazu verpflichtet, ihre konsolidierten Abschlüsse nach den von der EU übernommenen internationalen Rechnungslegungsstandards aufzustellen. Für nicht kapitalmarktorientierte Unternehmen sieht der deutsche Gesetzgeber die Aufstellung eines befreienden IFRS-Konzernabschlusses vor. Weiterhin steht es allen Unternehmen offen, zusätzlich zum handelsrechtlichen einen IFRS-Einzelabschluss auf freiwilliger Basis zu erstellen. Publizitätspflichtige Unternehmen können diesen anstelle des HGB-

Einzelabschlusses im Bundesanzeiger veröffentlichen. In Zukunft werden daher neben HGB-Abschlüssen in zunehmendem Maße IFRS-Abschlüsse vom Kreditgeber zu analysieren sein.

Die größte Bedeutung kommt der Bilanzierung der Bauleistung für fremde Dritte zu. Bei der Erstellung von Bauleistungen handelt es sich häufig um langfristige Fertigungsprozesse, die in mehreren Perioden bilanziell zu erfassen sind. Des weiteren wird die zu erbringende Bauleistung durch den Kunden nach Vertragsabschluss oftmals noch modifiziert, indem beispielsweise planerische Details verändert werden, die zu geänderten oder zusätzlichen Leistungen führen. Durch die auftragsbezogene Einzelfertigung kann es auch vorkommen, dass Ausführungspläne zu spät bereitgestellt werden oder andere Behinderungen aus der Sphäre des Auftraggebers auftreten, die Vergütungsansprüche seitens des Auftragnehmers nach sich ziehen. Das dritte für die Bilanzierung konstitutive Merkmal ist, dass Bauverträge schwebende Geschäfte sind, die mit dem Zeitpunkt der Auftragserteilung beginnen und nach herrschender Meinung mit der Abnahme enden.

Für die Bilanzierung der unfertigen Bauten gibt es im HGB keine speziellen Vorschriften. Aus der Beachtung des Realisationsprinzips resultiert die Anwendung der Completed Contract-Methode, bei der eine Gewinnrealisation erst mit dem Zeitpunkt der Abnahme des Bauvorhabens durch den Bauherrn erfolgt. Eine vorzeitige Realisierung von Teilgewinnen stellt den Ausnahmefall dar, da die Bedingungen hierfür nur selten erfüllt werden.

Im Rahmen des IFRS-Rechnungslegungssystems besteht mit IAS 11 ein eigenständiger Standard, der sich mit kundenbezogenen Fertigungsaufträgen befasst, unter die auch Verträge über die Erstellung von Bauten zu subsumieren sind. Im Regelfall ist die Percentage of Completion-Methode anzuwenden, bei der Teilgewinne gemäß Baufortschritt realisiert werden. Kann das Ergebnis des Fertigungsauftrages nicht verlässlich ermittelt werden, was beispielsweise in einem frühen Projektstadium vorkommen kann, ist die Zero Profit Margin-Methode anzuwenden, bei der eine Teilgewinnrealisierung ausgeschlossen ist.

Ein weiteres Charakteristikum der Branche besteht darin, dass die Unternehmen der Bauwirtschaft für die Abwicklung von Bauaufträgen Kooperationen in Form von Arbeitsgemeinschaften eingehen. Die typische Form ist die Arge, die zeitlich befristet für die Durchführung eines Auftrages als BGB-Gesellschaft gegründet wird. Davon zu unterscheiden sind zeitlich unbefristete Argen, die auf die wiederholte Abwicklung von Projekten ausgerichtet sind.

Im HGB sind keine spezifischen Rechnungslegungsvorschriften für Bauarbeitsgemeinschaften verankert. In der Bilanzierungspraxis hat sich bei der zeitlich befristeten Arge das Führen eines Arge-Verrechnungskontos und die Übernahme des Saldos dieses Kontos zum Bilanzstichtag in den Einzel- und Konzernabschluss des Kooperationspartners etabliert. Mit dieser Vorgehensweise ist jedoch eine Vermischung gesellschafts- und schuldrechtlicher Beziehungen im Abschluss des Arge-Partners verbunden.

Argen mit Wiederholungsabsicht sind eigenständige rechtliche Einheiten, die als Gemeinschaftsunternehmen einzustufen sind. Sie werden im Einzelabschluss des Gesellschafters als Beteiligung bilanziert und in den Konzernabschluss wahlweise nach der Quotenkonsolidierung oder der Equity-Methode einbezogen.

Im Rahmen der International Financial Reporting Standards existiert mit IAS 31 ein eigenständiger Standard, der sich mit der Bilanzierung von Joint Ventures im Abschluss des Partnerunternehmens befasst und auf Bauarbeitsgemeinschaften anzuwenden ist. Von den in IAS 31 aufgeführten drei Hauptformen sind der Typ der gemeinschaftlich geführten Vermögenswerte für kleine Argen und der Typ der gemeinschaftlich geführten Unternehmen für große Argen von Interesse.

Die Beziehungen zu zeitlich befristeten Argen werden anteilig in den Einzel- und Konzernabschluss des Kooperationspartners einbezogen. Argen mit Wiederholungsabsicht werden im Einzelabschluss des Gesellschafters als Beteiligung und im Konzernabschluss vorzugsweise nach der Quotenkonsolidierungsmethode bilanziert. Eine Einbeziehung *at equity* ist alternativ zulässig.

Kapitel fünf befasste sich mit der Beurteilung der Informationsgewinnung aus den dargestellten Bilanzierungsweisen aus Kreditgebersicht. Vor dem Hintergrund der Principal-Agent-Problematik und des Baseler Rahmenwerkes ist es bedeutend, dass die Hauptinstrumente der Bonitätsanalyse wie der Jahresabschluss ein hohes Maß an Transparenz aufweisen. In diesem Kontext spielt die Möglichkeit der Bildung und Auflösung stiller Zwangs-, Ermessens- und Schätzungsreserven eine entscheidende Rolle.

Bei der Bilanzierung der unfertigen, in Eigenregie erbrachten Bauleistung ist für die Betrachtungen insbesondere die Phase zwischen Baubeginn und Abnahme von Interesse, da dort die Abweichungen zwischen beiden Rechnungslegungssystemen am deutlichsten in Erscheinung treten. Die unbemerkte Bildung und Auflösung stiller Reserven wird bei der Bilanzierung unfertiger Bauten nach IFRS im Vergleich zum HGB grundsätzlich eingeschränkt, wobei eine Verlagerung der Gewichtung von Zwangs- und Ermessensrücklagen hin zu Schätzungsrücklagen stattfindet. Die stillen Reserven haben in beiden Rechnungslegungssystemen temporären Charakter, der überwiegende Teil löst sich automatisch zum Zeitpunkt der Abnahme auf.

Die divergierende bilanzielle Behandlung unfertiger Bauten nach HGB und IFRS tangiert über die Bilanzierung bei der Arge in Abhängigkeit von der konkreten Ausgestaltung der Kooperation und der Art des vom Arge-Partner zu erstellenden Abschlusses auch die Darstellung im Abschluss des Kooperationspartners.

Bei der Bilanzierung der typischen deutschen Bauarbeitsgemeinschaft nach den Vorschriften des IFRS-Rechnungslegungssystems ergeben sich für den Kreditgeber Transparenz- und Informationszuwächse, da die gesellschafts- und schuldrechtlichen Beziehungen separat erfasst werden.

Argen mit Wiederholungsabsicht sind nach HGB und IFRS als Gemeinschaftsunternehmen einzuordnen. Die Bilanzierungsweisen im Einzelabschluss des Gesellschafters sind in beiden Rechnungslegungssystemen grundsätzlich vergleichbar. Die Informationsgewinnung für den externen Analytiker unterscheidet sich nicht wesentlich, lediglich die unterschiedliche Behandlung unfertiger Arge-Bauten wirkt auf die Einzelbilanz des Arge-Partners ein.

In der Konzernbilanz des Arge-Gesellschafters machen sich bei einer quotalen Konsolidierung des Gemeinschaftsunternehmens die Auswirkungen der unterschiedlichen Bilanzierungsweisen für unfertige Bauten in starkem Maße bemerkbar, da diese anteilig zu übernehmen sind. Somit wird bei der Quotenkonsolidierung im IFRS-Konzernabschluss die Tätigkeit der Arge realitätsnäher und transparenter als im HGB-Abschluss gezeigt.

Davon abgesehen konzentriert sich die Beurteilung der Informationsgewinnung auf die Gegenüberstellung der beiden Einbeziehungsalternativen, da wichtige Unterschiede zwischen dem HGB- und dem IFRS-Rechnungslegungssystem wie beispielsweise die Behandlung stiller Reserven bei der Kapitalkonsolidierung für Bauargen nicht relevant oder von marginaler Bedeutung sind. Durch die anteilige Übernahme der Aktiva und Passiva sowie Aufwendungen und Erträge sind die wirtschaftlichen Aktivitäten der Arge bei der Quotenkonsolidierung regelmäßig besser nachzuvollziehen. Bei der Equity-Methode wird das Engagement in einer Arge als verdichtete Saldogröße gezeigt, was mit Nachteilen bei der externen Analyse verbunden sein kann.

6.2 Ausblick – Quo vadis Kreditwürdigkeitsprüfung bei Bauunternehmen?

Es ist zu vermuten, dass sich die Anzahl der nach IFRS erstellten Abschlüsse in Deutschland in Zukunft sukzessive erhöhen wird, da dieses Rechnungslegungssystem aus Sicht des Unternehmens zu einer verbesserten Abbildung wirtschaftlicher Realität in der Baubilanz führt. Dies gilt infolge der Teilgewinnrealisierung nach der Percentage of Completion-Methode in starkem Maße für die unfertigen, in Eigenregie zu erstellenden Bauten, die einen Hauptposten in der Bilanz darstellen. Bei Bauarbeitsgemeinschaften ergeben sich positive Effekte auf zwei Ebenen. Zum einen werden die unfertigen Bauten bei der Arge selbst nach der Percentage of Completion-Methode erfasst. Zum anderen ist gerade die Darstellung der typischen zeitlich befristeten Argen im Abschluss des Gesellschafters mit einem höheren Informationsgehalt für den externen Analytiker verbunden.

Die Kreditinstitute müssen sich auf die zukünftig wachsende Zahl an zu analysierenden IFRS-Abschlüssen einstellen und ihre Ratingsysteme entsprechend modifizieren, da gewährleistet sein muss, dass identische reale Sachverhalte unabhängig vom Rechnungslegungssystem zu einem einheitlichen Bilanzbonitätsrating führen. Erschwerend kommt hinzu, dass bisher viele Detailfragen bei der IFRS-Bilanzierung von Bauunternehmen nicht geregelt beziehungsweise noch keiner Klärung durch die Herausbildung branchenspezifischer Ausführungsbestimmungen zugeführt sind. Eine über viele Jahre gewachsene Bilanzierungspraxis für die bauspezifischen Besonderheiten wie sie für das bisherige deutsche Rechnungslegungssystem existiert, muss sich in Deutschland für die internationale Rechnungslegung erst noch entwickeln.

Eine Orientierung an anderen anglo-amerikanisch geprägten Rechnungslegungssystemen wie den US-GAAP, die baubezogene Ausführungsbestimmungen enthalten, ist dabei durchaus denkbar. Für bestimmte deutsche Gepflogenheiten müssen dennoch eigene Lösungen gefunden werden. Vorerst wird wohl eine Vermischung und gegenseitige Beeinflussung von Elementen der Rechnungslegung nach HGB und IFRS nicht ausgeschlossen sein, was die Kreditwürdigkeitsprüfung nicht unbedingt erleichtert.

Mit der Internationalisierung der Rechnungslegung ist eine weitere wichtige Veränderung für die deutschen Kreditgeber verbunden. Die IFRS-Vorschriften generieren zwar grundsätzlich ein höheres Maß an Transparenz, indem die Informationen realitätsnäher und weniger durch stille Reserven verfälscht sind. Dies geht jedoch zu Lasten des risikoaversen Bilanzierungsverhaltens, das aus der Einhaltung des Prinzips der kaufmännischen Vorsicht resultiert. Der Anteil und der Einfluss der auf prognostischen Elementen beruhenden Daten sind im IFRS-Rechnungslegungssystem höher als im deutschen Handelsrecht.

Der in der kontinentaleuropäischen Rechnungslegung so bedeutende Gläubigerschutz im Sinne der nominellen Kapitalerhaltung weicht mehr und mehr einer Philosophie, die auf der Vermittlung entscheidungsnützlicher Informationen für die Investoren basiert. Diese Entwicklung muss jedoch nicht unbedingt nachteilig für die Kreditgeber sein, da auch sie bei der Beurteilung der Kreditnehmer daran interessiert sein dürften, dass der Jahresabschluss als Ermittlungs- und Beschreibungsmodell das unternehmerische Geschehen realitätsnäher abbildet.

Es gilt jedoch, geeignete Instrumente einzusetzen oder zu entwickeln, die die Gläubiger in ausreichendem Maße schützen können. Im anglo-amerikanischen Raum ist es in diesem Zusammenhang üblich, vertragliche Schutzklauseln beziehungsweise die Einhaltung definierter Kennzahlenwerte zu vereinbaren.[593] Diese Form des Selbstschutzes könnte auch für die Vergabe von Krediten an Bauunternehmen in Deutschland deutlich an Bedeutung gewinnen.

Abschließend ist noch anzumerken, dass Basel II zwar einen weiteren wichtigen Schritt der internationalen Bankenaufsicht zur Gewährleistung eines welt-

---

593 Vgl. zu diesen sogenannten *covenants* zum Beispiel Jacob (1985), S. 151-159; Jährig/ Schuck (1990), S. 140; Thießen (1996), S. 19-37; Alberth (1997), S. 744-750; Alberth (1998), S. 803-824; Obst/Hintner (2000), S. 700-703 m. w. N. und Rammert (2004), S. 588 f. und die dort angegebene Literatur.

weit stabilen Finanzsystems darstellt. Die Entwicklung wird damit jedoch noch nicht abgeschlossen sein, so dass die bankenaufsichtsrechtlichen Vorgaben für die Kreditvergabe der Banken und Kreditinstitute weiteren Veränderungen unterliegen werden.

Literaturverzeichnis

1. Monographien, Beiträge in Handbüchern und anderen Sammelwerken sowie Artikel in Periodika

Achleitner, Ann-Kristin/Everling, Oliver (Hrsg.) (2004), Handbuch Ratingpraxis, Wiesbaden 2004

Adler, Hans/Düring, Walther/Schmaltz, Kurt (1998), Rechnungslegung und Prüfung der Unternehmen – Kommentar zum HGB, AktG, GmbHG, PublG nach den Vorschriften des Bilanzrichtlinien-Gesetzes, bearbeitet von Karl-Heinz Forster, Reinhard Goerdeler, Josef Lanfermann, Hans-Peter Müller, Günter Siepe, Klaus Stolberg, 6. Auflage, Stuttgart 1995/1998

Adler, Hans/Düring, Walther/Schmaltz, Kurt (2002), Rechnungslegung nach internationalen Standards, Kommentar, bearbeitet von Hans-Friedrich Gelhausen, Jochen Pape, Joachim Schindler, Wienand Schruff, Loseblatt-Ausgabe, Stuttgart 2002, Stand Dezember 2006

Ahlbach, Franz (1987), Grenzen der externen Bewertung der Bonität und Ertragskraft von Bauunternehmungen unter Berücksichtigung von Auslandsbaustellen, in: Drees, Gerhard (Hrsg.), Finanzanalyse und Bonitätsbeurteilung von Bauunternehmen, Frankfurt am Main 1987, S. 29-51

Albach, Horst/Forster, Karl-Heinz (Hrsg.) (1987), Beiträge zum Bilanzrichtlinien-Gesetz – Das neue Recht in Theorie und Praxis, Wiesbaden 1987

Albers, Willi et alli (Hrsg.) (1988), Handwörterbuch der Wirtschaftswissenschaft, ungekürzte Studienausgabe, Stuttgart u. a. 1988

Alberth, Markus R. (1997), USA: Vertraglicher Gläubigerschutz und Ausschüttungsbemessung durch Covenants als Vorbild zur Änderung des deutschen Bilanzrechts?, in: Die Wirtschaftsprüfung, 50. Jg., Heft 21, 1997, S. 744-750

Alberth, Markus R. (1998), US-amerikanische Gläubigerbilanzen durch Covenants in Verträgen, der Versuch einer weltweiten Kategorisierung der Rechnungslegung und Folgen für die internationale Harmonisierungsdiskussion, in: Zeitschrift für Betriebswirtschaft, 68. Jg., Heft 8, 1998, S. 803-824

Al-Laham, Andreas (2004), Wettbewerbsvorteile aus Wissen? – Was leistet der wissensbasierte Ansatz für die strategische Unternehmensführung?, in: Die Unternehmung, 58. Jg., Heft 6, 2004, S. 405-433

American Institute of Certified Public Accountants (2002), Construction Contractors, New York 2002

Amit, Raphael/Schoemaker, Paul J. H. (1993), Strategic Assets and Organizational Rent, in: Strategic Management Journal, Volume 14, 1993, S. 33-46

Appel, Sabine (2005), Veränderungen bei der Unterlegung von Marktpreisrisiken, in: Deloitte (Hrsg.), Basel II – Handbuch zur praktischen Umsetzung des neuen Bankenaufsichtsrechts, Berlin 2005, S. 415-430

Arvanakos, Constantin et alli (2005), Westeuropa – Bauwirtschaft – Chancen und Perspektiven, Bundesagentur für Außenwirtschaft, Köln 2005

Augath, Oliver (1996), Neuere Verfahren der Kreditwürdigkeitsprüfung im Überblick – ihre Chancen und Grenzen, Freiberger Arbeitspapiere, Heft 17, Technische Universität Bergakademie Freiberg, Freiberg 1996

Backhaus, Klaus (1996), Gewinnrealisierung im Anlagengeschäft vor dem Hintergrund nationaler und internationaler Rechnungslegungsvorschriften, in: Baetge, Jörg/Börner, Dietrich/Forster, Karl-Heinz/ Schruff, Lothar (Hrsg.), Rechnungslegung, Prüfung und Beratung – Herausforderungen für den Wirtschaftsprüfer, Festschrift zum 70. Geburtstag von Professor Dr. Rainer Ludewig, Düsseldorf 1996, S. 21-51

Baetge, Jörg (1996), Herstellungskosten: Vollaufwand versus Teilaufwand, in: Baetge, Jörg/Börner, Dietrich/Forster, Karl-Heinz/Schruff, Lothar (Hrsg.), Rechnungslegung, Prüfung und Beratung – Herausforderungen für den Wirtschaftsprüfer, Festschrift zum 70. Geburtstag von Professor Dr. Rainer Ludewig, Düsseldorf 1996, S. 53-84

Baetge, Jörg/Börner, Dietrich/Forster, Karl-Heinz/Schruff, Lothar (Hrsg.) (1996), Rechnungslegung, Prüfung und Beratung – Herausforderungen für den Wirtschaftsprüfer, Festschrift zum 70. Geburtstag von Professor Dr. Rainer Ludewig, Düsseldorf 1996

Baetge, Jörg/Kirsch, Hans-Jürgen/Thiele, Stefan (2005), Bilanzen, 8. Auflage, Düsseldorf 2005

Baetge, Jörg/Sieringhaus, Isabel (1996), Bilanzbonitäts-Rating von Unternehmen, in: Büschgen, Hans E./Everling, Oliver (Hrsg.), Handbuch Rating, Wiesbaden 1996, S. 221-249

Baetge, Jörg/Uhlig, Annegret (1985), Zur Ermittlung der handelsrechtlichen „Herstellungskosten“ unter Verwendung der Daten der Kostenrechnung, in: Wirtschaftswissenschaftliches Studium, 14. Jg., Heft 6, 1985, S. 274-280

Baetge, Jörg/Wollmert, Peter/Kirsch, Hans-Jürgen/Oser, Peter/Bischof, Stefan (Hrsg.) (2003), Rechnungslegung nach IFRS – Kommentar auf der Grundlage des deutschen Bilanzrechts, Loseblatt-Ausgabe, 2. Auflage, Stuttgart 2003, Stand Dezember 2006

Bagus, Thomas (1992), Wissensbasierte Bonitätsanalyse im Firmenkundengeschäft der Kreditinstitute, Frankfurt am Main 1992

Ballwieser, Wolfgang (Hrsg.) (2000), US-amerikanische Rechnungslegung – Grundlagen und Vergleiche mit dem deutschen Recht, 4. Auflage, Stuttgart 2000

Ballwieser, Wolfgang/Böcking, Hans-Joachim/Drukarczyk, Jochen/Schmidt, Reinhard H. (Hrsg.) (1994), Bilanzrecht und Kapitalmarkt, Festschrift zum 65. Geburtstag von Adolf Moxter, Düsseldorf 1994

Bamberger, Ingolf/Wrona, Thomas (1996), Der Ressourcenansatz und seine Bedeutung für die Strategische Unternehmensführung, in: Schmalenbachs Zeitschrift für betriebswirtschaftliche Forschung, 48. Jg., Heft 2, 1996, S. 130-153

Barney, Jay B. (1986), Strategic Factor Markets: Expectations, Luck and Business Strategy, in: Management Science, Volume 32, Number 10, 1986, S. 1231-1241

Barney, Jay B. (1991), Firm Resources and Sustained Competitive Advantage, in: Journal of Management, Volume 17, Number 1, 1991, S. 99-120

Basel Committee on Banking Supervision (2003), Sound Practices for the Management and Supervision of Operational Risk, Basel 2003

Baseler Ausschuss für Bankenaufsicht (1996), Änderung der Eigenkapitalvereinbarung zur Einbeziehung der Marktrisiken, Basel 1996

Baseler Ausschuss für Bankenaufsicht (2001), Die Neue Basler Eigenkapitalvereinbarung, Konsultationspapier, Übersetzung der Deutschen Bundesbank, Basel 2001

Baseler Ausschuss für Bankenaufsicht (2004), Internationale Konvergenz der Kapitalmessung und Eigenkapitalanforderungen, überarbeitete Rahmenvereinbarung, Übersetzung der Deutschen Bundesbank, Basel 2004

Bastuck, Stefanie/Pfiffer, Wolfdieter/Stöppler, Ralf-Stefan/Wischhof, Karsten (2000), Strategien für mittelständische Bauunternehmen in Europa, Eschborn 2000

Becker, Axel/Gaulke, Markus/Wolf, Martin (Hrsg.) (2005), Praktiker-Handbuch Basel II – Kreditrisiko, operationelles Risiko, Überwachung, Offenlegung, Stuttgart 2005

Betriebswirtschaftliches Institut der Bauindustrie (1993), Zur Bilanzierung von Bau-Arbeitsgemeinschaften – Stellungnahme zu dem Entwurf einer Verlautbarung des HFA „Zur Bilanzierung von Joint Ventures", die in den IDW-Fachnachrichten Nr. 10/1992 und danach in mehreren Fachzeitschriften veröffentlicht wurde, Düsseldorf 1993

Betriebswirtschaftliches Institut der Bauindustrie (Hrsg.) (1994/95), Bauwirtschaftliche Informationen, Düsseldorf 1994/95

Betriebswirtschaftliches Institut der Bauindustrie (Hrsg.) (1996), Bauwirtschaftliche Informationen, Düsseldorf 1996

Betriebswirtschaftliches Institut der Bauindustrie (Hrsg.) (2004), BWI-Bau-Informationen, Düsseldorf 2004

Betsch, Oskar/Brümmer, Ekkehard/Hartmann, Egbert E./Wittberg, Volker (1997), Kreditwürdigkeitsanalyse im Firmenkundengeschäft, in: Die Bank, o. Jg., Heft 3, 1997, S. 150-155

Bilfinger Berger AG (2006), Geschäftsbericht zum 31.12.2005, Mannheim 2006

Birtel, Thomas (2000), Kundenorientiertes Risikomanagement, in: Zentralverband des Deutschen Baugewerbes e. V./Betriebswirtschaftliches Institut der Bauindustrie (Hrsg.), Chancen durch Risikomanagement, Berlin/Düsseldorf 2000, S. 7-16

Bischof, Stefan (1997), Gewinnrealisierung im industriellen Anlagengeschäft, München 1997

Blesch, Günter (2005), Rechtssicheres Avalgeschäft – Bankbürgschaften: Rechtsfragen, Risikominimierung und Taktiken – vom Herauslegen bis zur Inanspruchnahme, Heidelberg 2005

Blochmann, Günter/Jacob, Dieter/Wolf, Rainer (2003), Kooperationen mittelständischer Bauunternehmen – Zur Erschließung neuer Marktfelder bei der Privatisierung öffentlicher Aufgaben, unter Mitarbeit von Michael Hanke, Hans Mahlstedt, Constanze Stuhr und Christoph Winter, Wiesbaden 2003

Böcker, Matthias (2000), Die strategische Bonität – Ein Ansatz zur ganzheitlichen prospektiven Kreditprüfung im Firmenkundengeschäft, Frankfurt am Main 2000

Bodarwé, Ernst (1971), Bewertung und Darstellung nicht abgerechneter Leistungen bei „langfristiger Fertigung“ im Jahresabschluss, in: Der Betrieb, 24. Jg., Heft 42, 1971, S. 1973-1977

Bohl, Werner/Riese, Joachim/Schlüter, Jörg (Hrsg.) (2006), Beck´sches IFRS-Handbuch – Kommentierung der IFRS/IAS, 2. Auflage, München u. a. 2006

Böhmer, Jürgen (1982), Die Bilanzierung langfristiger Aufträge, Dissertation, Bonn 1982

Braunschweig, Christoph/Zdrowomyslaw, Norbert/Saß, Cornelia/Kasch, Robert (1998 a), Kreditwürdigkeitsprüfung – Teil I: Prozeß und Probleme, in: Betrieb und Wirtschaft, 52. Jg., Heft 5, 1998, S. 164-169

Braunschweig, Christoph/Zdrowomyslaw, Norbert/Saß, Cornelia/Kasch, Robert (1998 b), Kreditwürdigkeitsprüfung – Teil II: Instrumente, in: Betrieb und Wirtschaft, 52. Jg., Heft 6, 1998, S. 201-205

Bruckner, Bernulf (1997), Neue Wege in der Bonitätsbeurteilung von Firmenkunden – Konzept zur Entwicklung eines integrierten Systems, Frankfurt am Main u. a. 1997

Brune, Jens W./Mielicki, Ulrich (2003), (Bau-)Bilanzierung nach internationalen Rechnungslegungsvorschriften, in: Baumarkt + Bauwirtschaft, 102. Jg., Heft 11, 2003, S. 32-35

Brüssel, Wolfgang (2002), Baubetrieb von A bis Z, 4. Auflage, Düsseldorf 2002

Buchheim, Regine/Gröner, Susanne/Kühne, Mareike (2004), Übernahme von IAS/IFRS in Europa: Ablauf und Wirkung des Komitologieverfahrens auf die Rechnungslegung, in: Betriebs-Berater, 59. Jg., Heft 33, 2004, S. 1783-1788

Buchholz, Claus (2005), Ausgewählte Rechnungslegungsnormen zur Risikopublizität, in: Deloitte (Hrsg.), Basel II – Handbuch zur praktischen Umsetzung des neuen Bankenaufsichtsrechts, Berlin 2005, S. 589-611

Buchholz, Rainer (2002), IAS für mittelständische Unternehmen? – Vor- und Nachteile neuer Rechnungslegungsvorschriften in Deutschland, in: Deutsches Steuerrecht, 40. Jg., Heft 30, 2002, S. 1280-1284

Buhleier, Claus (1997), Harmonisierung der Rechnungslegung bei langfristiger Auftragsfertigung – Perspektiven für die Bilanzierung in Deutschland und Österreich, Wiesbaden 1997

Bühler, Wilhelm (1987), Informationsressourcen für die Bonitätsanalyse, in: Bühler, Wilhelm/Schmoll, Anton (Hrsg.), Kreditmanagement – Rechtliche und betriebswirtschaftliche Instrumente zur Risikoreduzierung in der Kreditpraxis, Wien 1987, S. 69-116

Bühler, Wilhelm (1988), Bonitätsbeurteilung jenseits von Bilanzanalyse und Insolvenzprognose, in: Bühler, Wilhelm/Schuster, Leo (Hrsg.), Kreditinformations- und Kreditüberwachungssysteme – Tagungsbericht, Wien 1988, S. 9-33

Bühler, Wilhelm/Schmoll, Anton (Hrsg.) (1987), Kreditmanagement – Rechtliche und betriebswirtschaftliche Instrumente zur Risikoreduzierung in der Kreditpraxis, Wien 1987

Bühler, Wilhelm/Schuster, Leo (Hrsg.) (1988), Kreditinformations- und Kreditüberwachungssysteme – Tagungsbericht, Wien 1988

Burchardt, Hans-Peter (2003), Die Arbeitsgemeinschaft (ARGE), in: Jacob, Dieter/Ring, Gerhard/Wolf, Rainer (Hrsg.), Freiberger Handbuch zum Baurecht, 2. Auflage, Bonn 2003, § 13, S. 937-976

Burchardt, Hans-Peter/Pfülb, Wolfgang et alli (2006), ARGE-Kommentar – Juristische und betriebswirtschaftliche Erläuterungen – ARGE-Vertrag 2005, Dach-ARGE-Vertrag 2005, Bietergemeinschaftsvertrag 2003, 4. Auflage, Gütersloh 2006

Büschgen, Hans E./Everling, Oliver (Hrsg.) (1996), Handbuch Rating, Wiesbaden 1996

Busse von Colbe, Walther (1992), Langfristige Fertigung – Prüfung der Rechnungslegung, in: Coenenberg, Adolf G./Wysocki, Klaus von (Hrsg.), Handwörterbuch der Revision, 2. Auflage, Stuttgart 1992, Spalte 1197-1207

Busse von Colbe, Walther (2004), Anpassung der Konzernrechnungslegungsvorschriften des HGB an internationale Entwicklungen, in: Betriebs-Berater, 59. Jg., Heft 38, 2004, S. 2063-2070

Busse von Colbe, Walther/Pellens, Bernhard (Hrsg.) (1998), Lexikon des Rechnungswesens – Handbuch der Bilanzierung und Prüfung, der Erlös-, Finanz-, Investitions- und Kostenrechnung, 4. Auflage, München/Wien 1998

Castan, Edgar/Böcking, Hans-Joachim/Heymann, Gerd/Pfitzer, Norbert/Scheffler, Eberhard (Hrsg.) (2004), Beck´sches Handbuch der Rechnungslegung, Loseblatt-Ausgabe, München 2004

Cluse, Michael (2005), Der Standardansatz für die Kreditrisikounterlegung, in: Deloitte (Hrsg.), Basel II – Handbuch zur praktischen Umsetzung des neuen Bankenaufsichtsrechts, Berlin 2005, S. 143-166

Cluse, Michael/Cremer, Andreas (2006), Die Umsetzung von Basel II in deutsches Recht, in: Zeitschrift für das gesamte Kreditwesen, 59. Jg., Heft 7, 2006, S. 329-334

Cluse, Michael/de Harde, Ingo (2005), Abgrenzung der Segmente/Risikoaktivaklassen, in: Deloitte (Hrsg.), Basel II – Handbuch zur praktischen Umsetzung des neuen Bankenaufsichtsrechts, Berlin 2005, S. 209-222

Cluse, Michael/Dernbach, Alexander/Engels, Jörg/Lellmann, Peter (2005), Einführung in Basel II, in: Deloitte (Hrsg.), Basel II – Handbuch zur praktischen Umsetzung des neuen Bankenaufsichtsrechts, Berlin 2005, S. 19-44

Cluse, Michael/Stellmacher, Tobias (2005), Die IRB-Ansätze, in: Deloitte (Hrsg.), Basel II – Handbuch zur praktischen Umsetzung des neuen Bankenaufsichtsrechts, Berlin 2005, S. 167-208

Coenenberg, Adolf G. (2005), Jahresabschluss und Jahresabschlussanalyse – Betriebswirtschaftliche, handelsrechtliche, steuerrechtliche und internationale Grundsätze – HGB, IFRS und US-GAAP, 20. Auflage, Stuttgart 2005

Coenenberg, Adolf G./Schmidt, Franz/Werhand, Manfred (1983), Bilanzpolitische Entscheidungen und Entscheidungswirkungen in manager- und eigentümerkontrollierten Unternehmen, in: Betriebswirtschaftliche Forschung und Praxis, 35. Jg., Heft 4, 1983, S. 321-343

Coenenberg, Adolf G./Wysocki, Klaus von (Hrsg.) (1992), Handwörterbuch der Revision, 2. Auflage, Stuttgart 1992

Deckers, Michael (1990), Zukunftsorientierte Kreditentscheidung im mittelständischen Firmenkundengeschäft, München 1990

Deloitte (Hrsg.) (2005), Basel II – Handbuch zur praktischen Umsetzung des neuen Bankenaufsichtsrechts, Berlin 2005

Denk, Robert (1979), Diagnosemethoden und Entscheidungshilfen in der Bonitätsprüfung, Wien 1979

Deppe, Hans-Dieter (1973), Betriebswirtschaftliche Grundlagen der Geldwirtschaft, Band 1: Einführung und Zahlungsverkehr, Stuttgart 1973

Deutsche Bundesbank (1992), Die Untersuchung von Unternehmensinsolvenzen im Rahmen der Kreditwürdigkeitsprüfung durch die Deutsche Bundesbank, in: Monatsbericht Januar 1992, 44. Jg., Nummer 1, 1992, S. 30-36

Deutsche Bundesbank (2000), Die Mitwirkung der Deutschen Bundesbank an der Bankenaufsicht, in: Monatsbericht September 2000, 52. Jg., Nummer 9, 2000, S. 33-45

Deutsche Bundesbank (2001), Die neue Baseler Eigenkapitalvereinbarung (Basel II), in: Monatsbericht April 2001, 53. Jg., Nummer 4, 2001, S. 15-44

Deutsche Bundesbank (2002), Das Eigenkapital der Kreditinstitute aus bankinterner und regulatorischer Sicht, in: Monatsbericht Januar 2002, 54. Jg., Nummer 1, 2002, S. 41-60

Deutsche Bundesbank (2004), Neue Eigenkapitalanforderungen für Kreditinstitute (Basel II), in: Monatsbericht September 2004, 56. Jg., Nummer 9, 2004, S. 75-100

Deutsche Bundesbank (2005 a), Ertragslage und Finanzierungsverhältnisse deutscher Unternehmen – eine Untersuchung auf neuer Datenbasis, in: Monatsbericht Oktober 2005, 57. Jg., Nummer 10, 2005, S. 33-71

Deutsche Bundesbank (2005 b), Verhältniszahlen aus Jahresabschlüssen deutscher Unternehmen von 2002 bis 2003, Statistische Sonderveröffentlichung 6, Frankfurt am Main 2005

Deutsche Bundesbank (2006), Die Umsetzung der neuen Eigenkapitalregelungen für Banken in deutsches Recht, in: Monatsbericht Dezember 2006, 58. Jg., Nummer 12, 2006, S. 69-91

Dicken, André Jacques (1999), Kreditwürdigkeitsprüfung – Kreditwürdigkeitsprüfung auf der Basis des betrieblichen Leistungsvermögens, 2. Auflage, Berlin 1999

Dierickx, Ingemar/Cool, Karel (1989), Asset Stock Accumulation and the Sustainability of Competitive Advantage, in: Management Science, Volume 35, Number 12, 1989, S. 1504-1511

Dill, Rolf (1987), Bilanzierung von Beteiligungen an Arbeitsgemeinschaften nach neuem Bilanzrecht, in: Der Betrieb, 40. Jg., Heft 15, 1987, S. 752-755

Dimitrakopoulos, Dimitrios/Spahr, Roland (2004), Ablauf des Ratingverfahrens bei internationalen Ratingagenturen, in: Achleitner, Ann-Kristin/ Everling, Oliver (Hrsg.), Handbuch Ratingpraxis, Wiesbaden 2004, S. 211-222

Disselbeck, Kai (2004), Basel II, CAD III und die Solvabilitätsverordnung II – nur Übergangsstandards, in: Zeitschrift für das gesamte Kreditwesen, 57. Jg., Heft 22, 2004, S. 1244 f.

Dittmar, Thomas/Hilbert, Andreas (1998), Bonitätsprüfung mit Hilfe Künstlicher Neuronaler Netze, in: ZBB-Report, o. Jg., Heft 5, 1998, S. 343-352

Döhring, Jens/Hromadka, Jürgen (2005), Interne Ratingverfahren, in: Deloitte (Hrsg.), Basel II – Handbuch zur praktischen Umsetzung des neuen Bankenaufsichtsrechts, Berlin 2005, S. 89-105

Dorka, Jörg (1990), Die Möglichkeiten einer Kundenverbundanalyse zur Steuerung der Bonitätsrisiken in einem Kreditportefeuille – dargestellt am Beispiel einer deutschen Universalbank, München 1990

Drees, Gerhard (1985), Beurteilung der Bonität und Ertragskraft von Bauunternehmen, in: Die Bank, o. Jg., Heft 10, 1985, S. 497-502

Drees, Gerhard (Hrsg.) (1987), Finanzanalyse und Bonitätsbeurteilung von Bauunternehmen, Frankfurt am Main 1987

Dusemond, Michael/Heusinger, Sabine/Knop, Wolfgang (2006), § 266 HGB, in: Küting, Karlheinz/Weber, Claus-Peter (Hrsg.), Handbuch der Rechnungslegung – Einzelabschluss – Kommentar zur Bilanzierung und Prüfung, Loseblatt-Ausgabe, Band 2, 5. Auflage, Stuttgart 2006

Egger, Anton (1994), Die Herstellungskosten im Spannungsfeld von Kostenrechnung und Jahresabschluss, in: Ballwieser, Wolfgang/Böcking, Hans-Joachim/Drukarczyk, Jochen/Schmidt, Reinhard H. (Hrsg.), Bilanzrecht und Kapitalmarkt, Festschrift zum 65. Geburtstag von Adolf Moxter, Düsseldorf 1994, S. 195-211

Ellrott, Helmut/Brendt, Peter (2006), § 255 HGB, in: Ellrott, Helmut/Förschle, Gerhart/Hoyos, Martin/Winkeljohann, Norbert (Hrsg.), Beck´scher Bilanz-Kommentar – Handels- und Steuerbilanz – §§ 238 bis 339, 342 bis 342e HGB mit EGHGB und IAS/IFRS-Abweichungen, 6. Auflage, München 2006

Ellrott, Helmut/Förschle, Gerhart/Hoyos, Martin/Winkeljohann, Norbert (Hrsg.) (2006), Beck´scher Bilanz-Kommentar – Handels- und Steuerbilanz – §§ 238 bis 339, 342 bis 342e HGB mit EGHGB und IAS/IFRS-Abweichungen, 6. Auflage, München 2006

Ellrott, Helmut/Krämer, Andreas (2006), § 266 HGB, in: Ellrott, Helmut/Förschle, Gerhart/Hoyos, Martin/Winkeljohann, Norbert (Hrsg.), Beck´-scher Bilanz-Kommentar – Handels- und Steuerbilanz – §§ 238 bis 339, 342 bis 342e HGB mit EGHGB und IAS/IFRS-Abweichungen, 6. Auflage, München 2006

Ellrott, Helmut/Ring, Stephan (2006), § 247 HGB, in: Ellrott, Helmut/Förschle, Gerhart/Hoyos, Martin/Winkeljohann, Norbert (Hrsg.), Beck´scher Bilanz-Kommentar – Handels- und Steuerbilanz – §§ 238 bis 339, 342 bis 342e HGB mit EGHGB und IAS/IFRS-Abweichungen, 6. Auflage, München 2006

Ellrott, Helmut/Ring, Stephan (2006), § 253 HGB, in: Ellrott, Helmut/Förschle, Gerhart/Hoyos, Martin/Winkeljohann, Norbert (Hrsg.), Beck´scher Bilanz-Kommentar – Handels- und Steuerbilanz – §§ 238 bis 339, 342 bis 342e HGB mit EGHGB und IAS/IFRS-Abweichungen, 6. Auflage, München 2006

Elsas, Ralf/Krahnen, Jan Pieter (2001), Grundsätze ordnungsgemäßen Ratings: Anmerkungen zu Basel II, in: Die Bank, o. Jg., Heft 4, 2001, S. 298-304

Elschen, Rainer (1991), Gegenstand und Anwendungsmöglichkeiten der Agency-Theorie, in: Schmalenbachs Zeitschrift für betriebswirtschaftliche Forschung, 43. Jg., Heft 11, 1991, S. 1002-1012

Endisch, Ernst/Jacob, Dieter/Stuhr, Constanze (2000), Erkennen und Vermeiden von finanzwirtschaftlichen Auslandsrisiken im Stahl- und Anlagenbau, in: Stahlbau, 69. Jg., Heft 7, 2000, S. 534-540

Engels, Jörg/Schauff, Joachim (2005), Behandlung der operationellen Risiken unter Basel II, in: Deloitte (Hrsg.), Basel II – Handbuch zur praktischen Umsetzung des neuen Bankenaufsichtsrechts, Berlin 2005, S. 353-384

Enke, Margit/Reich, Michaela (1992), Die wirtschaftlichen Verhältnisse – Kriterium der Kreditwürdigkeitsprüfung der Unternehmen – Besonderheiten in den neuen Bundesländern, in: Wissenschaftliche Zeitschrift der Handelshochschule Leipzig, 19. Jg., Heft 3, 1992, S. 68-73

Epstein, Barry J./Mirza, Abbas Ali (2005), IFRS 2005 – Interpretation and Application of International Accounting and Financial Reporting Standards, Hoboken 2005

Euler, Roland (1989), Grundsätze ordnungsmäßiger Gewinnrealisierung, Düsseldorf 1989

Euler, Roland (1996), Das System der Grundsätze ordnungsmäßiger Bilanzierung, Stuttgart 1996

Europäische Kommission (1995), Harmonisierung auf dem Gebiet der Rechnungslegung – Eine neue Strategie im Hinblick auf die internationale Harmonisierung, Mitteilung der Kommission, 95/908, Brüssel 1995

Everling, Oliver (1991), Credit Rating durch internationale Agenturen – Eine Untersuchung zu den Komponenten und instrumentalen Funktionen des Rating, Wiesbaden 1991

Everling, Oliver (2005), Externe Ratingverfahren, in: Deloitte (Hrsg.), Basel II – Handbuch zur praktischen Umsetzung des neuen Bankenaufsichtsrechts, Berlin 2005, S. 67-87

Falk, Marcus (1996), Prüfung der generalkonformen Rechnungslegung bei langfristiger Fertigung – Erfüllung der Generalnorm des § 264 Abs. 2 HGB aus Sicht des Abschlussprüfers, Wiesbaden 1996

Falter, Manuel (2004), Die Praxis des Kreditgeschäfts, 16. Auflage, Stuttgart 2004

Farny, Dieter (1979), Grundfragen des Risk Management, in: Goetzke, Wolfgang/Sieben, Günter (Hrsg.), Risk Management – Strategien zur Risikobeherrschung, Köln 1979, S. 11-37

Feidicker, Markus (1992), Kreditwürdigkeitsprüfung – Entwicklung eines Bonitätsindikators, dargestellt am Beispiel von Kreditversicherungsunternehmen, Düsseldorf 1992

Fell, Markus (1994), Kreditwürdigkeitsprüfung mittelständischer Unternehmen – Entwicklung eines neuen Ansatzes auf der Basis von Erfolgsfaktoren, Wiesbaden 1994

Fischer, Andrea/Haller, Axel (1993), Bilanzpolitik zum Zwecke der Gewinnglättung – Empirische Erkenntnisse, in: Zeitschrift für Betriebswirtschaft, 63. Jg., Heft 1, 1993, S. 35-59

Focke, Andreas (1998), Die bilanzielle Behandlung von Anteilen an Gesellschaften bürgerlichen Rechts bei Joint Ventures, Lohmar/Köln 1998

Förschle, Gerhart (2006), § 275 HGB, in: Ellrott, Helmut/Förschle, Gerhart/ Hoyos, Martin/Winkeljohann, Norbert (Hrsg.), Beck´scher Bilanz-Kommentar – Handels- und Steuerbilanz – §§ 238 bis 339, 342 bis 342e HGB mit EGHGB und IAS/IFRS-Abweichungen, 6. Auflage, München 2006

Forschungsinstitut der Friedrich-Ebert-Stiftung (Hrsg.) (1998), Zukunftsperspektiven der deutschen Bauwirtschaft, Bonn 1998

Freidank, Carl-Christian (1989), Erfolgsrealisierung bei langfristigen Fertigungsprozessen, in: Der Betrieb, 42. Jg., Heft 24, 1989, S. 1197-1204

Freidank, Carl-Christian/Paetzmann, Karsten (2002), Auswahl und Einsatz von Datenmaterial, Analysemethoden sowie externen Beratern zur Vorbereitung von Kreditvergabeentscheidungen, in: Der Betrieb, 55. Jg., Heft 35, 2002, S. 1785-1789

Freiling, Jörg (2004), Competence-based View der Unternehmung, in: Die Unternehmung, 58. Jg., Heft 1, 2004, S. 5-25

Freisleben, Norbert/Leibfried, Peter (2004), Warum IAS/IFRS-Abschlüsse nicht (miteinander) vergleichbar sind – Fehlende Detailregelungen, Auswirkungen von US-GAAP und Mangel an Kontrolle, in: Zeitschrift für internationale und kapitalmarktorientierte Rechnungslegung, 4. Jg., Heft 3, 2004, S. 101-109

Friederich, Hartmut (1976), Grundsätze ordnungsmäßiger Bilanzierung für schwebende Geschäfte, 2. Auflage, Düsseldorf 1976

Früh, Hans-Joachim/Klar, Michael (1993), Joint Ventures – Bilanzielle Behandlung und Berichterstattung – Zur neuen HFA-Stellungnahme 1/1993 des IDW, in: Die Wirtschaftsprüfung, 46. Jg., Heft 16, 1993, S. 493-503

Früh, Hans-Joachim/Klar, Michael (1994), Die Rechnungslegung bei Joint Ventures – Anmerkungen zum Beitrag von Hebestreit in DStR 1994, 834 ff., in: Deutsches Steuerrecht, 32. Jg., Heft 46, 1994, S. 1706 f.

Fülling, Friedhelm (1976), Grundsätze ordnungsmäßiger Bilanzierung für Vorräte, Düsseldorf 1976

Gebhardt, Günther (1980), Insolvenzprognosen aus aktienrechtlichen Jahresabschlüssen – Eine Beurteilung der Reform der Rechnungslegung durch das Aktiengesetz 1965 aus der Sicht unternehmensexterner Adressaten, Wiesbaden 1980

Gelhausen, Hans Friedrich (1985), Das Realisationsprinzip im Handels- und im Steuerbilanzrecht, Frankfurt am Main/Bern/New York 1985

Gisteren, Roland van (1986), Branchenorientierte Bonitätsanalyse mit Früherkennungseigenschaften – dargestellt am Beispiel von Hochbauunternehmungen, München 1986

Goetzke, Wolfgang/Sieben, Günter (Hrsg.) (1979), Risk Management – Strategien zur Risikobeherrschung, Köln 1979

Goldbach, Katja/Grabau, Fritz-René/Hundt, Irina/Neitz, Bernd (2002), Bankenumfrage zu Basel II und zum Rating, in: Zeitschrift für das gesamte Kreditwesen, 55. Jg., Heft 22, 2002, S. 1215-1220

Götze, Uwe/Henselmann, Klaus/Mikus, Barbara (Hrsg.) (2001), Risikomanagement, Heidelberg 2001

Grant, Robert M. (1991), The Resource-Based Theory of Competitive Advantage: Implications for Strategy Formulation, in: California Management Review, Volume 33, Spring 1991, S. 114-135

Grunwald, Egon/Grunwald, Stephan (2001), Bonitätsanalyse im Firmenkundengeschäft – Handbuch Risikomanagement und Rating, 2. Auflage, Stuttgart 2001

Günther, Thomas/Grüning, Michael (2000), Einsatz von Insolvenzprognoseverfahren bei der Kreditwürdigkeitsprüfung im Firmenkundenbereich, in: Die Betriebswirtschaft, 60. Jg., Heft 1, 2000, S. 39-59

Hagn, Walter (2004), Risikomanagement im Firmenkundengeschäft von Sparkassen – unter besonderer Berücksichtigung von Ostdeutschland, Stuttgart 2004

Haller, Axel (1994), Positive Accounting Theory – Die Erforschung der Beweggründe bilanzpolitischen Verhaltens, in: Die Betriebswirtschaft, 54. Jg., Heft 5, 1994, S. 597-612

Haller, Axel/Eierle, Brigitte (2004), Accounting Standards for Small and Medium-sized Entities – Erste Weichenstellungen durch das IASB, in: Betriebs-Berater, 59. Jg., Heft 34, 2004, S. 1838-1845

Hammes, Wolfgang/Shapiro, Mark (2001), The Implications of the New Capital Adequacy Rules for Portfolio Management of Credit Assets, in: Journal of Banking & Finance, Volume 25, issue 1, 2001, S. 97-114

Häring, Max (1987), Bonitätsbeurteilung von Bauunternehmen aus der Sicht des Kreditgebers, in: Drees, Gerhard (Hrsg.), Finanzanalyse und Bonitätsbeurteilung von Bauunternehmen, Frankfurt am Main 1987, S. 1-27

Harms, Jens E./Knischewski, Gerd (1985), Quotenkonsolidierung versus Equity-Methode im Konzernabschluss – Ein bilanzpolitisches Entscheidungsproblem, in: Der Betrieb, 38. Jg., Heft 26, 1985, S. 1353-1359

Hauptverband der Deutschen Bauindustrie e. V. (Hrsg.) (2005 a), Arbeitsgemeinschaftsvertrag, Fassung 2005, Berlin 2005

Hauptverband der Deutschen Bauindustrie e. V. (Hrsg.) (2005 b), Dach-Arbeitsgemeinschaftsvertrag, Fassung 2005, Berlin 2005

Hauptverband der Deutschen Bauindustrie e. V./Zentralverband des Deutschen Baugewerbes e. V. (Hrsg.) (1987), Die Baubilanz nach neuem Recht – Der Jahresabschluss nach dem Bilanzrichtlinien-Gesetz, Darmstadt 1987

Hauschildt, Jürgen (1988), Bilanzanalyse, Bilanzkritik und Bilanzpolitik, in: Albers, Willi et alli (Hrsg.), Handwörterbuch der Wirtschaftswissenschaft, ungekürzte Studienausgabe, Band 1, Stuttgart u. a. 1988, S. 659-670

Hauschildt, Jürgen (1996), Erfolgs-, Finanz- und Bilanzanalyse – Analyse der Vermögens-, Finanz- und Ertragslage von Kapital- und Personengesellschaften, 3. Auflage, Köln 1996

Hauschildt, Jürgen (2000), Unternehmenskrisen – Herausforderungen an die Bilanzanalyse, in: Hauschildt, Jürgen/Leker, Jens (Hrsg.), Krisendiagnose durch Bilanzanalyse, 2. Auflage, Köln 2000, S. 1-17

Hauschildt, Jürgen/Leker, Jens (1995), Bilanzanalyse unter dem Einfluss moderner Analyse- und Prognoseverfahren, in: Betriebswirtschaftliche Forschung und Praxis, 47. Jg., Heft 3, 1995, S. 249-268

Hauschildt, Jürgen/Leker, Jens (Hrsg.) (2000), Krisendiagnose durch Bilanzanalyse, 2. Auflage, Köln 2000

Hauschildt, Jürgen/Leker, Jens/Clausen, Susanne (1995), „Auf dem Bau herrschen andere Gesetze ...“ – Bilanzen von Bauunternehmen als Grundlage von Insolvenzdiagnosen, in: Die Betriebswirtschaft, 55. Jg., Heft 3, 1995, S. 287-299

Hauschildt, Jürgen/Leker, Jens/Clausen, Susanne (2000), Krisendiagnose von Bauunternehmen, in: Hauschildt, Jürgen/Leker, Jens (Hrsg.), Krisendiagnose durch Bilanzanalyse, 2. Auflage, Köln 2000, S. 269-291

Hebestreit, Gernot (1994 a), Bau-Arbeitsgemeinschaften und HFA-Stellungnahme 1/1993, in: Deutsches Steuerrecht, 32. Jg., Heft 23, 1994, S. 834-840

Hebestreit, Gernot (1994 b), Die Rechnungslegung bei Joint Ventures – Duplik zur Anmerkung von Früh/Klar, in: Deutsches Steuerrecht, 32. Jg., Heft 46, 1994, S. 1707-1709

Heddäus, Birgit (1997), Handelsrechtliche Grundsätze ordnungsmäßiger Bilanzierung für Drohverlustrückstellungen, Düsseldorf 1997

Heine, Klaus-Henning (1979), Sind die Jahresabschlüsse der Bankkreditnehmer für eine Beurteilung der wirtschaftlichen Verhältnisse geeignet?, in: Der Betrieb, 32. Jg., Heft 33, 1979, S. 1565-1573

Heinen, Edmund (1986), Handelsbilanzen, 12. Auflage, Wiesbaden 1986

Heinhold, Michael (1998), Stille Rücklagen, in: Busse von Colbe, Walther/ Pellens, Bernhard (Hrsg.), Lexikon des Rechnungswesens – Handbuch der Bilanzierung und Prüfung, der Erlös-, Finanz-, Investitions- und Kostenrechnung, 4. Auflage, München/Wien 1998, S. 674-677

Heinke, Eberhard (2001), Basel II und seine Bedeutung für die mittelständische Wirtschaft, in: Zeitschrift für das gesamte Kreditwesen, 54. Jg., Heft 4, 2001, S. 174-178

Hertenstein, Karl-Heinz (1988 a), Zukunftsorientiertes Kreditmanagement – Chancen und Perspektiven im Firmenkreditgeschäft, Wien 1988

Hertenstein, Karl-Heinz (1988 b), Maßnahmen und Strategien der Unternehmensbeurteilung – Erfahrungsbericht der Kreissparkasse Göppingen, in: Bühler, Wilhelm/Schuster, Leo (Hrsg.), Kreditinformations- und Kreditüberwachungssysteme – Tagungsbericht, Wien 1988, S. 55-77

Herzig, Norbert (2004), IAS/IFRS und steuerliche Gewinnermittlung – Eigenständige Steuerbilanz und modifizierte Überschussrechnung – Gutachten für das Bundesfinanzministerium, Düsseldorf 2004

Herzig, Norbert (2005), IAS/IFRS und steuerliche Gewinnermittlung, in: Die Wirtschaftsprüfung, 58. Jg., Heft 5, 2005, S. 211-235

Herzig, Norbert/Gellrich, Kai M./Jensen-Nissen, Lars (2004), IAS/IFRS und steuerliche Gewinnermittlung, in: Betriebswirtschaftliche Forschung und Praxis, 56. Jg., Heft 6, 2004, S. 550-577

Herzig, Norbert/Köster, Thomas (2005), Rückstellungen für ungewisse Verbindlichkeiten, für drohende Verluste aus schwebenden Geschäften, für unterlassene Aufwendungen für Instandhaltung und Abraumbeseitigung sowie für Kulanzleistungen, in: Wysocki, Klaus von/Schulze-Osterloh, Joachim/Hennrichs, Joachim/Kuhner, Christoph (Hrsg.), Handbuch des Jahresabschlusses – Rechnungslegung nach HGB und internationalen Standards, Loseblatt-Ausgabe, 3. Band, Abteilung III/5, Köln 2005

Hesselmann, Stephan (1995), Insolvenzprognose mit Hilfe qualitativer Faktoren, Aachen 1995

Heuser, Paul J./Theile, Carsten (2005), IAS/IFRS Handbuch – Einzel- und Konzernabschluss, 2. Auflage, Köln 2005

Hillen, Karl-Heinz (2004), Anforderungen der Bankenaufsicht, in: Hofmann, Gerhard (Hrsg.), Basel II und MaK – Regulatorische Vorgaben, bankinterne Verfahren, Bewertungen, 2. Auflage, Frankfurt am Main 2004, S. 337-363

Hinterecker, Rudolf (1987), Erfahrungen mit der Prüfung von Baufirmen, in: Wiesinger, Walter (Hrsg.), Handbuch der Kreditprüfung – Die Praxis der Bonitätsbeurteilung der Kreditinstitute in Einzeldarstellungen unter Berücksichtigung von Sonderfragen, Wien 1987, S. 141-158

Hinterhuber, Hans H./Stuhec, Ulrich (1997), Kernkompetenzen und strategisches In-/Outsourcing, in: Zeitschrift für Betriebswirtschaft, 67. Jg., Ergänzungsheft 1, 1997, S. 1-20

Hochtief AG (2006), Geschäftsbericht zum 31.12.2005, Essen 2006

Hofer, Hannes F. (2001), Die Bilanzierung nicht kostendeckender Bauaufträge in der Handels- und Steuerbilanz der Bauunternehmen, in: Deutsches Steuerrecht, 39. Jg., Heft 15, 2001, S. 635-640

Hoffmann, Peter (1991), Bonitätsbeurteilung durch Credit Rating – Funktionsweise und Einsatzmöglichkeiten eines Instruments zur Optimierung von Investitions- und Finanzierungsprozessen, Berlin 1991

Hoffmann, Wolf-Dieter (2000), Bilanzierung und Bewertung der „Halbfertigen Bauten auf fremdem Grund und Boden“ bei Bauunternehmen nach dem Wegfall der Drohverlustrückstellungen – Anmerkungen zur gleichlautenden Verfügung der OFD Kiel vom 30.3.2000, DStR 2000, 1143, in: Deutsches Steuerrecht, 38. Jg., Heft 32, 2000, S. 1338-1340

Hoffmann, Wolf-Dieter (2001), Bilanzierung und Bewertung von halbfertigen Erzeugnissen – Anmerkungen zum BMF-Schreiben vom 27.4.2001, in: Der Betrieb, 54. Jg., Heft 38, 2001, S. 2016-2018

Hoffmann, Wolf-Dieter/Lüdenbach, Norbert (2006), § 50 IFRS für den Mittelstand, in: Lüdenbach, Norbert/Hoffmann, Wolf-Dieter (Hrsg.), Haufe IFRS-Kommentar, 4. Auflage, Freiburg u. a. 2006, S. 1859-1881

Hofmann, Bernd/Pluto, Katja (2005), Zentrale Aspekte der neuen aufsichtlichen Eigenmittelempfehlungen (Basel II), in: Neupel, Joachim/ Rudolph, Bernd/Hahnenstein, Lutz (Hrsg.), Aktuelle Entwicklungen im Bankcontrolling – Rating, Gesamtbanksteuerung und Basel II, Schmalenbachs Zeitschrift für betriebswirtschaftliche Forschung, Sonderheft 52, Düsseldorf 2005, S. 241-270

Hofmann, Gerhard (2003), Zum Stand der Verhandlungen im Basler Bankenausschuss, in: Paul, Stephan (Hrsg.), Basel II, Mittelstand und Kreditpreise, Frankfurt am Main 2003, S. 1-16

Hofmann, Gerhard (Hrsg.) (2004), Basel II und MaK – Regulatorische Vorgaben, bankinterne Verfahren, Bewertungen, 2. Auflage, Frankfurt am Main 2004

Holst, Jonny (1998), Kredit und Vertrauen – Zum Vertrauen des Kreditgebers in das Kreditnehmerverhalten, Berlin 1998

Holst, Jonny/Wilkens, Marco (Hrsg.) (2000), Finanzielle Märkte und Banken – Innovative Entwicklungen am Beginn des 21. Jahrhunderts, Wolfgang Benner zum 60. Geburtstag, Berlin 2000

Hoyos, Martin/Gutike, Hans-Jochen (2006), § 271 HGB, in: Ellrott, Helmut/ Förschle, Gerhart/Hoyos, Martin/Winkeljohann, Norbert (Hrsg.), Beck´-scher Bilanz-Kommentar – Handels- und Steuerbilanz – §§ 238 bis 339, 342 bis 342e HGB mit EGHGB und IAS/IFRS-Abweichungen, 6. Auflage, München 2006

Hoyos, Martin/Ring, Maximilian (2006), § 249 HGB, in: Ellrott, Helmut/ Förschle, Gerhart/Hoyos, Martin/Winkeljohann, Norbert (Hrsg.), Beck´-scher Bilanz-Kommentar – Handels- und Steuerbilanz – §§ 238 bis 339, 342 bis 342e HGB mit EGHGB und IAS/IFRS-Abweichungen, 6. Auflage, München 2006

Hoyos, Martin/Ring, Maximilian (2006), § 253 HGB, in: Ellrott, Helmut/ Förschle, Gerhart/Hoyos, Martin/Winkeljohann, Norbert (Hrsg.), Beck´-scher Bilanz-Kommentar – Handels- und Steuerbilanz – §§ 238 bis 339, 342 bis 342e HGB mit EGHGB und IAS/IFRS-Abweichungen, 6. Auflage, München 2006

Huch, Burkhard/Tecklenburg, Thilo (2001), Risikomanagement in der Bauwirtschaft, in: Götze, Uwe/Henselmann, Klaus/Mikus, Barbara (Hrsg.), Risikomanagement, Heidelberg 2001, S. 299-325

Hückmann, Carolin (2003), Kreditrating der Mittel- und Kleinbetriebe – Eine Orientierungs- und Entscheidungshilfe zu den Verfahren der Kreditinstitute und Agenturen, 2. Auflage, Berlin 2003

Hüfner, Karl Friedrich (1987), Besonderheiten der Baubilanz – aus der Sicht des Bauunternehmens, in: Drees, Gerhard (Hrsg.), Finanzanalyse und Bonitätsbeurteilung von Bauunternehmen, Frankfurt am Main 1987, S. 71-101

Hüls, Dagmar (1995), Früherkennung insolvenzgefährdeter Unternehmen, Düsseldorf 1995

IASB (2004), Discussion Paper: Preliminary Views on Accounting Standards for Small and Medium-sized Entities, London 2004

Institut der Wirtschaftsprüfer in Deutschland e. V. (1993), Stellungnahme HFA 1/1993: Zur Bilanzierung von Joint Ventures, in: Die Wirtschaftsprüfung, 46. Jg., Heft 14, 1993, S. 441-444

Institut der Wirtschaftsprüfer in Deutschland e. V. (Hrsg.) (1995), Rechnungslegung nach International Accounting Standards – Praktischer Leitfaden für die Aufstellung IAS-konformer Jahres- und Konzernabschlüsse in Deutschland, Düsseldorf 1995

Institut der Wirtschaftsprüfer in Deutschland e. V. (1998), Verlautbarung: Abweichungen zwischen den Rechnungslegungsstandards des IASC und den Vorschriften des HGB, in: Die Wirtschaftsprüfung, 51. Jg., Heft 2, 1998, S. 70-72

Institut der Wirtschaftsprüfer in Deutschland e. V. (1999), IDW Stellungnahme zur Rechnungslegung: Einzelfragen zur Anwendung von IAS (IDW RS HFA 2), in: Die Wirtschaftsprüfung, 52. Jg., Heft 15, 1999, S. 591-601

Institut der Wirtschaftsprüfer in Deutschland e. V. (2000), IDW Stellungnahme zur Rechnungslegung: Zweifelsfragen zum Ansatz und zur Bewertung von Drohverlustrückstellungen (IDW RS HFA 4), in: Die Wirtschaftsprüfung, 53. Jg., Heft 15, 2000, S. 716-721

Institut der Wirtschaftsprüfer in Deutschland e. V. (2001 a), IDW Stellungnahme: Vorschlag der EU-Kommission für eine Verordnung des Europäischen Parlaments und des Rates über die Anwendung internationaler Rechnungslegungsgrundsätze, in: Die Wirtschaftsprüfung, 54. Jg., Heft 12, 2001, S. 664-668

Institut der Wirtschaftsprüfer in Deutschland e. V. (2001 b), Änderungen des IDW PS 201, des IDW PS 400, des IDW PS 450 und des IDW RS HFA 4, in: Die Wirtschaftsprüfung, 54. Jg., Heft 4, 2001, S. 215 f.

Institut der Wirtschaftsprüfer in Deutschland e. V. (Hrsg.) (2006), WP Handbuch 2006 – Wirtschaftsprüfung, Rechnungslegung, Beratung, Band I, 13. Auflage, Düsseldorf 2006

Jäckel, Andreas/Poppe, Hartmut (2000), Krisendiagnose durch qualitative Bilanzanalyse, in: Hauschildt, Jürgen/Leker, Jens (Hrsg.), Krisendiagnose durch Bilanzanalyse, 2. Auflage, Köln 2000, S. 88-117

Jacob, Dieter (1985), Externe Finanzanalyse bei Bauunternehmen mit Hilfe von Kennzahlen – insbesondere auch unter Berücksichtigung unterschiedlicher Bilanzierungsweisen, Wiesbaden/Berlin 1985

Jacob, Dieter (1987), Aussagefähigkeit von Kennzahlen zur externen Finanzanalyse bei Bauunternehmen, in: Drees, Gerhard (Hrsg.), Finanzanalyse und Bonitätsbeurteilung von Bauunternehmen, Frankfurt am Main 1987, S. 131-158

Jacob, Dieter (1988), Bilanzierung von Baukonzernen – Amerikanische und deutsche Praxis im Vergleich, in: Die Wirtschaftsprüfung, 41. Jg., Heft 7, 1988, S. 189-201

Jacob, Dieter (2000), Die Bauwirtschaft im Jahr 2010 – eine baubetriebswirtschaftliche Analyse, Freiberger Forschungshefte, D 208 Wirtschaftswissenschaften, Technische Universität Bergakademie Freiberg, Freiberg 2000

Jacob, Dieter/Heinzelmann, Siegfried (1998), Der Wegfall der Bildung steuerlicher Drohverlustrückstellungen – Handlungsalternativen für die Bilanz 1997 bei Verlustaufträgen, in: Baumarkt, 97. Jg., Heft 2, 1998, S. 46 f.

Jacob, Dieter/Heinzelmann, Siegfried/Klinke, Dirk Andreas (2003), Besteuerung und Rechnungslegung von Bauunternehmen und baunahen Dienstleistern, in: Jacob, Dieter/Ring, Gerhard/Wolf, Rainer (Hrsg.), Freiberger Handbuch zum Baurecht, 2. Auflage, Bonn 2003, § 18, S. 1201-1314

Jacob, Dieter/Helbig, Wilfried (2000), Vertragsmanagement im Bauunternehmen, in: Zentralverband des Deutschen Baugewerbes e. V./Betriebswirtschaftliches Institut der Bauindustrie (Hrsg.), Chancen durch Risikomanagement, Berlin/Düsseldorf 2000, S. 17-27

Jacob, Dieter/Mollenhauer, Arne (2002), EU-Osterweiterung – Betriebliche Strategien zur Marktbehauptung im Inland, in: Zentralverband des Deutschen Baugewerbes e. V./Betriebswirtschaftliches Institut der Bauindustrie (Hrsg.), EU-Osterweiterung – Chancen und Risiken für Bauunternehmen, Berlin/Düsseldorf 2002, S. 52-72

Jacob, Dieter/Ring, Gerhard/Wolf, Rainer (Hrsg.) (2003), Freiberger Handbuch zum Baurecht, 2. Auflage, Bonn 2003

Jacob, Dieter/Stuhr, Constanze (2004 a), Public Private Partnership – Geschäftsfeld Europa, in: Die Bank, o. Jg., Heft 9, 2004, S. 50 f.

Jacob, Dieter/Stuhr, Constanze (2004 b), PPP in Westeuropa und Nordrhein-Westfalen, in: Bundesbaublatt, 53. Jg., Heft 7/8, 2004, S. 20 f.

Jacob, Dieter/Stuhr, Constanze (2005 a), Public Private Partnership – Das Jahr der PPP-Offensive, in: Baugewerbe, 86. Jg., Heft 4, 2005, S. 41-46

Jacob, Dieter/Stuhr, Constanze (2005 b), Public Private Partnership – Neue europäische Infrastruktur-Projekte, in: Die Bank, o. Jg., Heft 9, 2005, S. 44-46

Jacob, Dieter/Stuhr, Constanze (2005 c), PPP in Europa: die Länder im Überblick, in: Knop, Detlef (Hrsg.), Public Private Partnership – Jahrbuch 2005, Frankfurt am Main 2005, S. 143-146

Jacob, Dieter/Stuhr, Constanze (2006), Finanzierung und Bilanzierung in der Bauwirtschaft – Basel II – neue Vertragsmodelle – International Financial Reporting Standards, Wiesbaden 2006

Jacob, Dieter/Winter, Christoph/Stuhr, Constanze (2002), Kalkulationsformen im Ingenieurbau, Berlin 2002

Jacob, Dieter/Winter, Christoph/Stuhr, Constanze (2003), Baukalkulation, in: Jacob, Dieter/Ring, Gerhard/Wolf, Rainer (Hrsg.), Freiberger Handbuch zum Baurecht, 2. Auflage, Bonn 2003, § 16, S. 1109-1180

Jährig, Alfred/Schuck, Hans (1990), Handbuch des Kreditgeschäfts, völlig neu bearbeitet von Peter Rösler und Manfred Woite, 5. Auflage, Berlin/ Wiesbaden 1990

Jensen, Michael C./Meckling, William H. (1976), Theory of the Firm: Managerial Behavior, Agency Costs and Ownership Structure, in: Journal of Financial Economics, Volume 3, 1976, S. 305-360

Jerschensky, Andreas (1998), Messung des Bonitätsrisikos von Unternehmen – Krisendiagnose mit künstlichen neuronalen Netzen, Düsseldorf 1998

Kaiser, Klaus (1987), Bonitätsbeurteilung und Finanzanalyse von Bauunternehmen aus der Sicht des Wirtschaftsprüfers, in: Drees, Gerhard (Hrsg.), Finanzanalyse und Bonitätsbeurteilung von Bauunternehmen, Frankfurt am Main 1987, S. 103-130

Kaiser, Thomas (2004), Berücksichtigung der Operationellen Risiken, in: Hofmann, Gerhard (Hrsg.), Basel II und MaK – Regulatorische Vorgaben, bankinterne Verfahren, Bewertungen, 2. Auflage, Frankfurt am Main 2004, S. 227-239

Karrenbauer, Michael/Döring, Ulrich/Buchholz, Rainer (2006), § 253 HGB, in: Küting, Karlheinz/Weber, Claus-Peter (Hrsg.), Handbuch der Rechnungslegung – Einzelabschluss – Kommentar zur Bilanzierung und Prüfung, Loseblatt-Ausgabe, Band 2, 5. Auflage, Stuttgart 2006

Kattenbusch, Markus/Kuhne, Volker (2002), Nachtragsbearbeitung in Bauunternehmen, in: Baumarkt + Bauwirtschaft, 101. Jg., Heft 4, 2002, S. 42 f.

Kerling, Matthias/Poddig, Thorsten (1994), Klassifikation von Unternehmen mittels KNN, in: Rehkugler, Heinz/Zimmermann, Hans Georg (Hrsg.), Neuronale Netze in der Ökonomie – Grundlagen und finanzwirtschaftliche Anwendungen, München 1994, S. 427-490

Kirsch, Hanno (2006), Bewertung von Fertigungsaufträgen nach der Percentage-of-Completion-Methode – Eine Fallstudie zur Bilanzierung nach IAS 11, in: Zeitschrift für internationale und kapitalmarktorientierte Rechnungslegung, 6. Jg., Heft 1, 2006, S. 52-58

Kirsch, Hans-Jürgen (1990), Die Equity-Methode im Konzernabschluss – Der Charakter der deutschen Regelungen vor dem Hintergrund der internationalen Entwicklung, Düsseldorf 1990

Kleber, Herbert (2003), IAS 31 – Rechnungslegung über Anteile an Joint Ventures (Financial Reporting of Interests in Joint Ventures), in: Baetge, Jörg/Wollmert, Peter/Kirsch, Hans-Jürgen/Oser, Peter/Bischof, Stefan (Hrsg.), Rechnungslegung nach IFRS – Kommentar auf der Grundlage des deutschen Bilanzrechts, Loseblatt-Ausgabe, Band 2, 2. Auflage, Stuttgart 2003

Kleine, Walter/Totzek, Alfred/Kremer, Eduard/Ten Hoevel, Wolfgang (2003), Kredite an Unternehmen – Kreditentscheidung unter dynamischen Aspekten, 5. Auflage, Stuttgart 2003

Klemmer, Jochen (1998), Neustrukturierung bauwirtschaftlicher Wertschöpfungsketten – Leistungstiefenoptimierung als strategisches Problemfeld, Wiesbaden 1998

Klinke, Dirk Andreas (2005), Finanzcontrolling in mittelständischen Bauunternehmen, Wiesbaden 2005

Knechtel, Erhard F. (1992), Die Bauwirtschaft in der EG – Unternehmen im internationalen Vergleich – Daten, Fakten, Kommentare, Wiesbaden/ Berlin 1992

Kniese, Wolfgang (1996), Die Bedeutung der Rating-Analyse für deutsche Unternehmen, Wiesbaden 1996

Knop, Detlef (Hrsg.) (2005), Public Private Partnership – Jahrbuch 2005, Frankfurt am Main 2005

Knop, Wolfgang/Küting, Karlheinz (2006), § 255 HGB, in: Küting, Karlheinz/Weber, Claus-Peter (Hrsg.), Handbuch der Rechnungslegung – Einzelabschluss – Kommentar zur Bilanzierung und Prüfung, Loseblatt-Ausgabe, Band 2, 5. Auflage, Stuttgart 2006

Knyphausen, Dodo zu (1993), „Why are Firms different?" – Der „Ressourcenorientierte Ansatz" im Mittelpunkt einer aktuellen Kontroverse im Strategischen Management, in: Die Betriebswirtschaft, 53. Jg., Heft 6, 1993, S. 771-792

Knyphausen-Aufseß, Dodo zu (1995), Theorie der strategischen Unternehmensführung – State of the Art und neue Perspektiven, Wiesbaden 1995

Köbrich, Michael/Schöffel, Hans R. (1999), Bilanzanalyse im Bauunternehmen – von der Bilanzpolitik bis zur Überwachung mit Frühwarnindikatoren (II), in: Betrieb und Wirtschaft, 53. Jg., Heft 5, 1999, S. 161-167

Koeble, Wolfgang/Schwärzel-Peters, Martin (1996), Gesellschaftsvertragliche Ausgestaltung einer Arbeitsgemeinschaft am Beispiel der „Bau-Arbeitsgemeinschaft", in: Deutsches Steuerrecht, 34. Jg., Heft 44, 1996, S. 1734-1740

Kohl, Steffen (1994), Gewinnrealisierung bei langfristigen Aufträgen – Eine kritische Analyse zur Anwendung des Realisationsprinzips in Handels- und Steuerbilanz, Düsseldorf 1994

Kohlhof, Joachim (1999), Avale, Bonds und Garantien – Das Bürgschaftsgeschäft der Banken und Kautionsversicherer, Idstein 1999

Königsmaier, Heinz/Pirchegger, Barbara (2001), IAS 11: Die Behandlung erwarteter Verluste aus Fertigungsaufträgen, in: Seicht, Gerhard (Hrsg.), Jahrbuch für Controlling und Rechnungswesen 2001 – Unternehmensbewertung, Kostenrechnung, Internationale Rechnungslegung, Controlling, Steuern, Wien 2001, S. 345-371

Körnert, Jan (1998), Dominoeffekte im Bankensystem – Theorien und Evidenz, Berlin 1998

Körnert, Jan (2000), Theorien über Dominoeffekte im Bankensystem – Darstellung, Kritik und Regulierungsansätze, in: Holst, Jonny/Wilkens, Marco (Hrsg.), Finanzielle Märkte und Banken – Innovative Entwicklungen am Beginn des 21. Jahrhunderts, Wolfgang Benner zum 60. Geburtstag, Berlin 2000, S. 365-399

Krahnen, Jan Pieter/Weber, Martin (2001), Generally Accepted Rating Principles: A Primer, in: Journal of Banking & Finance, Volume 25, issue 1, 2001, S. 3-23

Krause, Clemens (1993), Kreditwürdigkeitsprüfung mit Neuronalen Netzen, Düsseldorf 1993

Krawitz, Norbert (1997), Die bilanzielle Behandlung der langfristigen Auftragsfertigung und Reformüberlegungen unter Berücksichtigung internationaler Entwicklungen, in: Deutsches Steuerrecht, 35. Jg., Heft 22-23, 1997, S. 886-894

Krystek, Ulrich/Müller, Michael (1995), Am Anfang steht die strategische Krise ..., in: Kreditpraxis, 21. Jg., Heft 4, 1995, S. 190-193

Kümpel, Thomas (2000), Gewinnrealisierung bei langfristiger Fertigung nach deutscher und US-amerikanischer Rechnungslegung – Unter besonderer Berücksichtigung internationaler Entwicklungen, Lohmar/Köln 2000

Kümpel, Thomas (2002), Integration von internem und externem Rechnungswesen bei der Bewertung erfolgversprechender langfristiger Fertigungsaufträge, in: Der Betrieb, 55. Jg., Heft 18, 2002, S. 905-910

Küting, Karlheinz (1995), Stille Rücklagen – ein betriebswirtschaftliches Phänomen – Bestandsaufnahme – Bedeutung – Perspektiven, in: Betriebs-Berater, 50. Jg., Beilage 15 zu Heft 38, 1995, S. 1-15

Küting, Karlheinz (2005), Gutachterliche Stellungnahme zur bilanziellen Einordnung von erhaltenen Anzahlungen in der Bauindustrie, Marl/Saarbrücken 2005

Küting, Karlheinz/Köthner, Robert/Zündorf, Horst (1998), § 311 HGB, in: Küting, Karlheinz/Weber, Claus-Peter (Hrsg.), Handbuch der Konzernrechnungslegung – Kommentar zur Bilanzierung und Prüfung, Band II, 2. Auflage, Stuttgart 1998

Küting, Karlheinz/Reuter, Michael (2006), Erhaltene Anzahlungen in der Bilanzanalyse – HGB-, IFRS- und US-GAAP-Normen unter besonderer Berücksichtigung der Bauindustrie und des Anlagenbaus, in: Zeitschrift für internationale und kapitalmarktorientierte Rechnungslegung, 6. Jg., Heft 1, 2006, S. 1-13

Küting, Karlheinz/Weber, Claus-Peter (Hrsg.) (1998), Handbuch der Konzernrechnungslegung – Kommentar zur Bilanzierung und Prüfung, Band II, 2. Auflage, Stuttgart 1998

Küting, Karlheinz/Weber, Claus-Peter (2006 a), Die Bilanzanalyse – Beurteilung von Abschlüssen nach HGB und IFRS, 8. Auflage, Stuttgart 2006

Küting, Karlheinz/Weber, Claus-Peter (2006 b), Der Konzernabschluss – Praxis der Konzernrechnungslegung nach HGB und IFRS, 10. Auflage, Stuttgart 2006

Küting, Karlheinz/Weber, Claus-Peter (Hrsg.) (2006 c), Handbuch der Rechnungslegung – Einzelabschluss – Kommentar zur Bilanzierung und Prüfung, Loseblatt-Ausgabe, 5. Auflage, Stuttgart 2006, Stand November 2006

Lachnit, Laurenz (1993), „True and fair view“ und Rechnungslegung über stille Rücklagen im Jahresabschluss von Kapitalgesellschaften, in: Die Wirtschaftsprüfung, 46. Jg., Heft 7, 1993, S. 193-201

Ladiges, Bernd (1992), Mehrstufige Bonitätsdiagnose – Insbesondere mit Hilfe des Schrittweisen Trennalgorithmus, Hamburg 1992

Lado, Augustine A./Wilson, Mary C. (1994), Human Resource Systems and Sustained Competitive Advantage: A Competency-based Perspective, in: Academy of Management Review, Volume 19, Number 4, 1994, S. 699-727

Leffson, Ulrich (1987), Die Grundsätze ordnungsmäßiger Buchführung, 7. Auflage, Düsseldorf 1987

Leffson, Ulrich/Rückle, Dieter/Großfeld, Bernhard (Hrsg.) (1986), Handwörterbuch unbestimmter Rechtsbegriffe im Bilanzrecht des HGB, Köln 1986

Leimböck, Egon (1997), Bilanzen und Besteuerung der Bauunternehmen – Mit einem durchgängigen Beispiel, Wiesbaden/Berlin 1997

Leinemann, Ralf (2005 a), § 17 VOB/B, in: Leinemann, Ralf (Hrsg.), VOB/B – Kommentar – Kommentierung der Allgemeinen Vertragsbedingungen für die Ausführung von Bauleistungen (Fassung 2002) mit ausgewählten Vorschriften des BGB-Werkvertragsrechts, 2. Auflage, Köln u. a. 2005, S. 739-782

Leinemann, Ralf (Hrsg.) (2005 b), VOB/B – Kommentar – Kommentierung der Allgemeinen Vertragsbedingungen für die Ausführung von Bauleistungen (Fassung 2002) mit ausgewählten Vorschriften des BGB-Werkvertragsrechts, 2. Auflage, Köln u. a. 2005

Leins, Herwig (1993), Wissensbasierte Unternehmensanalyse – Effizienzsteigerung der Bonitätsbeurteilung im Firmenkundengeschäft, Wiesbaden 1993

Leinz, Jürgen (2004), Strategisches Beschaffungsmanagement in der Bauindustrie – Einkauf und Logistik in überregional tätigen Unternehmen des schlüsselfertigen Hochbaus, Wiesbaden 2004

Leker, Jens (1994), Beurteilung von Ausfallrisiken im Firmenkundengeschäft – Leistungsfähigkeit und Defizite der aktuell diskutierten Verfahren, in: Österreichisches Bankarchiv, 42. Jg., Heft 8, 1994, S. 599-609

Lellmann, Peter (2005), Zeitplan der Umsetzung, in: Deloitte (Hrsg.), Basel II – Handbuch zur praktischen Umsetzung des neuen Bankenaufsichtsrechts, Berlin 2005, S. 45-52

Lindken, Theo/Mielicki, Ulrich (2002), Buchhaltung, Zwischenabschlüsse und Schlussbilanz der Bau-Arbeitsgemeinschaften, 5. Auflage, Düsseldorf 2002

Littkemann, Jörn/Krehl, Harald (2000), Kennzahlen der klassischen Bilanzanalyse – nicht auf Krisendiagnosen zugeschnitten, in: Hauschildt, Jürgen/

Leker, Jens (Hrsg.), Krisendiagnose durch Bilanzanalyse, 2. Auflage, Köln 2000, S. 19-32

Loch, Friedemann/Thelen-Pischke, Hiltrud (2004), Basel II: Finales Rahmenwerk veröffentlicht – Start für den fortgeschrittenen IRB-Ansatz erst Ende 2007, in: Zeitschrift für das gesamte Kreditwesen, 57. Jg., Heft 14, 2004, S. 732 f.

Loeper, Erich (2004), Aufsichtlicher Überprüfungsprozess im Rahmen des neuen Baseler Akkords, in: Hofmann, Gerhard (Hrsg.), Basel II und MaK – Regulatorische Vorgaben, bankinterne Verfahren, Bewertungen, 2. Auflage, Frankfurt am Main 2004, S. 265-283

Lüdenbach, Norbert (2005 a), § 33 Anteile an assoziierten Unternehmen, in: Lüdenbach, Norbert/Hoffmann, Wolf-Dieter (Hrsg.), Haufe IFRS-Kommentar, 3. Auflage, Freiburg u. a. 2005, S. 1734-1780

Lüdenbach, Norbert (2005 b), § 34 Anteile an Joint Ventures, in: Lüdenbach, Norbert/Hoffmann, Wolf-Dieter (Hrsg.), Haufe IFRS-Kommentar, 3. Auflage, Freiburg u. a. 2005, S. 1781-1822

Lüdenbach, Norbert (2006 a), § 18 Fertigungsaufträge, in: Lüdenbach, Norbert/Hoffmann, Wolf-Dieter (Hrsg.), Haufe IFRS-Kommentar, 4. Auflage, Freiburg u. a. 2006, S. 687-731

Lüdenbach, Norbert (2006 b), § 31 Unternehmenszusammenschlüsse, in: Lüdenbach, Norbert/Hoffmann, Wolf-Dieter (Hrsg.), Haufe IFRS-Kommentar, 4. Auflage, Freiburg u. a. 2006, S. 1401-1544

Lüdenbach, Norbert (2006 c), § 32 Tochterunternehmen im Konzern- und Einzelabschluss, in: Lüdenbach, Norbert/Hoffmann, Wolf-Dieter (Hrsg.), Haufe IFRS-Kommentar, 4. Auflage, Freiburg u. a. 2006, S. 1545-1625

Lüdenbach, Norbert (2006 d), § 33 Anteile an assoziierten Unternehmen, in: Lüdenbach, Norbert/Hoffmann, Wolf-Dieter (Hrsg.), Haufe IFRS-Kommentar, 4. Auflage, Freiburg u. a. 2006, S. 1627-1665

Lüdenbach, Norbert (2006 e), § 34 Anteile an Joint Ventures, in: Lüdenbach, Norbert/Hoffmann, Wolf-Dieter (Hrsg.), Haufe IFRS-Kommentar, 4. Auflage, Freiburg u. a. 2006, S. 1667-1702

Lüdenbach, Norbert/Hoffmann, Wolf-Dieter (2004), IFRS für den Mittelstand?, in: Betriebswirtschaftliche Forschung und Praxis, 56. Jg., Heft 6, 2004, S. 596-614

Lüdenbach, Norbert/Hoffmann, Wolf-Dieter (Hrsg.) (2005), Haufe IFRS-Kommentar, 3. Auflage, Freiburg u. a. 2005

Lüdenbach, Norbert/Hoffmann, Wolf-Dieter (2006 a), § 1 Rahmenkonzept (Framework), in: Lüdenbach, Norbert/Hoffmann, Wolf-Dieter (Hrsg.), Haufe IFRS-Kommentar, 4. Auflage, Freiburg u. a. 2006, S. 25-79

Lüdenbach, Norbert/Hoffmann, Wolf-Dieter (Hrsg.) (2006 b), Haufe IFRS-Kommentar, 4. Auflage, Freiburg u. a. 2006

Lüders, Jürgen (1987), Der Zeitpunkt der Gewinnrealisierung im Handels- und Steuerbilanzrecht, Köln 1987

Mag, Wolfgang (1988), Risiko und Ungewissheit, in: Albers, Willi et alli (Hrsg.), Handwörterbuch der Wirtschaftswissenschaft, ungekürzte Studienausgabe, Band 6, Stuttgart u. a. 1988, S. 478-495

Mahoney, Joseph T./Pandian, J. Rajendran (1992), The Resource-based View within the Conversation of Strategic Management, in: Strategic Management Journal, Volume 13, 1992, S. 363-380

Maire, André (2002), Wirtschaftliche Aspekte der Gewährleistung bei kleinen und mittelständischen Bauunternehmen, Dissertation, Braunschweig 2002

Mantscheff, Jack/Helbig, Wilfried (2004), Baubetriebslehre II – Baumarkt, Bewertung, Preisermittlung, 5. Auflage, München/Unterschleißheim 2004

Marx, Franz Jürgen/Löffler, Christoph (2004), Bilanzierung der langfristigen Auftragsfertigung, in: Castan, Edgar/Böcking, Hans-Joachim/Heymann, Gerd/Pfitzer, Norbert/Scheffler, Eberhard (Hrsg.), Beck´sches Handbuch der Rechnungslegung, Loseblatt-Ausgabe, Band II, B 700, München 2004

Mestre, Guido del (2001), Rating: Banken und Bau im Konflikt?, in: Bauwirtschaft, 55. Jg., Heft 4, 2001, S. 22-25

Meyer, Claus (2000), Kunden-Bilanzanalyse der Kreditinstitute – Eine Einführung in die Jahresabschluss-Analyse und in die Analyse-Praxis der Kreditinstitute, 2. Auflage, Stuttgart 2000

Mielicki, Ulrich (1994/95), Externe Analyse der Jahresabschlüsse von Bauunternehmen, in: Betriebswirtschaftliches Institut der Bauindustrie (Hrsg.), Bauwirtschaftliche Informationen, Düsseldorf 1994/95, S. 27-32

Mielicki, Ulrich (1996), Liquiditätsinformationen aus dem Jahresabschluss von Bauunternehmen, in: Betriebswirtschaftliches Institut der Bauindustrie (Hrsg.), Bauwirtschaftliche Informationen, Düsseldorf 1996, S. 9-15

Mielicki, Ulrich (2004), Die Baubilanz nach internationalen Rechnungslegungsvorschriften, in: Betriebswirtschaftliches Institut der Bauindustrie (Hrsg.), BWI-Bau-Informationen, Düsseldorf 2004, S. 9-19

Mielicki, Ulrich/Burchardt, Hans-Peter (2003), Organisationsformen bei Bau-Argen, in: Baumarkt + Bauwirtschaft, 102. Jg., Heft 7-8, 2003, S. 41-43

Mikus, Barbara (2001), Risiken und Risikomanagement – ein Überblick, in: Götze, Uwe/Henselmann, Klaus/Mikus, Barbara (Hrsg.), Risikomanagement, Heidelberg 2001, S. 3-28

Minderlein, Martin (1990), Markteintrittsbarrieren und strategische Verhaltensweisen, in: Zeitschrift für Betriebswirtschaft, 60. Jg., Heft 2, 1990, S. 155-178

Minz, Kirsten-Annette (2004), Operationelle Risiken in Kreditinstituten, Frankfurt am Main 2004

Mitschein, Andreas (1999), Die baubetriebliche Bewertung gestörter Bauabläufe aus Sicht des Auftragnehmers, Aachen 1999

Möllmann, Katja (2001), Zur Krisenanfälligkeit kleiner und mittlerer Bauunternehmen, Münster u. a. 2001

Moufang, Oliver N. (2003), Sicherheiten im Baurecht, in: Jacob, Dieter/Ring, Gerhard/Wolf, Rainer (Hrsg.), Freiberger Handbuch zum Baurecht, 2. Auflage, Bonn 2003, § 9, S. 777-847

Moxter, Adolf (1978), Kreditwürdigkeitsbeurteilung und Eigenkapital, in: Die Bank, o. Jg., Heft 7, 1978, S. 321-324

Moxter, Adolf (1988), Aktivierungspflichtige Herstellungskosten in Handels- und Steuerbilanz, in: Betriebs-Berater, 43. Jg., Heft 14, 1988, S. 937-945

Moxter, Adolf (1990), Bilanzlehre, Band II: Einführung in das neue Bilanzrecht, 3. Auflage, Berlin 1990

Multerer, Frank (1995), Zur Problematik der Konkretisierung des Herstellungskostenbegriffs im Handels- und Steuerrecht – Ein Beitrag zur Auslegung von § 255, 2 und 3 HGB, Aachen 1995

Naumann, Thomas K. (2004), Bewertung der Offenlegungspflichten aus Sicht der Banken, in: Hofmann, Gerhard (Hrsg.), Basel II und MaK – Regulatorische Vorgaben, bankinterne Verfahren, Bewertungen, 2. Auflage, Frankfurt am Main 2004, S. 365-377

Neth, Manfred (1970), Die Berechnung der Herstellungskosten als bilanzpolitisches Mittel, Dissertation, o. O. 1970

Neupel, Joachim/Rudolph, Bernd/Hahnenstein, Lutz (Hrsg.) (2005), Aktuelle Entwicklungen im Bankcontrolling – Rating, Gesamtbanksteuerung und Basel II, Schmalenbachs Zeitschrift für betriebswirtschaftliche Forschung, Sonderheft 52, Düsseldorf 2005

Neuweiler, Kurt (1994), Kooperationen in der Bauwirtschaft, in: Betriebswirtschaft für Bauunternehmer, Mitteilungen des Landesverbandes Bayerischer Bauinnungen, Nummer 81, 1994, S. 1-4

Niehaus, Hans-Jürgen (1987), Früherkennung von Unternehmenskrisen – Die statistische Jahresabschlussanalyse als Instrument der Abschlussprüfung, Düsseldorf 1987

Niehus, Rudolf J. (2001), Die Zukunft der Standards des DRSC, in: Der Betrieb, 54. Jg., Heft 2, 2001, S. 53-59

Niehus, Rudolf J. (2005), Die Rechnungslegung von Gemeinschaftsunternehmen, in: Wysocki, Klaus von/Schulze-Osterloh, Joachim/Hennrichs, Joachim/Kuhner, Christoph (Hrsg.), Handbuch des Jahresabschlusses – Rechnungslegung nach HGB und internationalen Standards, Loseblatt-Ausgabe, 4. Band, Abteilung V/7, Köln 2005

Obst/Hintner (2000), Geld-, Bank- und Börsenwesen – Handbuch des Finanzsystems, hrsg. von Jürgen von Hagen und Johann Heinrich von Stein, 40. Auflage, Stuttgart 2000

Oehler, Ralph (2005), Auswirkungen einer IAS/IFRS-Umstellung bei KMU, München 2005

Oepen, Ralf-Peter (2003), Phasenorientiertes Controlling in bauausführenden Unternehmen, Wiesbaden 2003

Oepen, Ralf-Peter/Mielicki, Ulrich (2004), Rating muss bauwirtschaftliche Besonderheiten berücksichtigen, in: Baumarkt + Bauwirtschaft, 103. Jg., Heft 4, 2004, S. 22-25

Oestreicher, Andreas/Spengel, Christoph (1999), Maßgeblichkeit der International Accounting Standards für die steuerliche Gewinnermittlung? – International vergleichende Analyse der wirtschaftlichen Wirkungen eines Übergangs auf die Rechnungslegung nach den IAS, unter Mitarbeit von Fred Ramb, Klaus Eichhorn und Marcus Kiefer, Baden-Baden 1999

Ogiermann, Leonhard (1981), Die Bilanzierung unfertiger Aufträge im Bauunternehmen – Theorie und Praxis der handelsrechtlichen und ertragsteuerrechtlichen Bilanzierung von unfertigen Bauaufträgen, Köln-Braunsfeld 1981

Ott, Christoph, H. (1986), Die Beurteilung gewerblicher Kreditnehmer aus betriebswirtschaftlicher Sicht, Sindelfingen 1986

Ottnad, Adrian/Hefele, Peter (2002), Die Zukunft der Bauwirtschaft in Deutschland – Umfeld, Probleme, Perspektiven, München 2002

Paal, Eberhard (1977), Realisierung sog. Teilgewinne aus langfristigen, auftragsbezogenen Leistungen im Jahresabschluss der AG, Düsseldorf 1977

Pähz, Nicole (2005), Rechnungslegung von Bauunternehmen nach HGB und IFRS im Vergleich, Aachen 2005

Paul, Stephan (Hrsg.) (2003), Basel II, Mittelstand und Kreditpreise, Frankfurt am Main 2003

Paul, Stephan (2004), Basel II im Überblick, in: Hofmann, Gerhard (Hrsg.), Basel II und MaK – Regulatorische Vorgaben, bankinterne Verfahren, Bewertungen, 2. Auflage, Frankfurt am Main 2004, S. 5-58

Paul, Stephan/Stein, Stefan (2003), Basel II und die deutsche Kreditwirtschaft – ein Überblick, in: Paul, Stephan (Hrsg.), Basel II, Mittelstand und Kreditpreise, Frankfurt am Main 2003, S. 35-70

Paul, Stephan/Stein, Stefan/Kaltofen, Daniel (2004 a), Portfolio-Segmentierung und Eigenkapitalersparnis im Retail-Geschäft von Banken, in: Die Betriebswirtschaft, 64. Jg., Heft 5, 2004, S. 571-589

Paul, Stephan/Stein, Stefan/Kaltofen, Daniel (2004 b), Messung und Management des Kreditrisikos im Retail-Bereich, in: Hofmann, Gerhard (Hrsg.), Basel II und MaK – Regulatorische Vorgaben, bankinterne Verfahren, Bewertungen, 2. Auflage, Frankfurt am Main 2004, S. 111-144

Paul, Stephan/Stein, Stefan/Kaltofen, Daniel (2004 c), Kapitalanforderung für Retail-Portfolios nach Basel II, in: Die Bank, o. Jg., Heft 5, 2004, S. 342-349

Peemöller, Volker H./Spanier, Günter/Weller, Heino (2002), Internationalisierung der externen Rechnungslegung: Auswirkungen auf nicht kapitalmarktorientierte Unternehmen, in: Betriebs-Berater, 57. Jg., Heft 35, 2002, S. 1799-1803

Pellens, Bernhard (1999), Internationale Rechnungslegung, 3. Auflage, Stuttgart 1999

Pellens, Bernhard/Fülbier, Rolf Uwe/Gassen, Joachim (2006), Internationale Rechnungslegung – IFRS 1 bis 7, IAS 1 bis 41, IFRIC-Interpretationen, Standardentwürfe – Mit Beispielen, Aufgaben und Fallstudie, 6. Auflage, Stuttgart 2006

Perridon, Louis/Steiner, Manfred (2007), Finanzwirtschaft der Unternehmung, 14. Auflage, München 2007

Peteraf, Margaret A. (1993), The Cornerstones of Competitive Advantage: A Resource-based View, in: Strategic Management Journal, Volume 14, 1993, S. 179-191

Picot, Arnold/Dietl, Helmut/Franck, Egon (2005), Organisation – Eine ökonomische Perspektive, 4. Auflage, Stuttgart 2005

Porter, Michael E. (1981), The Contributions of Industrial Organization To Strategic Management, in: Academy of Management Review, Volume 6, Number 4, 1981, S. 609-620

Porter, Michael E. (1999), Wettbewerbsstrategie – Methoden zur Analyse von Branchen und Konkurrenten, 10. Auflage, Frankfurt am Main/New York 1999

Pottgießer, Gaby/Velte, Patrick/Weber, Stefan (2005), Die langfristige Auftragsfertigung nach IAS 11, in: Zeitschrift für internationale und kapitalmarktorientierte Rechnungslegung, 5. Jg., Heft 7-8, 2005, S. 310-318

Raab, Gustav (1987), Bonitätsprüfung unter veränderten ökonomischen Vorzeichen, in: Bühler, Wilhelm/Schmoll, Anton (Hrsg.), Kreditmanagement – Rechtliche und betriebswirtschaftliche Instrumente zur Risikoreduzierung in der Kreditpraxis, Wien 1987, S. 41-65

Rammert, Stefan (2004), Lohnt die Erhaltung der Kapitalerhaltung?, in: Betriebswirtschaftliche Forschung und Praxis, 56. Jg., Heft 6, 2004, S. 578-595

Rasche, Christoph (1994), Wettbewerbsvorteile durch Kernkompetenzen – Ein ressourcenorientierter Ansatz, Wiesbaden 1994

Rasche, Christoph/Wolfrum, Bernd (1994), Ressourcenorientierte Unternehmensführung, in: Die Betriebswirtschaft, 54. Jg., Heft 4, 1994, S. 501-517

Rehkugler, Heinz/Zimmermann, Hans Georg (Hrsg.) (1994), Neuronale Netze in der Ökonomie – Grundlagen und finanzwirtschaftliche Anwendungen, München 1994

Reuter, Arnold/Schleppegrell, Jürgen (1989), Die Portfolio-Analyse für das Firmenkundengeschäft, in: Sparkasse, 106. Jg., Heft 7, 1989, S. 317-323

Richter, Martin (2000), Gewinnrealisierung bei langfristiger Fertigung, in: Ballwieser, Wolfgang (Hrsg.), US-amerikanische Rechnungslegung – Grundlagen und Vergleiche mit dem deutschen Recht, 4. Auflage, Stuttgart 2000, S. 139-168

Riebel, Paul (1965), Typen der Markt- und Kundenproduktion in produktions- und absatzwirtschaftlicher Sicht, in: Schmalenbachs Zeitschrift für betriebswirtschaftliche Forschung, 17. Jg., ohne Heftangabe, 1965, S. 663-685

Riebell, Claus (2006), Die Praxis der Bilanzauswertung, 8. Auflage, Stuttgart 2006

Rieder, Josef/Rieder, Stefan (2004), Die Bankbürgschaft, 6. Auflage, Stuttgart 2004

Riese, Joachim (2006), § 9. Fertigungsaufträge, in: Bohl, Werner/Riese, Joachim/Schlüter, Jörg (Hrsg.), Beck´sches IFRS-Handbuch – Kommentierung der IFRS/IAS, 2. Auflage, München u. a. 2006, S. 265-288

Risse, Axel (1996), International Accounting Standards für den deutschen Konzernabschluss, Wiesbaden 1996

Rogler, Silvia/Jacob, Dieter (2000), Bilanzierung unfertiger Bauten bei Bauunternehmen, in: Betriebs-Berater, 55. Jg., Heft 47, 2000, S. 2407-2409

Rösler, Peter/Mackenthun, Thomas/Pohl, Rudolf (2002), Handbuch Kreditgeschäft, 6. Auflage, Wiesbaden 2002

Rudolf, Andreas/Suter, Daniel (1999), True and fair view bei der langfristigen Fertigung – ein Widerspruch? – Completed-Contract-Methode CCM versus Percentage-of-Completion-Methode POCM, in: Der Schweizer Treuhänder, 73. Jg., Heft 6-7, 1999, S. 527-542

Ruhnke, Klaus (2005), Rechnungslegung nach IFRS und HGB – Lehrbuch zur Theorie und Praxis der Unternehmenspublizität mit Beispielen und Übungen, Stuttgart 2005

Ruhnke, Klaus/Kluge, Carol (1996), Gemeinschaftsunternehmen im Konzernabschluss nach International Accounting Standards und HGB, in: Recht der internationalen Wirtschaft, 42. Jg., Heft 7, 1996, S. 577-584

Rünger, Petra/Walther, Ursula (2005), Operationelle Risiken in Basel II – ein Anreiz zur Verbesserung des Risikomanagements?, in: BankArchiv (ÖBA), 53. Jg., Heft 8, 2005, S. 503-512

Rußig, Volker/Deutsch, Susanne/Spillner, Andreas (1996), Branchenbild Bauwirtschaft – Entwicklung und Lage des Baugewerbes sowie Einflussgrößen und Perspektiven der Bautätigkeit in Deutschland, Berlin/München 1996

Sandroß, Stefanie/Heim, Udo (2005), Der Supervisory Review Process (SRP) – Kernelemente und Möglichkeiten zur Umsetzung, in: Becker, Axel/Gaulke, Markus/Wolf, Martin (Hrsg.), Praktiker-Handbuch Basel II – Kreditrisiko, operationelles Risiko, Überwachung, Offenlegung, Stuttgart 2005, S. 339-361

Schäfer, Frank (1993), Elemente einer strategischen Unternehmensführung in der Bauwirtschaft, München 1993

Schäfer, Harald (1982), Bilanzierung von Beteiligungen an assoziierten Unternehmen nach der Equity-Methode – Untersuchung über die Anwendbarkeit der Equity-Methode in der Bundesrepublik Deutschland, Thun/ Frankfurt am Main 1982

Schaller, Roland (1999), Kreditprüfung im Firmenkundengeschäft mit künstlichen neuronalen Netzen (KNN), Bern u. a. 1999

Schauff, Joachim/Stellmacher, Tobias (2005), Der Supervisory Review Process, in: Deloitte (Hrsg.), Basel II – Handbuch zur praktischen Umsetzung des neuen Bankenaufsichtsrechts, Berlin 2005, S. 567-587

Scheffler, Eberhard (2002), Kapitalflussrechnung – Stiefkind in der deutschen Rechnungslegung, in: Betriebs-Berater, 57. Jg., Heft 6, 2002, S. 295-300

Scheffler, Eberhard (2004), Rechnungslegung bei Joint Ventures, in: Castan, Edgar/Böcking, Hans-Joachim/Heymann, Gerd/Pfitzer, Norbert/ Scheffler, Eberhard (Hrsg.), Beck´sches Handbuch der Rechnungslegung, Loseblatt-Ausgabe, Band II, B 733, München 2004

Schildbach, Thomas (1994), Internationale Rechnungslegungsstandards auch für deutsche Einzelabschlüsse?, in: Ballwieser, Wolfgang/Böcking, Hans-Joachim/Drukarczyk, Jochen/Schmidt, Reinhard H. (Hrsg.), Bilanzrecht und Kapitalmarkt, Festschrift zum 65. Geburtstag von Adolf Moxter, Düsseldorf 1994, S. 699-721

Schiller, Bettina/Tytko, Dagmar (2001), Risikomanagement im Kreditgeschäft – Grundlagen, neuere Entwicklungen und Anwendungsbeispiele, Stuttgart 2001

Schindlbeck, Konrad (1988), Bilanzierung und Prüfung bei langfristiger Fertigung, Frankfurt am Main u. a. 1988

Schindler, Joachim (1984), Die Probleme bei langfristiger Fertigung nach derzeitigem und zukünftigem Handelsrecht, in: Betriebs-Berater, 39. Jg., Heft 9, 1984, S. 574-577

Schmid, Peter/Walter, Wolfgang (1994), Teilgewinnrealisierung bei langfristiger Fertigung in Handels- und Steuerbilanz, in: Der Betrieb, 47. Jg., Heft 47, 1994, S. 2353-2359

Schmidt, Gerhard (1996), Die Rechnungslegung nach der Equity-Methode im konsolidierten Abschluss – Ein Beitrag zur Entstehung, Anwendung und Ausgestaltung des Verfahrens vor dem Hintergrund der Bestimmungen in der Europäischen Union und der Verlautbarungen internationaler Organisationen, Frankfurt am Main u. a. 1996

Schmidt, Heinrich Th. (1980), Grundlagen der Baubetriebslehre, 2. Auflage, Köln-Braunsfeld 1980

Schmidt, Jörg/Winzen, Helge (2000), Handbuch der Sicherheiten am Bau – Mit Erläuterungen und Mustern für Auftraggeber und Auftragnehmer, Düsseldorf 2000

Schmidt, Wilfried/Meyer, Volker (1975 a), Bilanzausweis der Leistungen bei langfristiger Fertigung (I), in: Der Betrieb, 28. Jg., Heft 3, 1975, S. 68-71

Schmidt, Wilfried/Meyer, Volker (1975 b), Bilanzausweis der Leistungen bei langfristiger Fertigung (II), in: Der Betrieb, 28. Jg., Heft 4, 1975, S. 118-120

Schmoll, Anton (1990), Theorie und Praxis der Kreditprüfung – unter besonderer Berücksichtigung der Klein- und Mittelbetriebe, 3. Auflage, Wien 1990

Schmoll, Anton (1991), Praxis der Kreditüberwachung – Ertragssteigerung durch effiziente Risikoreduzierung, Wiesbaden 1991

Schneeloch, Dieter (1989), Herstellungskosten in Handels- und Steuerbilanz, in: Der Betrieb, 42. Jg., Heft 6, 1989, S. 285-292

Schneider, Dieter (1985), Eine Warnung vor Frühwarnsystemen – Statistische Jahresabschlussanalysen als Prognosen zur finanziellen Gefährdung einer Unternehmung?, in: Der Betrieb, 38. Jg., Heft 29, 1985, S. 1489-1494

Schneider, Dieter (1989), Erste Schritte zu einer Theorie der Bilanzanalyse, in: Die Wirtschaftsprüfung, 42. Jg., Heft 22, 1989, S. 633-642

Schneider, Dieter (1997), Betriebswirtschaftslehre – Band 2: Rechnungswesen, 2. Auflage, München/Wien 1997

Schreyögg, Georg/Geiger, Daniel (2005), Zur Konvertierbarkeit von Wissen – Wege und Irrwege im Wissensmanagement, in: Zeitschrift für Betriebswirtschaft, 75. Jg., Heft 5, 2005, S. 433-454

Schröer, Thomas (1998), Das Realisationsprinzip in Deutschland und Großbritannien – Eine systematische Untersuchung und ihre Anwendung auf langfristige Auftragsfertigung und Währungsumrechnung, Frankfurt am Main u. a. 1998

Schulte-Mattler, Hermann/von Kenne, Ulrich (2004), Basel II Framework – Meilenstein der Bankenaufsicht, in: Die Bank, o. Jg., Heft 9, 2004, S. 37-40

Schulze-Osterloh, Joachim (2004), HGB-Reform: Der Einzelabschluss nicht kapitalmarktorientierter Unternehmen unter dem Einfluss von IAS/IFRS, in: Betriebs-Berater, 59. Jg., Heft 47, 2004, S. 2567-2570

Schützdeller, Jürgen (2004), Verbesserung der Qualität von Bonitätsanalysen mit künstlichen neuronalen Netzen durch Verwendung originärer Jahresabschlussdaten, Dissertation, Duisburg/Essen 2004

Schwanke, Dieter (2001), Risiko-Situation von Bauunternehmen, in: Bauwirtschaft, 55. Jg., Heft 4, 2001, S. 24 f.

Schwärzel-Peters, Martin (1992), Die Bürgschaft im Bauvertrag, Düsseldorf 1992

Schwarzhaupt, Oliver (2005), Offenlegungsanforderungen nach Säule 3 – Schwerpunkt Kreditrisiko, in: Becker, Axel/Gaulke, Markus/Wolf, Martin (Hrsg.), Praktiker-Handbuch Basel II – Kreditrisiko, operationelles Risiko, Überwachung, Offenlegung, Stuttgart 2005, S. 411-427

Seeberg, Thomas (2003), IAS 11 Fertigungsaufträge (Construction Contracts), in: Baetge, Jörg/Wollmert, Peter/Kirsch, Hans-Jürgen/Oser, Peter/Bischof, Stefan (Hrsg.), Rechnungslegung nach IFRS – Kommentar auf der Grundlage des deutschen Bilanzrechts, Loseblatt-Ausgabe, Band 1, 2. Auflage, Stuttgart 2003

Seicht, Gerhard (1986), Stille Rücklagen I – allgemein, in: Leffson, Ulrich/Rückle, Dieter/Großfeld, Bernhard (Hrsg.), Handwörterbuch unbestimmter Rechtsbegriffe im Bilanzrecht des HGB, Köln 1986, S. 281-286

Seicht, Gerhard (Hrsg.) (2001), Jahrbuch für Controlling und Rechnungswesen 2001 – Unternehmensbewertung, Kostenrechnung, Internationale Rechnungslegung, Controlling, Steuern, Wien 2001

Selchert, Friedrich W. (1986), Probleme der Unter- und Obergrenze von Herstellungskosten, in: Betriebs-Berater, 41. Jg., Heft 34, 1986, S. 2298-2306

Selchert, Friedrich W. (1990), Das Realisationsprinzip – Teilgewinnrealisierung bei langfristiger Auftragsfertigung, in: Der Betrieb, 43. Jg., Heft 16, 1990, S. 797-805

Selchert, Friedrich W. (2006), § 252 HGB, in: Küting, Karlheinz/Weber, Claus-Peter (Hrsg.), Handbuch der Rechnungslegung – Einzelabschluss – Kommentar zur Bilanzierung und Prüfung, Loseblatt-Ausgabe, Band 2, 5. Auflage, Stuttgart 2006

Selchert, Friedrich W./Lorchheim, Ulrich (1998), Teilgewinnrealisierung bei Auftragsfertigung – Regelung nach IAS 11 und ihre Kompatibilität mit den deutschen Rechnungslegungsvorschriften, München/Wien 1998

Siebourg, Peter (1998), § 290 HGB, in: Küting, Karlheinz/Weber, Claus-Peter (Hrsg.), Handbuch der Konzernrechnungslegung – Kommentar zur Bilanzierung und Prüfung, Band II, 2. Auflage, Stuttgart 1998

Siegburg, Peter (2000), Handbuch der Gewährleistung beim Bauvertrag, 4. Auflage, Köln 2000

Siegel, Theodor (1994), Das Realisationsprinzip als allgemeines Periodisierungsprinzip?, in: Betriebswirtschaftliche Forschung und Praxis, 46. Jg., Heft 1, 1994, S. 1-24

Sigle, Hermann (1987), Betriebswirtschaftliche Aspekte der Quotenkonsolidierung, in: Albach, Horst/Forster, Karl-Heinz (Hrsg.), Beiträge zum Bilanzrichtlinien-Gesetz – Das neue Recht in Theorie und Praxis, Wiesbaden 1987, S. 321-337

Sigle, Hermann (1998), § 310 HGB, in: Küting, Karlheinz/Weber, Claus-Peter (Hrsg.), Handbuch der Konzernrechnungslegung – Kommentar zur Bilanzierung und Prüfung, Band II, 2. Auflage, Stuttgart 1998

Spremann, Klaus (1988), Reputation, Garantie, Information, in: Zeitschrift für Betriebswirtschaft, 58. Jg., Heft 5/6, 1988, S. 613-629

Spremann, Klaus (1990), Asymmetrische Information, in: Zeitschrift für Betriebswirtschaft, 60. Jg., Heft 5/6, 1990, S. 561-586

Statistisches Bundesamt (Hrsg.) (2005 a), Statistisches Jahrbuch 2005 – Für die Bundesrepublik Deutschland, Wiesbaden 2005

Statistisches Bundesamt (2005 b), Fachserie 4 Reihe 5.2 2003, Produzierendes Gewerbe – Beschäftigung, Umsatz und Investitionen im Baugewerbe, Wiesbaden 2005

Statistisches Bundesamt (2005 c), Fachserie 14 Reihe 8 2003, Finanzen und Steuern – Umsatzsteuer, Wiesbaden 2005

Statistisches Bundesamt (2006 a), Bauhauptgewerbe/Ausbaugewerbe, Lange Reihen, Wiesbaden 2006

Statistisches Bundesamt (2006 b), Fachserie 18 Reihe 1.4 2005, Volkswirtschaftliche Gesamtrechnungen – Inlandsproduktsberechnung, Detaillierte Jahresergebnisse, Wiesbaden 2006

Stein, Holger (1978), Rechenschaftslegung auftragsweiser langfristiger Fertigung bei Aktiengesellschaften, Göttingen 1978

Steiner, Manfred/Heinke, Volker G. (1996), Rating aus Sicht der modernen Finanzierungstheorie, in: Büschgen, Hans E./Everling, Oliver (Hrsg.), Handbuch Rating, Wiesbaden 1996, S. 579-628

Stewing, Clemens (1990), Bilanzierung bei langfristiger Auftragsfertigung, in: Betriebs-Berater, 45. Jg., Heft 2, 1990, S. 100-106

Stockinger, Josef (1991), Bonitätsanalyse von Banken, Wien 1991

Strabag AG (2006), Geschäftsbericht zum 31.12.2005, Köln 2006

Streim, Hannes (1994), Die Generalnorm des § 264 Abs. 2 HGB – Eine kritische Analyse, in: Ballwieser, Wolfgang/Böcking, Hans-Joachim/ Drukarczyk, Jochen/Schmidt, Reinhard H. (Hrsg.), Bilanzrecht und Kapitalmarkt, Festschrift zum 65. Geburtstag von Adolf Moxter, Düsseldorf 1994, S. 391-406

Stuhr, Constanze (2003), Rating in der Bauwirtschaft, in: ibr Informationen Bau-Rationalisierung, Magazin der RG-Bau im RKW, 32. Jg., Heft 5, 2003, S. 6 f.

Thiele, Konstanze (1999), Stille Reserven in der Rechnungslegung – Vergleich von HGB, US-GAAP und IAS, Wiesbaden 1999

Thiele, Oliver/Lohmann, Karl (1995), Möglichkeiten und Grenzen der Insolvenzprognose auf der Grundlage von Jahresabschlussinformationen, Freiberger Arbeitspapiere, Heft 17, Technische Universität Bergakademie Freiberg, Freiberg 1995

Thießen, Friedrich (1996), Covenants in Kreditverträgen: Alternative oder Ergänzung zum Insolvenzrecht?, in: Zeitschrift für Bankrecht und Bankwirtschaft, 8. Jg., Heft 1, 1996, S. 19-37

Thießen, Friedrich (2004), Rating im Kreditgeschäft und strategisches Kreditnehmerverhalten, in: Zeitschrift für das gesamte Kreditwesen, 57. Jg., Heft 11, 2004, S. 572-575

Thimmel, Klaus (1968), Ausweis und Bewertung von Bauleistungen in der Bilanz (III), in: Der Betrieb, 21. Jg., Heft 7, 1968, S. 275-279

Vaubel, Marc-Alexander (2001), Joint Ventures im Konzernabschluss des Partnerunternehmens – Grundsätze zur Einbeziehung von Joint Ventures in den Konzernabschluss des Partnerunternehmens nach handelsrechtlichen Vorschriften im Vergleich zu den Regeln des IASC, Düsseldorf 2001

Wagenhofer, Alfred (2005), Internationale Rechnungslegungsstandards – IAS/IFRS – Grundkonzepte/Bilanzierung, Bewertung, Angaben/Umstellung und Analyse, 5. Auflage, Frankfurt 2005

Wagner, Antonius (1989), Risiken im Jahresabschluss von Bauunternehmen, Düsseldorf 1989

Wagner, Roland C./Mielicki, Ulrich (2003), Rating muss bauwirtschaftliche Besonderheiten berücksichtigen, in: Zeitschrift für das gesamte Kreditwesen, 56. Jg., Beilage zu Heft 7, 2003, S. 2-5

Wallau, Frank/Kayser, Gunter/Stephan, Marcel (1999), Die Dach-Arbeitsgemeinschaft für mittelständische Bauunternehmen – Eine empirische Untersuchung am Beispiel des Erweiterungsbaus des BMWi in Berlin, Gutachten im Auftrag des Bundesministeriums für Wirtschaft und Technologie, vorgelegt vom Institut für Mittelstandsforschung Bonn, Wiesbaden 1999

Wallau, Frank/Stephan, Marcel (1999), Bietergemeinschaft und Dach-ARGE in der mittelständischen Bauwirtschaft – Leitfaden und Checkliste, Eschborn 1999

Weber, Eberhard (1987), Die Einordnung von Sondereinzelkosten des Vertriebs bei langfristiger Auftragsfertigung nach neuem Recht, in: Der Betrieb, 40. Jg., Heft 8, 1987, S. 393-398

Weber, Reinhard L. (1979), Unfertige Bauwerke im Jahresabschluss des Bauunternehmers – Grundsätze ordnungsmäßiger Bilanzierung für in Ausführung begriffene Bauwerke auf fremdem Grund und Boden, Thun/ Frankfurt am Main 1979

Weitze, Dirk (2003), Die Arbeitsgemeinschaft in der Bauwirtschaft – Rechtsform und Besteuerung, Frankfurt am Main 2003

Wenk, Reinhard (1997), Bilanzierung bei langfristiger Fertigung nach deutschem Handelsrecht unter Berücksichtigung US-amerikanischer Rechnungslegungsgrundsätze, Frankfurt am Main u. a. 1997

Werner, Ulrich/Pastor, Walter (2005), Der Bauprozess – Prozessuale und materielle Probleme des zivilen Bauprozesses, 11. Auflage, München 2005

Werner, Ute (1990), Die Berücksichtigung nichtnumerischer Daten im Rahmen der Bilanzanalyse, in: Die Wirtschaftsprüfung, 43. Jg., Heft 13, 1990, S. 369-376

Wernerfelt, Birger (1984), A Resource-based View of the Firm, in: Strategic Management Journal, Volume 5, 1984, S. 171-180

Wiesinger, Walter (Hrsg.) (1987), Handbuch der Kreditprüfung – Die Praxis der Bonitätsbeurteilung der Kreditinstitute in Einzeldarstellungen unter Berücksichtigung von Sonderfragen, Wien 1987

Wilkens, Marco/Baule, Rainer/Entrop, Oliver (2004), Erfassung des Kreditrisikos nach Basel II – Eine Reflexion aus wissenschaftlicher Sicht, in: Hofmann, Gerhard (Hrsg.), Basel II und MaK – Regulatorische Vorgaben, bankinterne Verfahren, Bewertungen, 2. Auflage, Frankfurt am Main 2004, S. 61-92

Wilsdorf-Köhler, Heide (2003), Wettbewerbsvorteile für Konsumgüterhersteller – Systemangebote aus der Sicht des strategischen Managements, Wiesbaden 2003

Winkeljohann, Norbert/Böcker, Anne (2006), § 310 HGB, in: Ellrott, Helmut/ Förschle, Gerhart/Hoyos, Martin/Winkeljohann, Norbert (Hrsg.), Beck´-scher Bilanz-Kommentar – Handels- und Steuerbilanz – §§ 238 bis 339, 342 bis 342e HGB mit EGHGB und IAS/IFRS-Abweichungen, 6. Auflage, München 2006

Winkeljohann, Norbert/Böcker, Anne (2006), § 312 HGB, in: Ellrott, Helmut/ Förschle, Gerhart/Hoyos, Martin/Winkeljohann, Norbert (Hrsg.), Beck´-scher Bilanz-Kommentar – Handels- und Steuerbilanz – §§ 238 bis 339, 342 bis 342e HGB mit EGHGB und IAS/IFRS-Abweichungen, 6. Auflage, München 2006

Winkeljohann, Norbert/Geißler, Horst (2006), § 252 HGB, in: Ellrott, Helmut/ Förschle, Gerhart/Hoyos, Martin/Winkeljohann, Norbert (Hrsg.), Beck´-scher Bilanz-Kommentar – Handels- und Steuerbilanz – §§ 238 bis 339, 342 bis 342e HGB mit EGHGB und IAS/IFRS-Abweichungen, 6. Auflage, München 2006

Winnefeld, Robert (2006), Bilanz-Handbuch – Handels- und Steuerbilanz, Rechtsformspezifisches Bilanzrecht, Bilanzielle Sonderfragen, Sonderbilanzen, IAS/US-GAAP, 4. Auflage, München 2006

Wittmann, Waldemar (1959), Unternehmung und unvollkommene Information – Unternehmerische Voraussicht, Ungewissheit und Planung, Köln 1959

Wöhe, Günter (1997), Bilanzierung und Bilanzpolitik – Betriebswirtschaftlich, handelsrechtlich, steuerrechtlich – Mit einer Einführung in die verrechnungstechnischen Grundlagen, 9. Auflage, München 1997

Wolf, Martin (2005), Basel II – ein Überblick, in: Becker, Axel/Gaulke, Markus/ Wolf, Martin (Hrsg.), Praktiker-Handbuch Basel II – Kreditrisiko, operationelles Risiko, Überwachung, Offenlegung, Stuttgart 2005, S. 3-25

Wollmert, Peter/Achleitner, Ann-Kristin (1997 a), Konzeptionelle Grundlagen der IAS-Rechnungslegung (Teil I), in: Die Wirtschaftsprüfung, 50. Jg., Heft 7, 1997, S. 209-222

Wollmert, Peter/Achleitner, Ann-Kristin (1997 b), Konzeptionelle Grundlagen der IAS-Rechnungslegung (Teil II), in: Die Wirtschaftsprüfung, 50. Jg., Heft 8, 1997, S. 245-256

Wulf, Martin/Roessle, Thomas (2001), Bilanzierung und Bewertung unfertiger Bauaufträge bei Verlustgeschäften, in: Der Betrieb, 54. Jg., Heft 8, 2001, S. 393-396

Wysocki, Klaus von/Schulze-Osterloh, Joachim/Hennrichs, Joachim/Kuhner, Christoph (Hrsg.) (2005), Handbuch des Jahresabschlusses – Rechnungslegung nach HGB und internationalen Standards, Loseblatt-Ausgabe, Köln 2005

Zabel, Martin/Cairns, David (2005), Vereinfachte IFRS für ausgewählte Unternehmen des Mittelstands – Ein Diskussionsbeitrag und eine Bestandsaufnahme zu Bedeutung, Prozess und Lösungsansätzen des IASB-Projekts „Accounting Standards for Small and Medium-sized Entities“, in: Zeitschrift für internationale und kapitalmarktorientierte Rechnungslegung, 5. Jg., Heft 5, 2005, S. 207-216

Zellner, Josef (2001), Handhabung des Lieferantenkreditrisikos – Internes oder externes Kreditmanagement?, Wiesbaden 2001

Zellweger, Bruno (1994), Kreditwürdigkeitsprüfung in Theorie und Praxis, 2. Auflage, Bern u. a. 1994

Zentralverband des Deutschen Baugewerbes e. V./Betriebswirtschaftliches Institut der Bauindustrie (Hrsg.) (2000), Chancen durch Risikomanagement, Berlin/Düsseldorf 2000

Zentralverband des Deutschen Baugewerbes e. V./Betriebswirtschaftliches Institut der Bauindustrie (Hrsg.) (2002), EU-Osterweiterung – Chancen und Risiken für Bauunternehmen, Berlin/Düsseldorf 2002

Zieger, Martin (1990), Gewinnrealisierung bei langfristiger Fertigung – Ein richtlinienkonformer Ansatz, Wiesbaden 1990

Züblin AG (2005), Geschäftsbericht zum 31.12.2004, Stuttgart 2005

Züblin AG (2006), Geschäftsbericht zum 31.12.2005, Stuttgart 2006

Zündorf, Horst (1987), Quotenkonsolidierung versus Equity-Methode – Zur Einbeziehung von Gemeinschaftsunternehmen in den Konzernabschluss nach neuem Konzernbilanzrecht, Stuttgart 1987

2. Urteile und Schreiben

BFH, Urteil vom 7.9.2005, AZ VIII R 1/03

BGH, Urteil vom 29.1.2001, AZ II ZR 331/00

BMF, Schreiben vom 14.11.2000, BStBl. I 2000, 1514

3. Gesetze, Verordnungen, Rechtsvorschriften und sonstige Quellen

Bürgerliches Gesetzbuch vom 18. August 1896, RGBl. 1896, 195, neu gefasst durch Bekanntmachung vom 2. Januar 2002, BGBl. I 2002, 42, 2909; 2003, 738, zuletzt geändert durch Artikel 123 des Gesetzes vom 19. April 2006, BGBl. I 2006, 866

Deutsches Rechnungslegungs Standards Committee (Hrsg.), Deutsche Rechnungslegungs Standards (DRS), Loseblatt-Ausgabe, Stuttgart, Stand Oktober 2005

Gesetz über das Kreditwesen (Kreditwesengesetz – KWG), in der Fassung der Bekanntmachung vom 9. September 1998, BGBl. I 1998, 2776, zuletzt geändert durch Artikel 8 des Gesetzes vom 5. Januar 2007, BGBl. I 2007, 10

Gesetz zur Einführung internationaler Rechnungslegungsstandards und zur Sicherung der Qualität der Abschlussprüfung (Bilanzrechtsreformgesetz – BilReG) vom 4. Dezember 2004, BGBl. I 2004, 3166

Handelsgesetzbuch vom 10. Mai 1897, RGBl. 1897, 219, zuletzt geändert durch Artikel 5 des Gesetzes vom 5. Januar 2007, BGBl. I 2007, 10

Insolvenzordnung vom 5. Oktober 1994, BGBl. I 1994, 2866, zuletzt geändert durch Artikel 12 Absatz 2 des Gesetzes vom 10. November 2006, BGBl. I 2006, 2553

International Financial Reporting Standards IFRS einschließlich International Accounting Standards IAS und Interpretationen, Die amtlichen EU-Texte, Englisch-Deutsch

Richtlinie 2006/48/EG des Europäischen Parlaments und des Rates vom 14. Juni 2006 über die Aufnahme und Ausübung der Tätigkeit der Kreditinstitute (Neufassung), veröffentlicht im Amtsblatt der Europäischen Union, L 177 vom 30.06.2006, 1

Richtlinie 2006/49/EG des Europäischen Parlaments und des Rates vom 14. Juni 2006 über die angemessene Eigenkapitalausstattung von Wertpapierfirmen und Kreditinstituten (Neufassung), veröffentlicht im Amtsblatt der Europäischen Union, L 177 vom 30.06.2006, 201

Vergabe- und Vertragsordnung für Bauleistungen Teil A, Ausgabe 2006, in der Fassung der Bekanntmachung vom 20. März 2006, BAnz. Nr. 94 a vom 18. Mai 2006

Vergabe- und Vertragsordnung für Bauleistungen Teil B, Ausgabe 2006, in der Fassung der Bekanntmachung vom 4. September 2006, BAnz. Nr. 196 a vom 18. Oktober 2006

Verordnung (EG) Nr. 1606/2002 des Europäischen Parlaments und des Rates vom 19. Juli 2002 betreffend die Anwendung internationaler Rechnungslegungsstandards, veröffentlicht im Amtsblatt der Europäischen Gemeinschaften, L 243 vom 11.09.2002, 1-4

Verordnung (EG) Nr. 1725/2003 der Kommission vom 29. September 2003 betreffend die Übernahme bestimmter internationaler Rechnungslegungsstandards in Übereinstimmung mit der Verordnung (EG) Nr. 1606/2002 des Europäischen Parlaments und des Rates, veröffentlicht im Amtsblatt der Europäischen Union, L 261 vom 13.10.2003, 1 f. und Anhang

Kolibri 360 GmbH
Ferdinand-Jühlke-Straße 7
99095 Erfurt, Deutschland
produktsicherheit@kolibri360.de